藝衡

第六辑

策　划：谢福文
主　编：徐鼎一
副主编：杨一家

國家圖書館出版社

图书在版编目（CIP）数据

艺衡. 第6辑/徐鼎一主编. —北京:国家图书馆出版社, 2011
ISBN 978-7-5013-4693-6
Ⅰ. ①艺… Ⅱ. ①徐… Ⅲ. ①中华文化－中国 Ⅳ. ①K203-53
中国版本图书馆CIP数据核字(2011)第217383号

书　　名　艺衡 第六辑
策　　划　谢福文
主　　编　徐鼎一
副 主 编　杨一家
出　　版　国家图书馆出版社
发　　行　国家图书馆出版社 发行部
地　　址　北京市西城区文津街七号
经　　销　全国新华书店
责任编辑　耿素丽
执行编辑　李满意　蔡金存　樊　怡
　　　　　范昱辰　秦　赛　南秀渊
版式设计　箫　泉
印　　刷　深圳华新彩印制版有限公司
开　　本　787mm × 1092mm　1/16
印　　张　11
版　　次　2011年11月第1版第1次印刷
书　　号　ISBN 978-7-5013-4693-6
定　　价　48.00元

承继传统·研究古学·读书明理·陶养人物

通　书

周敦颐　著
朱　熹　注

通书者，濂溪夫子之所作也。夫子姓周氏，名敦颐，字茂叔。自少即以学行有闻于世，而莫或知其师传之所自。独以河南两程夫子尝受学焉，而得孔、孟不传之正统，则其渊源因可概见。然所以指夫仲尼、颜子之乐，而发其吟风弄月之趣者，亦不可得而悉闻矣。所著之书，又多散失。独此一篇，本号《易通》，与《太极图说》并出程氏，以传于世。而其为说，实相表里，大抵推一理、二气、五行之分合，以纪纲道体之精微，决道义、文辞、禄利之取舍，以振起俗学之卑陋。至论所以入德之方，经世之具，又皆亲切简要，不为空言。顾其宏纲大用，既非秦、汉以来诸儒所及；而其条理之密，意味之深，又非今世学者所能骤而窥也。是以程氏既没，而传者鲜焉。其知之者，不过以为用意高远而已。

熹自蚤岁既幸得其遗编，而伏读之初，盖茫然不知其所谓，而甚或不能以句。壮岁，获游延平先生之门，然后始得闻其说之一二。比年以来，潜玩既久，乃若粗有得焉。虽其宏纲大用所不敢知，然于其章句文字之间，则有以实见其条理之愈密，意味之愈深，而不我欺也。顾自始读以至于今，岁月几何，倏焉三纪，慨前哲之益远，惧妙旨之无传，窃不自量，辄为注释。虽知凡近不足以发夫子之精蕴，然创通大义，以俟后之君子，则万一其庶几焉。淳熙丁未九月甲辰，后学朱熹谨记。

诚上第一

诚者，圣人之本。

诚者，至实而无妄之谓，天所赋、物所受之正理也。人皆有之，而圣人之所以圣者无他焉，以其独能全此而已。此书与《太极图》相表里。诚即所谓太极也。

“大哉乾元，万物资始”，诚之源也。

此上二句，引《易》以明之。乾者，纯阳之卦，其义为健，乃天德之别名也。元，始也。资，取也。言乾道之元，万物所取以为始者，乃实理流出，以赋于人之本。如水之有源，即《图》之“阳动”也。

“乾道变化，各正性命”，诚斯立焉。

此上二句亦《易》文。天所赋为命，物所受为性。言乾道变化，而万物各得受其所赋之正，则实理于是而各为一物之主矣，即《图》之“阴静”也。

纯粹至善者也。

纯，不杂也。粹，无疵也。此言天之所赋，物之所受，皆实理之本然，无不善之杂也。

故曰：“一阴一阳之谓道，继之者善也，

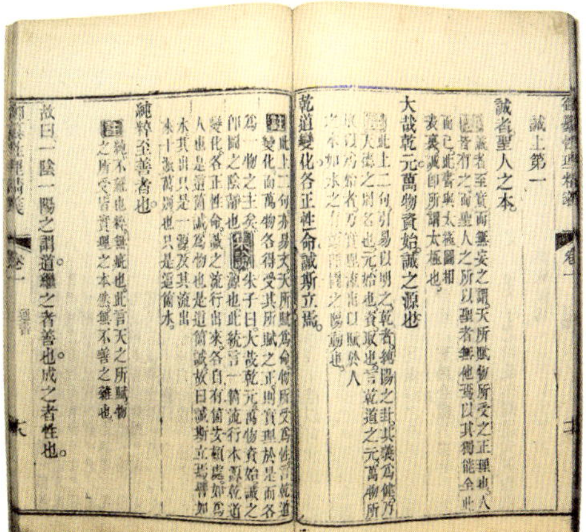
誠上第一
誠者聖人之本
大哉乾元萬物資始誠之源也
乾道變化各正性命誠斯立焉
純粹至善者也
故曰一陰一陽之謂道繼之者善也成之者性也

《御纂性理精义》书影　清刊本

成之者性也。”

此亦《易》文。阴阳，气也，形而下者也。所以一阴一阳者，理也，形而上者也。道，即理之谓也。继之者，气之方出而未有所成之谓也。善则理之方行而未有所立之名也，阳之属也，诚之源也。成则物之已成，性则理之已立者也，阴之属也，诚之立也。

元、亨，诚之通；利、贞，诚之复。

元始，亨通，利遂，贞正，乾之四德也。通者，方出而赋于物，善之继也。复者，各得而藏于己，性之成也。此于《图》已为五行之性矣。

大哉《易》也，性命之源乎！

易者，交错代换之名。卦爻之立，由是而已。天地之间，阴阳交错，而实理流行，一赋一受于其中，亦犹是也。

诚下第二

圣，诚而已矣。

圣人之所以圣，不过全此实理而已，即所谓“太极”者也。

诚，五常之本，百行之源也。

五常，仁、义、礼、智、信，五行之性也。百行，孝、弟、忠、信之属，万物之象也。实理全，则五常不亏，而百行修矣。

静无而动有，至正而明达也。

方静而阴，诚固未尝无也。以其未形，而谓之无耳。及动而阳，诚非至此而后有也，以其可见而谓之有耳。静无，则至正而已；动有，然后明与达者可见也。

五常百行，非诚，非也，邪暗，塞也。

非诚，则五常百行皆无其实，所谓不诚无物者也。静而不正，故邪；动而不明、不达，故暗且塞。

故诚则无事矣。

诚则众理自然，无一不备，不待思勉，而从容中道矣。

至易而行难。

实理自然，故易；人伪夺之，故难。

果而确，无难焉。

果者，阳之决；确者，阴之守。决之勇，守之固，则人伪不能夺之矣。

故曰：“一日克己复礼，天下归仁焉。”

克去己私，复由天理，天下之至难也。然其机可一日而决，其效至于天下归仁，果确之无难如此。

诚几德第三

诚，无为。

实理自然，何为之有！即“太极”也。

几，善恶。

几者，动之微，善恶之所由分也。盖动于人心之微，则天理固当发见，而人欲亦已萌乎其间矣。此阴阳之象也。

德，爱曰仁，宜曰义，理曰礼，通曰智，守曰信。

道之得于心者，谓之德，其别有是五者之用，而因以名其体焉，即五行之性也。

性焉、安焉之谓圣。

性者，独得于天；安者，本全于己；圣者，大而化之之称。此不待学问勉强，而诚无不立，几无不明，德无不备者也。

复焉、执焉之谓贤。

复者，反而至之；执者，保而持之；贤者，才德过人之称。此思诚研几以成其德，而有以守之者也。

发微不可见，充周不可穷之谓神。

发之微妙而不可见，充之周遍而不可穷，则圣人之妙用而不可知者也。

圣第四

寂然不动者，诚也；感而遂通者，神也；动而未形、有无之间者，几也。

本然而未发者，实理之体；善应而不测者，实理之用。动静体用之间，介然有顷之际，则实理发见之端，而众事吉凶之兆也。

诚精故明，神应故妙，几微故幽。

“清明在躬，志气如神”，精而明也；“不疾而速，不行而至”，应而妙也；理虽已萌，事则未著，微而幽也。

诚、神、几，曰圣人。

性焉、安焉，则精明应妙，而有以洞其幽

微矣。

慎动第五

动而正，曰道。

动之所以正，以其合乎众所共由之道也。

用而和，曰德。

用之所以和，以其得道于身，而无所待于外也。

匪仁，匪义，匪礼，匪智，匪信，悉邪矣。

所谓道者，五常而已。非此，则其动也邪矣。

邪动，辱也；甚焉，害也。

无得于道，则其用不和矣。

故君子慎动。

动必以正，则和在其中矣。

道第六

圣人之道，仁义中正而已矣。

中，即礼。正，即智。《图解》备矣。

守之贵，

天德在我，何贵如之！

行之利，

顺理而行，何往不利！

廓之配天地。

充其本然并立之全体而已矣。

岂不易简！岂为难知！

道体本然固易简，人所固有故易知。

不守，不行，不廓尔！

言为之则是，而叹学者自失其几也。

师第七

或问曰："曷为天下善？"曰："师"。曰："何谓也？"曰："性者，刚柔、善恶，中而已矣。"

此所谓性，以气禀而言也。

"不达"。曰："刚善，为义，为直，为断，为严毅，为干固；恶，为猛，为隘，为强梁。柔善，为慈，为顺，为巽；恶，为懦弱，为无断，为邪佞。"

刚柔固阴阳之大分，而其中又各有阴阳，以为善恶之分焉。恶者固为非正，而善者亦未必皆得乎中也。

惟中也者，和也，中节也，天下之达道也，圣人之事也。

此以得性之正而言也。然其以和为中，与《中庸》不合。盖就已发无过不及者而言之，如《书》所谓"允执厥中"者也。

故圣人立教，俾人自易其恶，自至其中而止矣。

易其恶则刚柔皆善，有严毅慈顺之德，而无强梁懦弱之病矣。至其中，则其或为严毅，或为慈顺也，又皆中节，而无太过不及之偏矣。

故先觉觉后觉，暗者求于明，而师道立矣。

师者所以攻人之恶，正人之不中而已矣。

师道立，则善人多；善人多，则朝廷正，而天下治矣。

此所以为天下善也。此章所言刚柔，即《易》之两仪；各加善恶，即《易》之四象；《易》又加倍，以为"八卦"。而此《书》及《图》则止于"四象"，以为火、水、金、木，而即其中以为土。盖道体则一，而人之所见详略不同，但于本体不差，则并行而不悖矣。

幸第八

人之生，不幸不闻过；大不幸，无耻。

不闻过，人不告也；无耻，我不仁也。

必有耻，则可教；闻过，则可贤。

有耻，则能发愤而受教；闻过，则知所改而为贤。然不可教，则虽闻过而未必能改矣。以此见无耻之不幸为尤大也。

思第九

《洪范》曰："思曰睿，睿作圣。"

睿，通也。

无思，本也；思通，用也。几动于彼，诚动于此。无思而无不通，为圣人。

无思，诚也；思通，神也。所谓"诚、神、几，曰圣人"也。

不思，则不能通微；不睿，则不能无不通。是则无不通，生于通微，通微，生于思。

通微，睿也；无不通，圣也。

故思者，圣功之本，而吉凶之几也。

思之至，可以作圣而无不通；其次，亦可以见几通微，而不陷于凶咎。

《易》曰："君子见几而作，不俟终日。"

睿也。

又曰："知几其神乎！"

圣也。

志学第十

圣希天，贤希圣，士希贤。

希，望也。字本作睎。

伊尹、颜渊，大贤也。伊尹耻其君不为尧、舜，一夫不得其所，若挞于市；颜渊"不迁怒，不贰过"，"三月不违仁"。

说见《书》及《论语》，皆贤人之事也。

志伊尹之所志，学颜子之所学。

此言"士希贤"也。

过则圣，及则贤，不及则亦不失于令名。

三者随其所用之浅深，以为所至之近远。不失令名，以其有为善之实也。胡氏曰："周子患人以发策决科、荣身肥家、希世取宠为事也，故曰'志伊尹之所志'。患人以广闻见、工文词、矜智能、慕空寂为事也，故曰'学颜渊子之所学'。人能志此志，而此学事，则知此书之包括至大，而其用无穷矣。"

顺化第十一

天以阳生万物，以阴成万物。生，仁也；成，义也。

阴阳，以气言；仁义，以道言。详已见《图解》矣。

故圣人在上，以仁育万物，以义正万民。

所谓定之以仁义。

天道行而万物顺，圣德修而万民化。大顺大化，不见其迹，莫知其然之谓神。

天地圣人，其道一也。

故天下之众，本在一人。道岂远乎哉！术岂多乎哉！

天下之本在君，君之道在心，心之术在仁义。

治第十二

十室之邑，人人提耳而教，且不及，况天下之广，兆民之众哉？曰，纯其心而已矣。

纯者，不杂之谓，心，谓人君之心。

仁、义、礼、智四者，动静、言貌、视听无违之谓纯。

仁、义、理、智，五行之德也。动静，阴阳之用，而言貌、视听，五行之事也。德不言信焉，事不言思者，欲其不达，则行以思为主，而必求是四者之实矣。

心纯则贤才辅。

君取人以身，臣道合而从也。

贤才辅则天下治。

众贤各任其职，则不待人人提耳而教矣。

纯心要矣，用贤急焉。

心不纯，则不能用贤；不用贤，则无以宣化。

礼乐第十三

礼，理也；乐，和也。

礼，阴也；乐，阳也。

阴阳理而后和，君君、臣臣、父父、子子、兄兄、弟弟、夫夫、妇妇，万物各得其理，然后和。故礼先而乐后。

此"定之以中正仁义而主静"之意，程子论"敬则自然和乐"，亦此理也。学者不知持敬，而务为和乐，鲜不流于慢者。

务实第十四

实胜，善也；名胜，耻也。故君子进德修业，孳孳不息，务实胜也。德业有未著，则恐恐然畏人知，远耻也。小人则伪而已！故君子日休，小人日忧。

实修而无名胜之耻，故休；名胜而无实修之善，故忧。

爱敬第十五

"有善不及？"

设问。人或有善，而我不能及，则如之何？

曰：“不及，则学焉。”

答言。当学其善而已。

问曰：“有不善？”

问人有不善，则何以处之？

曰：“不善，则告之不善。”且劝曰：“庶几有改乎，斯为君子。”

答言。人有不善，则告之以不善，而劝其改。告之者，恐其不知此事之为不善也；劝之者，恐其不知不善之可改而为善也。

“有善一，不善二，则学其一，劝其二。”

亦答词也。言人有善恶之杂，其学其善，而劝其恶。

有语曰：“斯人有是之不善，非大恶也？”则曰：“孰无过？焉知其不能改？改，则为君子矣。不改为恶，恶者天恶之。彼岂无畏耶？乌知其不能改！”

此亦答言。闻人有过，虽不得见而告劝之，亦当答之以此。冀其或闻而自改也。有心悖理谓之恶，无心失理谓之过。

故君子悉有众善，无弗爱且敬焉。

善无不学，故悉有众善；恶无不劝，故不弃一人于恶。不弃一人于恶，则无所不用其爱敬矣。

动静第十六

动而无静，静而无动，物也。

有形，则滞于一偏。

动而无动，静而无静，神也。

神则不离于形，而不囿于形矣。

动而无动，静而无静，非不动不静也。

动中有静，静中有动。

物则不通，神妙万物。

结上文，起下意。

水阴根阳，火阳根阴。

水，阴也，而生于一，则本乎阳也；火，阳也，而生于二，则本乎阴也。所谓“神妙万物”者如此。

五行阴阳，阴阳太极。

此即所谓“五行一阴阳，阴阳一太极”者，以神妙万物之体而言也。

阴阳运行，万物终始。

此即所谓“五气顺布，四时行焉，无极二五，妙合而凝”者，以神妙万物之用而言也。

混兮辟兮，其无穷兮。

体本则一故曰混，用散而殊故曰辟。一动一静，其运如循环之无穷，此兼举其体用而言也。此章发明《图》意，更宜参考。

乐上第十七

古者圣王制礼法，修教化，三纲正，九畴叙，百姓大和，万物咸若。

纲，网上大绳也。三纲者，夫为妻纲，父为子纲，君为臣纲也。畴，类也。九畴，见《洪范》九畴也。此所谓理而后和也。

乃作乐以宣八风之气，以平天下之情。

八音以宣八方之风，见《国语》。宣，所以达其理之分；平，所以节其和之流。

故乐声淡而不伤，和而不淫。入其耳，感其心，莫不淡且和焉。淡则欲心平，和则躁心释。

淡者，理之发；和者，理之为。先淡后和，亦主静之意也。然古圣贤之论乐曰：“和而已。”此所谓淡，盖以今乐形之，而后见其本于庄正齐肃之意耳。

优柔平中，德之盛也；天下化中，治之至也。是谓道配天地，古之极也。

欲心平，故平中；躁心释，故优柔。言圣人作乐功化之盛如此。或云“化中”当作“化成”。

后世礼法不修，政刑苛紊，纵欲败度，下民困苦。谓古乐不足听也，代变新声，妖淫愁怨，导欲增悲，不能自止。故有贼君弃父，轻生败伦，不可禁者矣。

废礼败度，故其声不淡而妖淫；政苛民困，故其声不和而愁怨。妖淫，故导欲而至于轻生败伦，愁怨，故增悲而至于贼君弃父。

呜呼！乐者古以平心，今以助欲；古以宣化，今以长怨。

古今之异，淡与不淡，和与不和而已。

不复古礼，不变今乐，而欲至治者远矣！

复古礼，然后可以变今乐。

乐中第十八

乐者，本乎政也。政善民安，则天下之心和。故圣人作乐，以宣畅其和心，达于天地，天地之气，感而太和焉。天地和，则万物顺，故神祇格，鸟兽驯。

圣人之乐，既非无因而强作，而其制作之妙，又能真得其声气之元。故其志气天人交相感动，而其效至此。

乐下第十九

乐声淡则听心平，乐辞善则歌者慕，故风移而俗易矣。妖声艳辞之化也，亦然。

圣学第二十

“圣可学乎？”曰：“可。”曰：“有要乎？”曰：“有。”“请闻焉。”曰：“一为要。一者无欲也，无欲，则静虚、动直，静虚则明，明则通；动直则公，公则溥。明通公溥。庶矣乎！”

此章之指，最为要切。然其辞义明白，不烦训解。学者能深玩而力行之，则有以知无极之真，两仪四象之本，皆不外乎此心，而日用闲自无别用力处矣。

公明第二十一

公于己者公于人，未有不公于己而能公于人也。

此为不胜己私而欲任法以裁物者发。

明不至则疑生。明。无疑也。谓能疑为明。何啻千里！

此为不能先觉，而欲以逆诈、亿不信为明者发。然明与疑，正相南北，何啻千里之不相及乎！

理性命第二十二

厥彰厥微。匪灵弗莹。

此言理也。阳明阴晦，非人心太极之至灵，孰能明之。

刚善刚恶，柔亦如之，中焉止矣。

此言性也。说见第七篇，即五行之理也。

二气五行，化生万物。五殊二实，二本则一。是万为一，一实万分。万一各正，小大有定。

此言命也。二气五行，天之所以赋受万物而生之者也。自其末以缘本，则五行之异，本二气之实，二气之实，又本一理之极。是合万物而言之，为一太极而已也。自其本而之末，则一理之实，而万物分之以为体。故万物之中，各有一太极，而小大之物，莫不各有一定之分也。此章十六章意同。

颜子第二十三

颜子“一箪食，一瓢饮，在陋巷，人不堪其忧，而不改其乐”。

说见《论语》。

夫富贵，人所爱也，颜子不爱不求，而乐乎贫者，独何心哉？

设问以发其端。

天地间有至贵至爱可求，而异乎彼者，见其大、而忘其小焉尔。

“至爱”之间，当有“富可”二字。所谓“至贵至富、可爱可求”者。即周子之教程子，“每令寻仲尼颜子乐处，所乐何事”者也。然学者当深思而实体之，不可但以言语解会而已。

见其大则心泰，心泰则无不足。无不足则富贵贫贱处之一也。处之一则能化而齐，故颜子亚圣。

“齐”字意复，恐或有误。或曰：化，大而化也。齐，齐于圣也。亚，则将齐而未至之名也。

师友上第二十四

天地间，至尊者道，至贵者德而已矣。至难得者得人，人而至难得者，道德有于身而已矣。

此略承上章之意，其理虽明，然人心蔽于物欲，鲜克知之。故周子每言之详焉。

求人至难得者有于身，非师友，则不可得

也已！

是以君子必隆师而亲友。

师友下第二十五

道义者，身有之，则贵且尊。

周子于此一意而屡言之，非复出也。其丁宁之意切矣。

人生而蒙，长无师友则愚。是道义由师友有之。

此处恐更有“由师友”字，属下句。

而得贵且尊，其义不亦重乎！其聚不亦乐乎！

此重、此乐。人亦少知之者。

过第二十六

仲由喜闻过，令名无穷焉。今人有过，不喜人规，如护疾而忌医，宁灭其身而无悟也。噫！

势第二十七

天下，势而已矣。势，轻重也。

一轻一重，则势必趋于重，而轻愈轻，重愈重矣。

极重不可反。识其重而亟反之，可也。

重未极而识之，则犹可反也。

反之，力也。识不早，力不易也。

反之在于人力，而力之难易，又在识之早晚。

力而不竞，天也。不识不力，人也。

不识，则不知用力；不力，则虽识无补。

天乎？人也，何尤！

问势之不可反者，果天之所为乎？若非天，而出于人之所为，则亦无所归罪矣。

文辞第二十八

文所以载道也。轮辕饰而人弗庸，徒饰也；况虚车乎！

文所以载道，犹车所以载物。故为车者必节其轮辕，为文者必善其辞说，皆欲人之爱而用之。然我饰之而人不用，则犹为虚饰而无益于实。况不载物之车，不载道之文，虽美其饰，亦何为乎！

文辞，艺也；道德，实也。笃其实，而艺者书之，美则爱，爱则传焉。贤者得以学而至之，是为教。故曰：“言之无文，行之不远。”

此犹车载物，而轮辕饰也。

然不贤者，虽父兄临之，师保勉之，不学也；强之，不从也。

此犹车已饰，而人不用也。

不知务道德而第以文辞为能者，艺焉而已。噫！弊也久矣！

此犹车不载物，而徒美其饰也。或疑有德者必有言，则不待艺而后其文可传矣。周子此章，似犹别以文辞为一事而用力焉。何也？曰：“人之才德，偏有长短，其或意中了了，而言不足以发之，则亦不能传于远矣。故孔子曰：‘辞达而已矣。’程子亦言：‘《西铭》吾得其意，但无子厚笔力，不能作耳。’正谓此也。然言或可少而德不可无，有德而有言者常多，有德而不能言者常少。学者先务，亦勉于德而已矣。”

圣蕴第二十九

“不愤不启，不悱不发，举一隅不以三隅反，则不复也。”

说见《论语》。言圣人之教，必当其可，而不轻发也。

子曰：“予欲无言，天何言哉！四时行焉，百物生焉。”

说亦见《论语》。言圣人之道，有不待言而显者，故其言如此。

然则圣人之蕴，微颜子殆不可见。发圣人之蕴，教万世无穷者，颜子也。圣同天，不亦深乎！

蕴，中所畜之名也。仲尼无迹，颜子微有迹。故孔子之教，既不轻发，又未尝自言其道之蕴，而学者惟颜子为得其全。故因其进修之迹，而后孔子之蕴可见。犹天不言，而四时行，百物生也。

常人有一闻知，恐人不速知其有也，急人知而名也，薄亦甚矣！

圣凡异品，高下悬绝，有不待校而明者。其言此者，正以深厚之极，警夫浅薄之尤耳。然于圣人言深，常人言薄者，深则厚，浅则薄，上言首，下言尾，互文以明之也。

精蕴第三十

圣人之精，画卦以示；圣人之蕴，因卦以发。卦不画，圣人之精，不可得而见。微卦，圣人之蕴，殆不可悉得而闻。

精者，精微之意。画前之易，至约之理也。伏羲画卦，专以明此而已。蕴，谓凡卦中之所有，如吉凶消长之理，进退存亡之道，至广之业也。有卦则因以形矣。

《易》何止《五经》之源，其天地鬼神之奥乎！

阴阳有自然之变，卦画有自然之体，此《易》之为书，所以为文字之祖，义理之宗也。然不止此，盖凡管于阴阳者，虽天地之大，鬼神之幽，其理莫不具于卦画之中焉。此圣人之精蕴，所以必于此而寄之也。

乾损益动第三十一

君子乾乾，不息于诚，然必惩忿窒欲，迁善改过而后至。乾之用其善是，损益之大莫是过，圣人之旨深哉！

此以乾卦爻辞、损益大象，发明思诚之方。盖乾乾不息者，体也；去恶进善者，用也。无体则用无以行，无用则体无所措。故以三卦合而言之。或曰："其"字亦是"莫"字。

"吉凶悔吝生乎动。"噫！吉一而已，动可不慎乎！

四者一善而三恶，故人之所值，福常少而祸常多，不可不谨。此章论《易》所谓"圣人之蕴"。

家人睽复无妄第三十二

治天下有本，身之谓也；治天下有则，家之谓也。

则，谓物之可视以为法者，犹俗言则例、则样也。

本必端，端本，诚心而已矣。则必善，善则，和亲而已矣。

心不诚，则身不可正；亲不和，则家不可齐。

家难而天下易，家亲而天下疏也。

亲者难处，疏者易裁，然不先其难，亦未有能其易者。

家人离，必起于妇人。故《睽》次《家人》，以"二女同居，而志不同行"也。

《睽》次《家人》，《易》卦之序，"二女"以下，《睽》《彖传》文。二女，谓《睽》卦《兑》下《离》上，《兑》少女，《离》中女也。阴柔之性，外和悦而内猜嫌，故同居而异志。

尧所以厘降二女于妫汭，舜可禅乎？吾兹试矣。

厘，理也。降，下也。妫，水名。汭，水北，舜所居也。尧理治下嫁二女于舜，将以试舜而授之天下也。

是治天下观于家，治家观身而已矣。身端，心诚之谓也。诚心，复其不善之动而已矣。

不善之动息于外，则善心之生于内者无不实矣。

不善之动，妄也；妄复，则无妄矣；无妄，则诚矣。

程子曰："无妄之谓诚。"

故《无妄》次《复》，而曰"先王以茂对时育万物"。深哉！

《无妄》次《复》，亦卦之序。先王以下，引《无妄》卦《大象》，以明对时育物，唯至诚者能之，而赞其旨之深也。此章发明四卦，亦皆所谓"圣人之蕴"。

富贵第三十三

君子以道充为贵，身安为富，故常泰无不足。而铢视轩冕，尘视金玉，其重无加焉尔！

此理易明，而屡言之，欲人有以真知道义之重，而不为外物所移也。

陋第三十四

圣人之道，入乎耳，存乎心，蕴之为德行，行之为事业。彼以文辞而已者，陋矣！

意同上章。欲人真知道德之重，而不溺于文辞之陋也。

拟议第三十五

至诚则动，“动则变，变则化”，故曰：“拟之而后言，议之而后动，拟议以成其变化。”

《中庸》《易大传》所指不同，今合而言之，未详其义。或曰：至诚者，实理之自然；拟议者，所以诚之之事也。

刑第三十六

天以春生万物，止之以秋。物之生也，既成矣，不止则过焉，故得秋以成。圣人之法天，以政养万民，肃之以刑。民之盛也，欲动情胜，利害相攻，不止则贼灭无伦焉。故得刑以治。

意与十一章略同。

情伪微暧，其变千状。苟非中正、明达、果断者，不能治也。《讼卦》曰：“利见大人”，以“刚得中”也。《噬嗑》曰：“利用狱”，以“动而明”也。

中正，本也；明断，用也。然非明则断无以施，非断则明无所用，二者又自有先后也。《讼》之中，兼乎正；《噬嗑》之明，兼乎达。《讼》之刚，《噬嗑》之动，即果断之谓也。

呜呼！天下之广，主刑者民之司命也。任用可不慎乎！

公第三十七

圣人之道，至公而已矣。或曰：“何谓也？”曰：“天地至公而已矣。”

孔子上第三十八

《春秋》，正王道，明大法也，孔子为后世王者而修也。乱臣贼子诛死者于前，所以惧生者于后也。宜乎万世无穷，王祀夫子，报德报功之无尽焉。

孔子下第三十九

道德高厚，教化无穷，实与天地参而四时同，其惟孔子乎！

道高如天者，阳也；德厚如地者，阴也；教化无穷如四时者，五行也。孔子其太极乎！

蒙艮第四十

“童蒙求我”，我正果行，如筮焉。筮，叩神也，再三则渎矣，渎则不告也。

此通下三节，杂引《蒙卦彖》《象》而释其义。童，稚也。蒙，暗也。我，谓师也。筮，揲蓍以决吉凶也。言童蒙之人，来求于我以发其蒙，而我以正道，果决彼之所行，如筮者叩神以决疑，而神告之吉凶，以果决其所行也。叩神求师，专一则明。如初筮则告，二三则惑，故神不告以吉凶，师亦不当决其所行也。

“山下出泉”，静而清也。汩则乱，乱不决也。

“山下出泉”，《大象》文。山静泉清，有以全其未发之善，故其行可果。汩，再三也。乱，渎也。不决，不告也。盖汩则不静，乱则不清。既不能保其未发之善，则告之不足以果其所行，而反滋其惑，不如不告之为愈也。

慎哉！其惟“时中”乎！

时中者，《彖传》文，教当其可之谓也。初则告，渎则不告；静而清则决之，汩而乱则不决。皆时中也。

“艮其背”，背非见也。静则止，止非为也，为不止矣。其道也深乎！

此一节引《艮》卦之《彖》而释之。艮，止也，背，非有见之地也。“艮其背”者，止于不见之地也。止于不见之地则静，静则止而五为，一有为之之心，则非止之道矣。此章发明二卦，皆所谓“圣人之蕴”，而主静之意矣。

几案一具　闲远之思

严克勤

明清两代，江南文人的功名情况为全国之冠，进士、状元数量甚多。其中以苏、常、松、杭、嘉、湖地区尤甚。然而这对于落榜者来说还是区区小数，更多的文人的命运是名落孙山，浪迹江湖，但当时新的经济关系和经济结构正在发生变化，商品流通日趋繁荣，社会风气和社会价值观随之也发生新的变化。隐逸作为治疗中国文人心理创伤的简单的传统剂方，又呈现出新的形态，新旧交替的社会背景促使明清文人开始出现多种情感特征，多种艺术风貌，多种审美追求，从而构成了与前代文人相区别的又一特质。不少文人由政治失意转向内心宁静，一股觉醒的人性解放之风，给文人的精神世界注入了新的生机。明清文人开始徜徉山水，漫步园林，时时体会到一种清新的生活情趣，感受开明欢快的浪漫风潮的熏染。朴质、平易、惬意成为文人这种充溢内心的乐观向上、生气勃勃的美好心境的体现。这种乐观的生活情趣，既是对人、对己情感的尊重，也是对享乐、对人欲的肯定，是清新、欢快乃至戏谑、幽默情感的开拓。他们不满足于借山水、花鸟聊写胸中逸气，而是开始把自己的艺术与现实生活融为一体。他们不仅用诗、赋、书、画等方式以寄隐逸、清高，同时开始走向生机勃勃的民间社会，走向斑斓多彩的市民生活，从艺术创作中享受文化，从文化生活中创造典雅。此时文人的隐逸可以称做“市隐”。

清　徐扬　乾隆南巡图　局部　家具店情景　美国纽约大都会博物馆藏

明代以来的社会经济变化，使农业和手工业也随之得到了相应发展。除北京、南京这两大城市充分发展外，集中在江南苏、常、松、杭、嘉、湖地区的新兴城市人口集聚、商贾云集，商品经济异常活跃。明代学者王士性《广志绎》记载“浙西俗繁华，人性纤巧，雅文物，喜饰鞶帨，多巨室大豪，若家童千百者，鲜衣怒马，非市井小民之利”云云。清《姑苏繁华图》描绘了清乾隆年间苏州的繁华景象，其中一段画万年桥北半街松萝茶社，另一段画越城桥畔一缸坛店有茶壶出售，生动有趣。这一时期海禁开放，乌木、紫檀、花梨等各种名贵木料的进口，为明清细木家具制作和发展打下了基础。特别是不少文学家、戏曲家、诗人、画家、收藏家、鉴赏家等所谓文化人出于社会和自身的爱好与需求，纷纷与匠人高手联手设计制作家具、紫砂茶壶等，推动了家具、紫砂茶壶的品种和形制的发展。这些情况在高濂《遵生八笺》，张岱《陶庵梦忆》《西湖梦寻》，文震亨《长物志》，宋应星《天工开物》，周高起《阳羡茗壶系》，吴骞《阳羡名陶录》，李渔《闲情偶寄》和沈复的《浮生六记》等书籍中有生动而详实的记录。他们以文人的眼光、审美心态和生活情趣从多方面强调了“典雅”“古朴”“简素”的艺术享受和审美要求。

我们不妨来读读张潮的《幽梦影》，可以发现，明末清初的知识分子在生活的诗意上达到了极高的高度，并且以此作为慰藉人生的一种有效方式。

楼上看山，城头看雪，灯前看花，舟中看霞，月下看美人，另是一番情景。

山之光，水之声，月之色，花之香，文人之韵致，美人之姿态，皆无可名状，无可执著。真足以摄召魂梦，颠倒情思！

窗内人于纸窗上作字，吾于窗外观之，极佳。

梅边之石宜古，松下之石宜拙，竹旁之石宜瘦，盆内之石宜巧。

梅令人高，兰令人幽，菊令人野，莲令人淡，春海棠令人艳，牡丹令人豪，蕉与竹令人韵，秋海棠令人媚，松令人逸，桐令人清，柳令人感。

园亭之妙，在丘壑布置，不在雕绘琐屑。往往见人家园亭，屋脊墙头，雕砖镂瓦，非不穷极工巧，然未久即坏，坏后极难修葺，是何如朴素之为佳乎。

张潮，字来山，号心斋、仲子，安徽歙县人，生于清顺治七年（1650），著有《花影词》《心斋聊复集》《幽梦影》等书，其中以《幽梦影》最著名。这本一万多字的语录式小品集，在典籍中的地位不高，但1936年章衣萍在徽州用重金购买了同乡张潮的《幽梦影》抄本，并给林语堂看了，林语堂很是喜欢并翻译成英文。此书出版后，成为一本知名度很高的小品集。林语堂之所以喜欢这本书，在他的名著《生活的艺术》中有着详细的阐述：“中国人之爱休闲，有着很多交织着的原因。中国人的性情，是经过了文学的熏陶和哲学的认可的。这种爱悠闲的性情是由于酷爱人生而产生，并受了历代浪漫文学潜流的激荡，最后又有一种人生哲学——大体上可称为道家哲学——承认它为合理近情的态度。中国人能囫囵地接受这种道家的人生观，可见他们的血液中原有着道家哲学的种子。”林语堂所说的中国人，其实是中国文人。他发现中国人的生活中浸润着的哲学观念，西方人是很难理解的，但这恰恰是了解中国文化的一枚十分重要的钥匙，所以有了《吾国吾民》和《生活的艺术》。

林语堂的理解，我认为是值得重视的。明季之后，中国文人的日常生活融合了儒、道、释的哲学理念，这里面既有儒家的温暖又有道家的逍遥，同时也有佛家的清空，最后形成一幅极具文学艺术特性的典雅的生活画卷，他们不再寄情于荒野的山林，而是在城市中构筑山水真意的隐逸之地，开始了大隐隐于市的“市隐”时代。他们的情感世界，他们的生活情趣，他们的审美理念，无一不在日常生活中得到物化，同时在物化世界中又展现中国文人独有的精神画卷。

在这里，笔者要谈到中国传统士大夫的隐逸文化。

从伯夷、叔齐开始的避世隐逸传统，一直是中国知识分子在出世与入世之间的一个重要选项。这个选项的重要性体现在隐逸使知识分子具有了现实批判的超越性和话语权，并具有捍卫精神传统的崇高感。但不能否认，隐逸作为一种现象，是十分复杂的。“道不行，乘桴浮于海”，孔子的喟叹，是仕途失意之隐；“少无适俗韵，性本爱丘山”，陶渊明的述怀，是怡情之隐；“红颜弃轩冕，白首卧松云”，李白的赞颂，是愤世之隐；“大梦谁先觉，平生我自知”，诸葛亮的自许，是蛰伏之隐……总之，在隐逸的现象背后，其实也有着各种各样的诉求。同时，在如何隐的问题上，也各有方式。“隐于道”，是在学问道德中隐逸，是大隐，道隐无形，只要有圆融宏大的人格，就可以“独善其身”，获得精神解脱；“隐于朝”，是智隐，平衡于各种权力之间，有效地运用体制保护自己，但求保持自身的人格纯度，获得隐逸的自由；“隐于林”，隐于山林，是苦隐，在忍受着心灵撕裂和生活贫困的痛苦的同时，创造出丰富的精神价值；“隐于禅”，是玄隐，在宗教的信仰和情绪中，解脱生命的痛苦和牵绊，获得精神的自由。

然而，在隐逸文化中，也有着方便法门。这种隐逸，甚至不需要特定的形式，呼之即来，挥之即去，这就是所谓的“酒隐”和“狂隐”。“隐于酒”，是借酒和世俗生活建立起屏障，为自己获得自由，“隐于狂”也同样如此。“天子呼来不上船，自称臣是酒中仙”，这种姿态，让自己获得的自由度急剧提高。其实，酒隐具有悠久的历史，像魏晋时期的刘伶，撰写了《酒德颂》：“无忧无虑，其乐陶陶，兀然而醉，豁然而醒，静听不闻雷霆之声，熟视不睹泰山之形。不觉寒暑之切肌，利欲之感情。”这种醉而忘忧的人生态度其实是避世的一种方法。到了宋代，时代精神虽然变得柔弱，但内心世界却变得更为细密精致，苏轼提出了酒隐：“世事悠悠，浮云聚沤。昔日浚壑，今为崇丘。眇万事于一瞬，孰能兼忘而独游？爰有达人，泛观天地。不择山林，而能避世。引壶觞以自娱，期隐身于一醉……酣羲皇之真味，反太初之至乐。烹混沌以调羹，竭沧溟而反爵……暂托物以排意，岂胸中而洞然。”（《酒隐赋》）在赋前的小序中，苏轼记道：“凤山之阳，有逸人焉，以酒自晦。久之，士大夫知其名，谓之酒隐君，目其居曰酒隐堂，从而歌咏者不可胜记。”这既是苏轼写《酒隐赋》的由来，也是酒隐的由来，酒隐模式也被公认为一种重要的隐逸模式。

与酒隐模式接近的，是狂隐。在宋是酒隐，到明代中晚期就出现了狂隐。这种狂，在前面明清文人的精神素描中谈过，它既是一种政治生态的产物，同时也是文人隐逸传统的产物。这种狂，是佯狂，但几乎成为名士的一种标志，以至于有个和尚对弟子说：“汝欲名声，若不佯狂，不可得也。”（《锦江禅灯》卷十八）

然而，在明清时期，真正的隐逸主流是市隐，也就是我们常说的“壶天之隐”。有人曾经统计过，明朝前后260多年，时间不短，但是在《明史》中记载的隐士不过寥寥数人；每人名下也不过寥寥数语，在《明史》三百多卷的巨著中，不过占千分之一的分量。明代隐逸文化之不兴，由此可见一斑。但是隐逸精神的世俗化，使得隐逸出现了十分奇特的景象。

我们以袁宏道为例。

万历二十三年（1595），28岁的袁宏道被朝廷派到江苏吴县（县治在今天的苏州）当县令。当时的苏州地区是全国最富庶的地区之一，在那里做父母官，应该是一个美差。但在接下来的时间里，袁宏道除了抱怨还是抱怨。“上官如云，过客如雨，簿书如山，钱谷如海，朝夕趋承检点，尚恐不及，苦哉！”同时得出结论，“人生作吏甚苦，而作令尤苦。若作吴令则其苦万万倍，直牛马不若矣”（《致沈广乘》）。最终，万历二十九年（1601），袁宏道获准辞官。归隐后，他在老家公安栽了许多株柳树，建起了柳浪居。这种强烈的隐逸思想，内在的驱动力是什么呢？追求快活。袁宏道有十分著名的“五快活论”，在这里不妨抄来：

目极世间之色，耳极世间之声，身极世间之鲜，口极世间之谈，一快活也。堂前列鼎，堂后度曲，宾客满席，男女交舄，烛气熏天，珠翠委地，皓魄入帐，花影流衣，二快活也。箧中藏万卷书，书皆珍异。宅畔置一馆，馆中约真正同心友十余人，人中立一识见极高，如司马迁、罗贯中、关汉卿者为主，分曹部署，各成一书，远文唐宋酸儒之陋，近完一代未竟之篇，三快活也。千金买一舟，舟中置鼓吹一部，妓妾数人，游闲数人，泛家浮宅，不知老之将至，四快活也。然人生受用至此，不及十年，家资田产荡尽矣。然后一身狼狈，朝不谋夕，托钵歌妓之院，分餐孤老之盘，往来乡亲，恬不知耻，五快活也。（《致龚惟长先生》）

在袁宏道的文字中，这种快活有时也失之于狭邪，但性情的流露，显得毫不忸怩作态，同时这表明，当时的隐逸并不完全是心中有块垒之气而使然，恰恰相反，生活舒适和生命张扬成为隐逸的一个目标，在美色、美声、美物、美味、美言中，达到心与物的和谐，人与社会、宇宙的和谐。明清时期的隐逸文化，是中国隐逸文化集大成者，但不再孤愤，而是一缕淡淡而美丽的伤感；不再清苦，而是一份富足的舒适；不再关切，而是在温暖的生活中表达一份冷淡。这一切，都通过对生活中一事一物的趣味表现出来。所以，袁宏道在《叙陈正甫会心集》中开宗明义：“世人所难得者唯趣。”他进一步论述道：

趣如山上之色，水中之味，花中之光，女中之态，虽善说者不能一语，唯会心者知之。今之人，慕趣之名，求趣之似，于是有辨说书画，涉猎古董，以为清；寄意玄虚，脱迹尘纷，以为远。又其下，则有如苏州之烧香煮茶者。此等皆趣之皮毛，何关神情！夫趣得之自然者深，得之学问者浅。当其为童子也，不知有趣，然无往而非趣也。面无端容，目无定睛；口喃喃而欲语，足跳跃而不定；人生之至乐，真无逾于此时者。孟子所谓不失赤子，老子所谓能婴儿，盖指此也，趣之正等正觉最上乘也。山林之人，无拘无缚，得自在度日，故虽不求趣而趣近之。愚不肖之近趣也，以无品也。品愈卑，故所求愈下。或为酒肉，或然声伎；率心而行，无所忌惮，自以为绝望于世，故举世非笑之不顾也，此又一趣也。迨夫年渐长，官渐高，品渐大，有身如梏，有心如棘，毛孔骨节，俱为闻见知识所缚，入理愈深，然其去趣愈远矣。余友陈正甫，深于趣者也，故所述《会心集》若干人，趣居其多。不然，虽介若伯夷，高若严光，不录也。噫！孰谓有品如君，官如君，年之壮如君，而能知趣如此者哉！

这种宣言式的趣味论，也正式标明，中国知识分子从“言志”时代开始转向“言趣”时代。这是美学史上重大的关节，已不复有黄钟大吕式的雄壮，这是一种失落，但这也是一种获得，精致细美的审美情致成为当时的主流风尚，生活中的任何细节，都成为审美对象，进行审美的加工。情有

明 铁力木厚板足条几 据王世襄《明式家具研究》

明 仇英 梧竹书堂图 局部 上海博物馆藏

情趣，心有机趣，庄有理趣，谐有谐趣。对生活的诗化，成为隐逸文化中十分旖旎的一章。

我们了解明清社会文人生活的情趣，对理解明式家具和紫砂壶有着重要的作用，这些文人的特殊爱好和功能需求，可以从这一时期的笔记、散文和小说及插图中得到印证，同时也可在这一时期书画家们的作品中得到展示。如明戴进所绘《太平乐事图》中文人学子看戏时用的桌、凳；明唐寅所绘《韩熙载夜宴图》《桐荫品茶图》所描绘的家具、茶具；明仇英所绘《桐荫昼静图》中文人所用之书案和躺椅；清叶震初、方士庶所绘，厉鹗题记的《九日行庵文宴图》；清冷枚人物图和清姚文瀚绘山水楼台图所展现的桌椅、茶具等，将这一时期文人的爱好和惬意之生活风貌全景式展开。明代大学者文徵明曾孙文震亨所著《香茗》一文云：

香、茗之用，其利最溥。物外高隐，坐语道德，可以清心悦神。初阳薄暝，兴味萧骚，可以畅怀舒啸。晴窗拓帖，挥尘闲吟，篝灯夜读，可以远辟睡魔。青衣红袖，密语谈私，可以助情热意。坐雨闭窗，饭余散步，可以遣寂除烦。醉筵醒客，夜雨蓬窗，长啸空楼，冰弦戛指，可以佐欢解渴。

由上可见文人风雅潇洒的生活和焚香烹茶技艺之精到，真是趣味无穷，宛如神仙。另一位明代大家张岱在《闵老子茶》一文中将主人不顾千里之遥而求惠泉之水泡茶的奇效描写得惟妙惟肖、淋漓尽致：

……导至一室，明窗净几，荆溪壶，成宣窑磁瓯十余种，皆精绝。灯下视茶色，与磁瓯无别而香气逼人，余叫绝。余问汶水曰："此茶何产？"汶水曰："阆苑茶也。"余再啜之，曰："莫绐余，是阆苑制法而味不似。"汶水匿笑曰："客知是何产？"余再啜之，曰："何其似罗岕甚也？"汶水吐舌曰："奇！奇！"余曰："水何水？"曰："惠泉。"余又曰："莫绐余，惠泉走千里，水劳而圭角不动，何也？" 汶水曰："不复敢隐。其取惠水，必淘井，静夜候新泉至，旋汲之。山石磊磊藉瓮底，舟非风则勿行，故水之生磊。即寻常惠水犹逊一头地，况他水耶！"又吐舌曰："奇，奇！"言未毕，汶水去。少顷，持一壶满斟余曰："客啜此。"余曰："香扑烈，味甚浑厚，此春茶耶？向瀹者的是秋采。"汶水大笑曰："予年七十，精赏鉴者，无客比。"遂定交。

文中谈到了荆溪壶、惠泉水都是茶艺之极品，可见古人对品茶的修养何其精深，对泉水的感觉何其细腻，对壶具的要求何其苛严。在当时，饮茶具有某种仪式的意义，是中国文人所追求的典雅生活的标志。明代的冯正卿，曾任湖州司里，清朝后，他隐居不仕，特别嗜茶，著有《岕茶笺》。在这本书里，他就饮茶的时间、地点、器具、茶伴、意境等，提出了著名的十三宜和七忌：

十三宜：一无事，二佳客，三幽坐，四吟咏，五挥翰，六徜徉，七睡起，八宿醒，九清供，十精舍，十一会心，十二赏鉴，十三文童。

七忌：一不如法，二恶具，三主客不韵，四冠裳苛礼，五荤肴杂陈，六忙冗，七壁间案头多恶趣。

以上，我们可以看到当时的文人对饮茶所代表的典雅生活的追求和对茶具精美的要求。无独有偶，在名人笔记中我们还能看到饮茶二十四时宜的说法。明代许次纾《茶疏·饮时》叙述了饮茶二十四宜的细目：“心手闲适、披咏疲倦、意绪棼乱、听歌闻曲、歌罢曲终、杜门避事、鼓琴看画、夜深共语、明窗净几、洞房阿阁、宾主款狎、佳客小姬、访友初归、风日晴和、轻阴微雨、小桥画舫、茂林修竹、课花责鸟、荷亭避暑、小院焚香、酒阑人散、儿辈斋馆、清幽寺观、名泉怪石。”此外，许次纾特别强调了饮茶不宜用“恶水、敝器、铜匙、铜铫、木桶、柴薪、麸炭、粗童、恶婢、不洁巾帨、各色果实香药”，同样对饮茶的器具提出了要求。因此，对典雅生活的追求，使得文人与紫砂茶壶的关系十分密切，这为文人墨客参与紫砂茶壶的设计、制作提供了条件，而文人独到的审美情趣和追求也在其中尽显。

《阳羡紫砂图考》引《萝窗小牍》记载，丹阳人黄玉麟“道光间诸生，居苏州，善做宜兴茶壶，选土配色，并得古法”，曾应清著名金石学家吴大澂之邀在苏州十梓街吴宅专做紫砂壶。明代周高起，博闻强识，工古文辞，精于鉴赏，嗜茗饮、好壶艺，他有一段关于茶和壶的名言：“壶供真茶，正在新泉活火，旋瀹旋啜，以尽色、声、香、味之蕴。故壶宜小不宜大、宜浅不宜深；壶盖宜盎不宜砥，汤力茗香，俾得团结氤氲。”不仅如此，他还说明把玩紫砂壶的心得：“壶经用久，涤拭日加，自发暗然之光，入手可鉴，此为书房雅供。”一语道出文人雅士们喜欢把玩紫砂壶的原因，即泡茶品茗之外还可把玩观赏，雅趣无穷，以致到了癖恋名壶成痴迷的境地。

周高起有一诗《供春大彬诸名壶，价高不易办，予但别其真，而旁搜残缺于好事家，用自怡悦，诗以解嘲》，诗云：“阳羡名壶集，周郎不弃瑕。尚陶延古意，排闷仰真茶。燕市曾酬骏，齐师亦载车。也知无用用，携对欲残花。”明代大书画家徐渭一首《某伯子惠虎丘茗谢之》云：“虎丘春茗妙烘蒸，七碗何愁不上升。青箬旧封题谷雨，紫砂新罐买宜兴。”将文人的艺术情趣追求和对生活积极的审视，通过日常用具及器皿融和体现，这是一种健康向上的并折射着艺术、文化光芒的生活情趣，绵延至今仍有其生命力。

亚明老先生生前曾为笔者书写书斋名“味绿居”，因谈起“绿”字含义而说起茶，便大讲唐云如何嗜好茶壶，如何喜欢把弄曼生壶，几次不顾年事已高往返其家中观看曼生壶一事。有一年笔者在上海朱屺瞻纪念馆观看唐云先生纪念展，还特地在他收藏的曼生壶前细细品鉴，确实不同凡响，真正美妙绝伦，难怪唐云老先生嗜壶如痴如醉。亚明先生为唐先生痴情所动，把自己收藏的唯一一把曼生壶送给唐老，以成人之美，这样的君子风范，让笔者深

明 仇英 人物故事图册 竹院品古图 局部 北京故宫博物院藏

明 文徵明 惠山茶会图 22cm×67cm 北京故宫博物院藏

感敬佩。这使我想起周高起在谈到时大彬的壶艺时的一句话，“几案有一具，生人闲远之思”。时至今日，虽做壶的大有人在，但要真正达到“几案有一具，生人闲远之思”的能有几何？李渔曾云：“茗注莫妙于砂壶，砂壶之精者，又莫过于阳羡，是人而知之矣。”紫砂壶不同于其他艺术品，不仅在观赏其美，还在于握之舒适、出水流畅；不仅在泡茶解渴，还在于清心悦神，遣寂除烦。真正达到美好的形象结构、精湛的制作工艺和良好的实用功能的统一。一把好壶历来为人一生的追求，明清以来多少文人雅士为此折腰，为此倾心，为此陶醉。

文人雅士喜茶壶是如此，对于家具的形制、木料、工艺，也完全从其特殊的爱好和功能出发，真情投入。

李渔对其设计制作的“暖椅式”的举例说明，最能反映明清文人的生活情状。何谓“暖椅”？让我们走进李渔的《闲情偶寄·器玩部·十八图暖椅式》，去了解明代文人士大夫生活对椅子的追求吧：

如太师椅而稍宽，彼止取容臀，而此则周身全纳故也。如睡翁椅而稍直，彼止利于睡，而此则坐卧咸宜，坐多而卧少也。前后置门，两旁实镶以板，臀下足下俱用栅。用栅者，透火气也；用板者，使暖气纤毫不泄也；前后置门者，前进人而后进火也。然欲省事，则后门可以不设，进人之处亦可以进火。此椅之妙，全在安抽替于脚栅之下。只此一物，御尽奇寒，使五官四肢均受其利而弗觉。另置扶手匣一具，其前后尺寸，倍于轿内所用者。入门坐定，置此匣于前，以代几案。倍于轿内用者，欲置笔砚及书本故也。抽替以板为之，底嵌薄砖，四围镶铜。所贮之灰，务求极细，如炉内烧香所用者。置炭其中，上以灰覆，则火气不烈，而满座皆温，是隆冬时别一世界。况又为费极廉，自朝抵暮，止用小炭四块，晓用二块至午，午换二块至晚。此四炭者，秤之不满四两，而一日之内，可享室暖无冬之福，此其利于身者也。若至利于身而无益于事，仍是宴安之具，此则不然。扶手用板，镂去掌大一片，以极薄端砚补之，胶以生漆，不问而知火气上蒸，砚石常暖，永无呵冻之劳，此又利于事者也。不宁惟是，炭上加灰，灰上置香，坐斯椅也，扑鼻而来者，只觉芬芳竟日，是椅也，而又可以代炉。炉之为香也散，此之为香也聚，由是观之，不止代炉，而且差胜于炉矣。有人斯有体，有体斯有衣，焚此香也，自下而升者能使氤氲透骨，是椅也而又可代熏笼。熏笼之受衣也，止能数件；此物之受衣也，遂及通身。迹是论之，非止代一熏笼，且代数熏笼矣。倦而思眠，倚枕可以暂息，是一有座之床。饥而就食，凭几可以加餐，是一无足之案。游山访友，何烦另觅肩舆，只须加以柱杠，覆以衣顶，则冲寒冒雪，体有余温，子猷之舟可弃也，浩然之驴可废也，又是一可坐可眠之轿。日将暮矣，尽纳枕簟于其中，不须臾而被窝尽热；晓欲起也，先置衣履于其内，未转睫而襦袴皆温。是身也，事也，床也，案也，轿也，炉也，熏笼也，定省晨昏之孝子也，送暖偎寒之贤妇也，总以一物焉代之。仓颉造字而天雨粟，鬼夜哭，以造化灵秘之气泄尽而无遗也。此制一出，得无重犯斯忌，而重杞人之忧乎？

此李渔“暖椅式”之篇，可见明代文人生活之惬意浪漫。李渔在《闲情偶寄》中谈到房屋、窗户、家具时又云“盖居室之制贵精不贵丽，贵新奇大雅不贵纤巧烂漫”；“窗栏之制，日新月异，皆从成法中变出”；“予往往自制窗栏之格，口授工匠使为之，以为极新极异矣”。至于桌椅的桌撒这样的小物件，他指出“此物不用钱买，但于匠作挥斤之际，主人费启口之劳，童仆用举手之力，即可取之无穷，用之不竭”。他强调：“宜简不宜繁，宜自然不宜雕斫。凡事物之理，简斯可继，繁则难久，顺其性者必坚……”可见当时文人对家具等的要求，完全为其生活习性和审美心态所决定。他们对于家具风格形制的追求主要体现在“素简”“古朴”和“精致”上。如文震亨在《长物志》中谈及方桌时说：“须取极方大古朴，列坐可十数人，以供展玩书画”；论及几榻时又说“古人制几榻虽长短广狭不齐，置之斋室，必古雅可爱”；论及书橱时强调“藏书橱须可容万卷，愈阔愈古”，“小橱……以置古铜玉小器为宜”。明戏曲家高濂《遵生八笺》中设计的欹床，“上置椅圈靠背如镜架，后有撑放活动，以适高低。如醉卧、偃仰观书并花下卧赏俱妙”。二宜床则“床内后柱上钉铜钩二，用挂壁瓶，四时插花，

清 高凤翰 清供图 24cm×29.5cm 上海博物馆藏

清 杨彭年制壶和陈曼生铭壶

人作花伴，清芬满床，卧之神爽意快”。欹床高低可调，二宜床冬夏可用，构思巧妙，既能读书休息又能品赏鲜花意趣无穷。将文人悠然自得、神爽意快之神态反映得如此生动。我们不得不承认，明清两代的一些文人，从豁达的人生态度出发，在器具的实用功能和审美标准方面，达到了与自然和谐融合的高度统一。

透过明清文人的生活与家具、紫砂壶的关系，我们可以看到那个时代繁华的江南都市生活，发达的手工业和众多的名匠艺人的产生，悠久的人文历史、深厚的文化底蕴和尚美的艺术氛围等诸多社会、自然和人文方面的因素，这是明清时期江南独特的一道风景线。我们考察明式家具、紫砂茶壶的产生，我们追寻明清文人衷情于斯的文化、社会和人文内涵，我们去研究它，触摸它，感受它，就像慢慢地呷上一口碧螺春茶一样，低头品味，而完全不同于今人伸长脖子仰头痛饮可口可乐。不一样的文化，不一般的感受。关于明清时期江南都市生活与文化人之品鉴，历来众说纷纭，有说“昆曲、黄酒、园林”，有说“评弹、绿茶、园林”，有说“状元、戏子、小夫人”……不要管怎么说，所有这些，都离不开茶具、椅子、几案的演义。掩卷遐思，让我们在濛濛细雨中走过江南小镇，在长长巷子的青石板上，隔着长满青苔的粉墙黛瓦，聆听从墙头翠绿的老树嫩叶间的格子窗里，传出一两声评弹的丁冬弦索声，让我们躺坐在李渔的“暖椅式”上，手捧紫砂壶，呷一口惠山泉水泡制的碧螺春，仰头聆听。“点点不离杨柳外，声声只在芭蕉里”，“小楼一夜听春雨，深巷明朝卖杏花”，蓦地，我想起了几句旧诗。这是怎样的一番图景，又是何等的别有洞天的意境啊。江南钟灵毓秀、人文荟萃，唐宋以降，元代倪云林，明代文徵明、唐寅、李渔，到清代翁同龢、吴大澂，近代俞曲园、张大千、吴湖帆……说不尽的文人骚客，说不尽的江南才子佳人的生活，说不尽的明式家具和紫砂壶的魅力。

综上所述，我们不难看出，文人由于自身修养和爱好，对于家具、紫砂茶壶的品种、形制、功用的研究、设计、制作和追求，确实反映了文人的特有气质，浸润着文人典雅的生活情趣，散发出文人潇洒清秀的书卷气息。

（作者系江苏省无锡广电集团董事长、南京艺术学院客座教授）

唐寅·《石头记》

季稚跃

唐寅（1470—1523）字伯虎，一字子畏，号六如居士、桃花庵主等，在《石头记》中有三处与他有关，一次说到唐寅：

（第 2 回）雨村道："天地生人，除大仁大恶两种，余者皆无大异。若大仁者则应运而生，大恶者则应劫而生。运生世治，劫生世危……今当运隆祚永之朝，太平无为之世，清明灵秀之气所秉者，上至朝廷，下及草野，比比皆是。所余之秀气，漫无所归，遂为甘露，为和风，洽然溉及四海。彼残忍乖僻之邪气，不能荡溢于光天化日之中，遂凝结充塞于深沟大壑之内，偶因风荡，或被云摧，略有摇动感发之意，一丝半缕误而泄出者，偶值灵秀之气适过，正不容邪，邪不妒正，两不相下，亦如风水雷电，地中既遇，既不能消，又不能让，必至博击掀发后始尽。故其气亦赋人，发泄一尽始散……若生于公侯富贵之家，则为情痴情种；若生于诗书清贫之族，则为逸士高人；纵再偶生于薄祚寒门，断不能为走卒健仆，甘遭庸人驱制驾驭，必为奇优名倡。如前代之许由、陶潜……近日之倪云林、唐伯虎、祝枝山，再如李龟年，黄幡绰、敬新磨、卓文君、红拂、薛涛、崔莺、朝云之流，此皆异地则同之人也。"[1]

第二次提到唐伯虎画的《海棠春睡图》：

（第 5 回）刚至房间，便有一股细细的甜香袭人而来。宝玉觉得眼饧骨软，连说"好香！"入房向壁上看时，有唐伯虎画的《海棠春睡图》，两边有宋学士秦太虚写的一副对联……[2]

第三次写到庚黄与唐寅：

（第 26 回）薛蟠笑道："你提画儿，我才想起来。昨儿我看人家一张春宫，画的着实好。上面还有许多的字，也没细看，只看落的款，是'庚黄'画的。真真的好的了不得！"宝玉听说，心下猜疑道："古

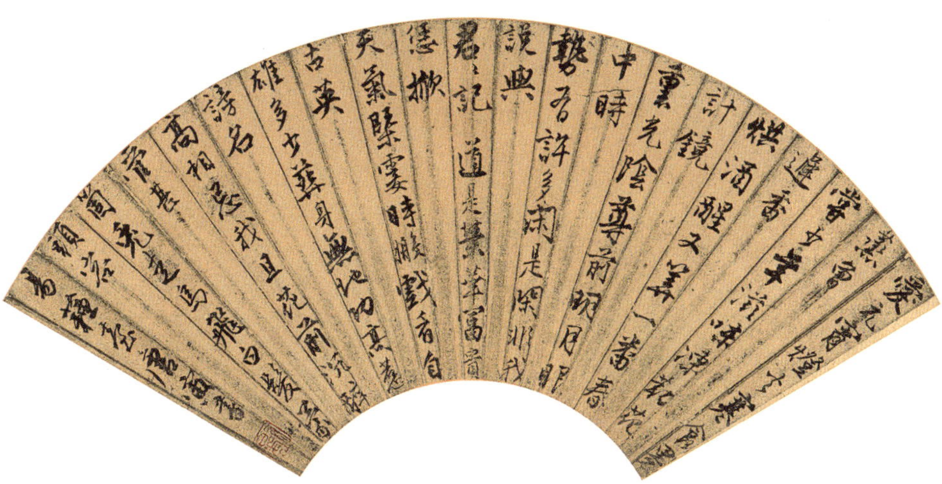

唐寅 书法 南京博物院藏

今字画也都见过些，那里有个‘庚黄’？”想了半天，不觉笑将起来，命人取过笔来，在手心里写了两个字，又问薛蟠道：“你看真了是‘庚黄’？”薛蟠道：“怎么看不真！”宝玉将手一撒，与他看道：“别是这两字罢？其实与‘庚黄’相去不远。”众人都看时，原来是“唐寅”两个字，都笑道：“想必是这两字，大爷一时眼花了也未可知。”[3]

为此，就有研究者注意探求《红楼梦》与唐寅的瓜葛，先有俞平伯先生，后有陈迩东先生。俞先生在《唐六如与林黛玉》一文中指出：

未有黛玉底葬花，先有唐六如底葬花，且其神情亦复相同。唐六如大叫痛哭，林黛玉有呜咽之声，哭得好不伤心。唐六如以锦囊盛花；林黛玉便有纱囊绢袋。唐六如葬花于药栏东畔；林黛玉说：“那畸角上，我有一个花冢。”[4]

我要说的，在脂砚斋重评《石头记》中，不但林黛玉的葬花与唐寅有瓜葛，而且《石头记》多处与唐寅有牵连。

一、曹雪芹和唐寅晚年有相同的生存状态

唐寅晚年窘迫的生存状态集中反映在《风雨浃旬，厨烟不继，涤砚吮笔，萧条若僧，因题绝句八首，奉寄孙思和》诗中，现择取其中四首抄录如下：

十朝风雨若昏迷，八口妻孥并告饥。信是老天真戏我，无人来买扇头诗。

书画诗文总不工，偶然生计寓其中。肯嫌斗粟囊钱少，也济先生一日穷。

白板长扉红槿篱，比邻鹅鸭对妻儿。天然兴趣难摹写，三日无烟不觉饥。

荒村风雨杂鸣鸡，燎釜朝厨愧老妻。谋写一枝新竹卖，市中笋价贱如泥。[5]

而敦敏的“寻诗人去留僧舍，卖画钱来付酒家”、敦诚的“满径蓬蒿老不华，举家食粥酒常赊”[6]诗句，真实地记录了曹雪芹贫困的生活情景。

二、曹雪芹、唐寅对科举仕途的批判

唐寅在经历了科场失意，仕途无望的痛苦后，写下了一些痛斥科举仕途的诗篇，现摘取其中两首抄录如下：

《梦》：二十年余别帝乡，夜来忽梦下科场。鸡虫得失心尤悸，笔砚飘零业已荒。自分已无三品料，若为空惹一番忙。钟声敲破邯郸景，依旧残灯照半床。

《自笑》：兀兀腾腾自笑痴，科名如鬓发如丝。百年障眼书千卷，四海资身笔一枝。陌上花开寻旧迹，被中酒醒炼新词。无边意思悠长处，欲老光阴未老时。[7]

曹雪芹则借贾宝玉之口，斥责和拒绝科举仕途，在《石头记》中有如下两段文字：

（第19回）袭人笑道：“咱们素日好处，再不用说。但今日你安心留我，不在这上头。我另说出两三件事来，你果然依了我，就是真心留我了，刀搁在脖子上，我也是不出去的了。”宝玉忙笑道：“你说，哪几件，我都依你……”袭人道：“第二件，你真喜读书也罢，假喜也罢，只是在老爷跟前或在别人跟前，你别只管批驳诮谤，只作出个喜读书的样子来，也教老爷少生些气，在人前也好说嘴……而且背前背后乱说那些混话，凡读书上进的人，你就起个名字叫作‘禄蠹’；又说只除‘明明德’外无书，都是前人自己不能解圣人之书，便另出己意，混编纂出来的。这些话，怎么怨得老爷生气，不时时打你。叫别人怎么想你？”[8]

（第32回）湘云笑道：“还是这个情性不改。如今大了，你就不愿读书去考举人进士的，也该常常的会会这些为官做宰的人们，谈谈讲讲些仕途经济学问，也好将来应酬世务，日后也有个朋友。没见你成年家只在我们队里搅些什么！”宝玉听了道：“姑娘请到别的姊妹屋里坐坐，我这里仔细污了你知经济学问的。”袭人道：“云姑娘别说这话。上回也是宝姑娘也说过一回，他也不管人脸上过的去过不

去，他就咳了一声，拿起脚来走了。这里宝姑娘的话也没说完，见他走了，登时羞的脸通红，说又不是，不说又不是。幸而是宝姑娘，那要是林姑娘，不知又闹到怎么样，哭的怎么样呢……”宝玉道：“林姑娘从来说过这些混账话不曾？若他也说过这些混账话，我早和他生分了。”袭人和湘云都点头笑道：“这原是混账话。”[9]

三、《石头记》与唐寅《行书落花诗卷》的牵连

《艺术掇英》第55期有唐寅一件《行书落花诗卷》书法作品。[10] 这件作品展现了唐寅的赵孟頫书体风貌，诗后有唐寅的跋：

石田先生尝咏落花十篇，人情物态，曲尽无遗，而用意炼语超越前辈。视昔人绿阴青子之句，已觉寥然矣，间以示予，读之累日不能释手。

我以为，《石头记》与唐寅的《行书落花诗卷》大有牵连，曹雪芹深受唐寅的影响。

下面，采用庚辰本《石头记》的文字来对照唐寅的诗句。

［（第二首）倾盆怪雨泥三尺，绕树佳人锈半钩。颜色自来皆梦幻，一番添得镜中愁。］

•此开卷第一回也。作者自云，因曾历过一番梦幻之后，故将真事隐去，而借通灵之说撰此《石头记》一书，故曰甄士隐云云。[11]

此回中凡用梦用幻等字是提醒阅者眼目，亦是此书立意本旨。[12]

［（第三首）红颜春树今非昨，青草空埋土一丘。］

•（第1回）世人都晓神仙好，惟有功名忘不了。古今将相在何方，荒冢一堆草没了。[13]

（第27回）未若锦囊收艳骨，一堆净土掩风流。质本洁来还洁去，强于污淖陷渠沟。[14]

（第63回）宝玉听说，忙笑道：“姐姐不知道，他原不在这些人中算，他原是世人意外之人，因取我是个微有知识的方给我这帖子……”岫烟听了宝玉这话，且只顾用眼上下细细打谅了半日，方笑道：“怪道俗语说的，闻名不如见面，又怪不得妙玉竟下这帖子给你，又怪不得上年竟给你那些梅花。既连他这样，少不得我告诉你原故。他常说古人中，自汉、晋、五代、唐宋以来，皆无好诗，只有两句好，说道‘纵有千年铁门槛，终须一个土馒头’，所以他自称槛外之人，又常赞文是庄子的好，故又或称为畸人。他若帖子上是自称畸人的，你就还他个世人……”[15]

［（第五首）缪粘日月无长策，酒酹荼蘼有近忧。一曲山香春寂寂，碧云暮合隔红楼。］

•（第5回）饮酒间又有十二个舞女上来请问演何词曲，警幻就道：“将新制红楼梦十二支演上来。”舞女们答应了，便轻敲檀板，款按银筝，听他歌道是：开辟鸿蒙。[16]

关于“红楼”二字的来源有三：

(1) 梦觉主人序：

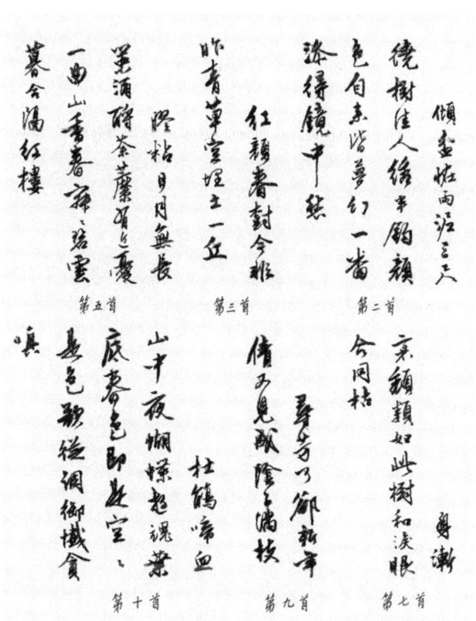

唐寅《行书落花书卷》摘句

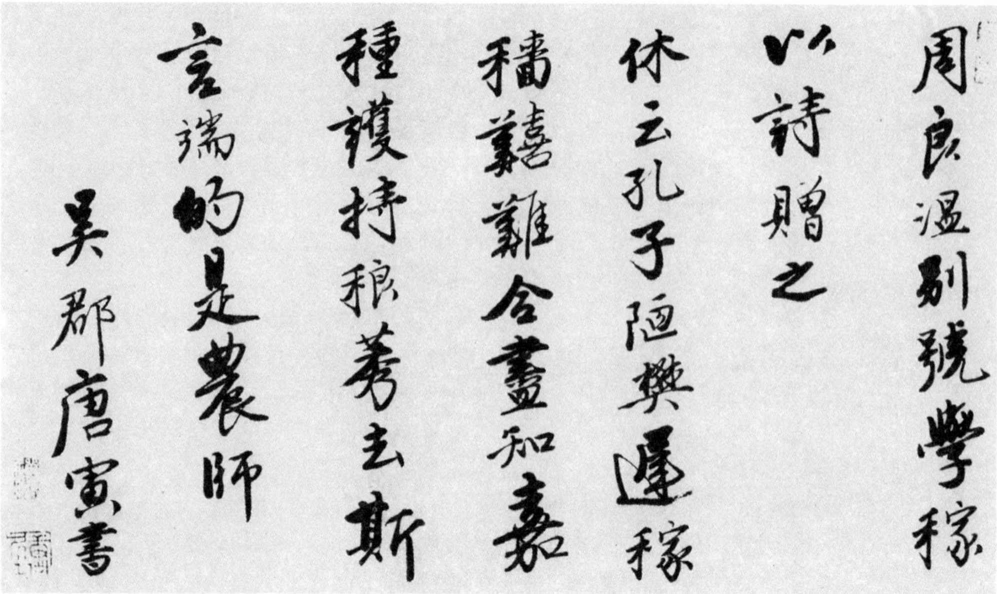

明 唐寅 行书赠周良温诗卷

辞传闺秀而涉于幻者，故是书以梦名也。夫梦曰红楼，乃巨家大室儿女之情，事有真不真耳。红楼富女，诗证香山；悟幻庄周，梦归蝴蝶。作是书者藉以命名，为之《红楼梦》焉。[17]

⑵ 俞平伯《题赠全国〈红楼梦〉讨论会》：

世传《红楼梦》，而红楼何在，迄无定论。观《通鉴》卷二百六十三记五代王建事，建作朱门绘以朱丹，蜀人谓之画红楼，是红楼亦若朱门之泛称耳。曰画者，美辞，唐人语也。若实之以某处，征诸记文，其惟天香楼乎？[18]

⑶ 纳兰性德词《于中好》有“因听紫塞三更雨，却忆红楼半夜灯”[19]。且《金缕曲》词中有“葬花”二字：“滴空阶寒更雨歇，葬花天气。”[20]

我以为唐寅诗中“碧云暮合隔红楼”句亦是“红楼”二字来源之一。

［（第七首）身渐衰颓类如此，树和泪眼合同枯。］

•（第1回）那绛珠仙子道：“他是甘露之惠，我并无此水可还他。既下世为人，我也去下世为人，但把我一生所有的眼泪还他，也偿还得他了。”[21]

（第49回）宝玉忙劝道：“你又自寻烦恼了。你瞧瞧今年比旧年越发瘦了，你还不保养。每天好好的你必是自寻烦恼哭一会子才算完了这一天的事。”黛玉拭泪道：“近来我只觉心酸，眼泪恰像比旧年少了些的。心里只管酸痛，眼泪恰不多。”[22]

［（第九首）寻芳了却新年债，又见成阴子满枝。］

•（第58回）宝玉便也正要去瞧林黛玉，便起身拄拐辞了他们，从沁芳桥一带堤上走来。只见柳垂金线，桃吐丹霞，山石之后，一株大杏树，花已全落，叶稠阴翠，上面已结了豆子大小的许多小杏。宝玉因想道：“能病了几天，竟把杏花辜负了！不觉到‘绿叶成荫子满枝’了！”因此仰望杏子不舍。又想起邢岫烟已择了夫婿一事，虽说是男女大事，不可不行，但未免又少了一个好女儿。不过两年，便也要“绿叶成荫子满枝”了。[23]

［（第十首）杜鹃啼血山中夜，蝴蝶游魂叶底春。色即空空是色，欲从调御忏贪嗔。］

•（第1回）虽其中大旨谈情，亦不过实录其事，又非假拟妄称，一味淫邀艳约，私讨偷盟之可比，因毫不干涉时世，方从头至尾抄录回来问世传奇。因空见色，由色生情，传情入色，自色悟空，遂易名为情僧，改《石头记》为《情僧录》。[24]

四、《石头记》的姽婳词与唐寅的《侠客》诗

唐寅有《侠客》诗：

侠客重功名，西北请专征。惯战弓刀捷，酬知性名轻。孟公好惊坐，郭解始横行。相将李都尉，一夜出平城。[25]

在《石头记》庚辰本第78回《老学士闲征姽婳词》中，贾兰的一首七言绝为：

姽婳将军林四娘，玉为肌骨铁为肠。捐躯自报恒王后，此日青州土亦香。

贾环是一首五言律：

红粉不知愁，将军意未休。掩啼离绣幕，抱恨出青州。自谓酬王德，讵能复寇仇。谁题忠义墓，千古独风流。

宝玉诗中有："纷纷将士只保身，青州眼见皆灰尘。不期忠义明闺阁，愤起恒王得意人。""贼势猖獗不可敌，柳折花残实可伤。况依城郭家乡近，马践胭脂骨髓香。"[26]

曹雪芹的姽婳词和唐寅的《侠客》诗一样，都有一种"酬知性名轻"的理念。

五、"富非所望不忧贫"不是曹雪芹的文字

吴恩裕先生在《曹雪芹佚著浅探》一书中，有一段关于"曹雪芹富非所望不忧贫七字风筝"的介绍：

一九七四年十一月北京人民银行费同志以曹雪芹手书之"富非所望不忧贫"七字风筝摹本相示，余曾倩友拍照，存诸箧笥，按七字亦系《南鹞北鸢考工志》抄存者当日所描摹，盖《考工志》中物也。字迹风格与曹雪芹所书《考工志》自序略同……由此七字风筝之发现，可知董邦达《考工志》序所谓："以天为纸，书画琳瑯于青笺"内中之"书"字，固非泛泛言之，乃真在天上写字也。曹雪芹以此种语句制为风筝，放诸天际，实表明其不求功名、甘于贫困而不肯为封建统治者服务之政治态度。故此一风筝，实研究雪芹思想之有用材料，未可以其为"玩物"而忽之。[27]

其实，"富非所望不忧贫"这七字不是曹雪芹的文字，而是唐寅的诗句，出于唐寅的《言怀》诗：

田衣稻衲拟终身，弹指流年了四旬。善亦懒为何况恶，富非所望不忧贫。山

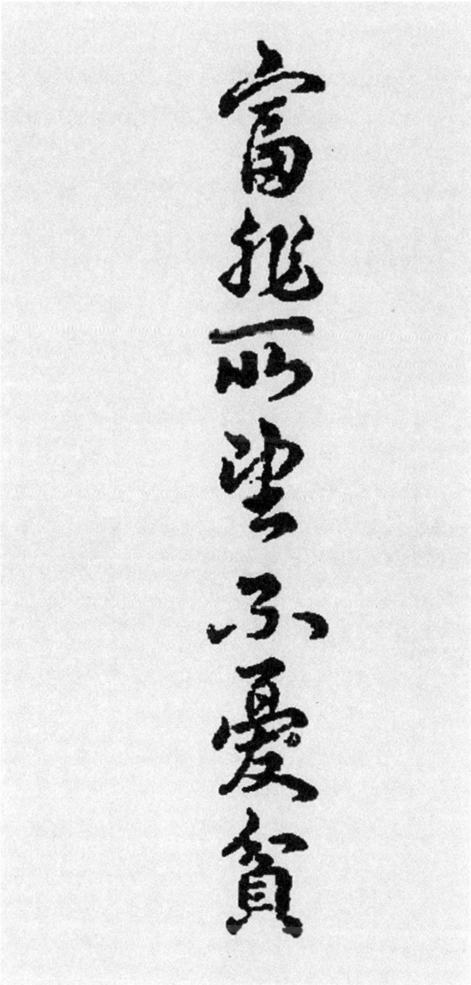

曹雪芹七字风筝原迹摹本

房一局金藤着，野店三杯石冻春。只此便为吾事办，半生落魄太平人。[28]

注释：

[1]（清）曹雪芹《脂砚斋重评石头记》（庚辰本），北京：人民文学出版社 1975 年版，第 38—40 页。

[2]（清）曹雪芹《脂砚斋重评石头记》（庚辰本），第 100 页。

[3]（清）曹雪芹《脂砚斋重评石头记》（庚辰本），第 598 页。

[4]（清）曹雪芹《脂砚斋重评石头记》（庚辰本），第 306 页。

[5] 赵志凡选注《吴中四子》，长沙：岳麓书社 1998 年版，第 142—144 页。

[6] 一粟编《红楼梦卷》，北京：中华书局 1980 年版，第 7 页。

[7] 赵志凡选注《吴中四子》，第 78—79 页。

[8]（清）曹雪芹《脂砚斋重评石头记》（庚辰本），第 423—425 页。

[9]（清）曹雪芹《脂砚斋重评石头记》（庚辰本），第 738—739 页。

[10] 龚继先主编《艺苑掇英》，上海：上海人民美术出版社 1996 年版，第 38—39 页。

[11]（清）曹雪芹《脂砚斋重评石头记》（庚辰本），第 3 页。

[12]（清）曹雪芹《脂砚斋重评石头记》（庚辰本），第 4 页。

[13]（清）曹雪芹《脂砚斋重评石头记》（庚辰本），第 21—22 页。

[14]（清）曹雪芹《脂砚斋重评石头记》（庚辰本），第 625 页。

[15]（清）曹雪芹《脂砚斋重评石头记》（庚辰本），第 1505—1506 页。

[16]（清）曹雪芹《脂砚斋重评石头记》（庚辰本），第 113 页。

[17]（清）曹雪芹《甲辰本红楼梦》，北京：书目文献出版社 1989 年版，第 1 页。

[18] 俞平伯《俞平伯论红楼梦》，上海：上海古藉出版社 1988 年版，第 1133 页。

[19] 钱仲联选编、陈铭校点《清八大名家词集》，长沙：岳麓书社 1996 年版，第 600 页。

[20] 龙榆生编选《近三百年名家词选》，上海：上海古籍出版社 1982 年版，第 73 页。

[21]（清）曹雪芹《脂砚斋重评石头记》（庚辰本），第 11 页。

[22]（清）曹雪芹《脂砚斋重评石头记》（庚辰本），第 1139 页。

[23]（清）曹雪芹《脂砚斋重评石头记》（庚辰本），第 1372 页。

[24]（清）曹雪芹《脂砚斋重评石头记》（庚辰本），第 8—9 页。

[25] 一粟编《红楼梦卷》，第 16 页。

[26]（清）曹雪芹《脂砚斋重评石头记》（庚辰本），第 1947—1954 页。

[27] 吴恩裕《曹雪芹佚著浅探》，天津：天津人民出版社 1979 年版，第 191—192 页。

[28] 赵志凡选注《吴中四子》，第 65 页。

参考文献：

1.（清）曹雪芹《脂砚斋重评石头记》（庚辰本），北京：人民文学出版社 1975 年版。

2. 俞平伯《俞平伯论红楼梦》，上海：上海古藉出版社 1988 年版。

3. 赵志凡选注《吴中四子》，长沙：岳麓书社 1998 年版。

4. 一粟编《红楼梦卷》，北京：中华书局 1980 年版。

5. 龚继先主编《艺苑掇英》，上海：上海人民美术出版社 1996 年版。

6.（清）曹雪芹《甲辰本红楼梦》，北京：书目文献出版社 1989 年版。

7. 钱仲联选编、陈铭校点《清八大名家词集》，长沙：岳麓书社 1996 年版。

8. 龙榆生编选《近三百年名家词选》，上海：上海古籍出版社 1982 年版。

9. 吴恩裕《曹雪芹佚著浅探》，天津：天津人民出版社 1979 年版。

（作者原系同济大学副研究员）

问题、方法与文献

——《论六家要旨》的启示之三 [1]

邓曦泽

一、由对文献的区分引发的文献观问题 [2]

人类省思自己的生存活动，对之加以描述，有时还加上评论，形成可以理解并可以保存的产品，即是文献。如此理解的文献是非常宽泛的，并不仅指由文字构成的文献。可以肯定的是，当人们觉得自己的生存经验可能对自己以及后人的生活有帮助时，他们会用可以理解并可以保存的方式将之保存下来。当然，上古没有发明出很好的保存手段，口耳相授，结绳记事，故当时的许多生存经验根本无法形成文献，也就不能为后人所知。

谏往追来，文献固然可以为人们的生活提供一些经验。但是，文献也给人们带来了麻烦。随着文献越积越多，人们面对汗牛充栋的文献，未必只是沉醉在历史的厚重之中，也许还会感到不从容。难道这些文献都在参与或都可能参与我们的生活？如果我们都得一视同仁地认真对待，那么，理解这些文献将是多么巨大的工作？为了寻找一些前人遗留的经验，我们得付出多大的成本？况且，许多问题前人就没有提出有效方法。所以，能否在文献中找到有效方法还不一定。当然，我们不应该急功近利地看待文献，历史本来就应该赓续，而积累文献乃是赓续历史的一种手段，郑重对待文献就是郑重对待历史，就是郑重对待自己的根。不过，郑重对待文献、对待历史也不意味着对文献必须一视同仁。

无论我们怎样看待文献，都有一个事实：我们不是无区别地看待一切文献的，否则我们会被文献累死或者一视同仁地漠视文献。这个事实悄然地发生了几千年，如果有人认为它只是一个暗哑的事实，那么，只能说他们一直没有认真注意这个事实。这个事实一直在发问，只是常常未被倾听：我们为什么要区别文献？我们凭什么把这些文献与那些文献区别开来，致使有的文献因轻轻的指头翻捻太多而破损不堪，而有的文献却尘垢满面？这后一个问题也就是：我们根据什么标准来判断一个文献的价值？不忙回答问题，先简单看看人们对文献的区分。

对文献的区分，从《尚书》就开始了。“尚书”的“尚”，是远古之意；“书”，指记言，也指所记之言，而不是书籍。“尚书”就是记载的远古之言。记言就记言，张三说的话是言，李四说的话也是话，其优劣在于听者的判断，似乎不必刻意贴上一个标签。但是，《尚书》明确地区分了不同的人说的话，为不同的人说的话贴了标签。这种区分直接表现在标题（或标签）中，表现出很强的“等级制”。对尧、舜之言，用“典”名之；对大禹、皋陶之言，则用“谟”名之；对汤、康王等之言，则用“诰”名之，等等。孔颖达对《尚书》的文体分出十个等级，不同的文体预先就告诉了读者，这种文体与那种文体之下的内容的价值是不一样的。

典、谟等区分，是通过文体来区分不同文献对于人的不同意义。后来，人们干脆对文献进行分类，把一些重要的文献称为经（或经典）。《礼记·经解》就把被解释的文献称为经。《荀子·劝学》的“其数则始乎诵经，终乎读礼”，也明确把某些文献称为经。从刘向、刘歆父子开始，古人自觉对文献进行分门别类，刘歆最后总括群书而成《七略》。《隋书·经籍志》正式确立的经史子集四部分类法，以规整的体系对文献进行了区分与归类。

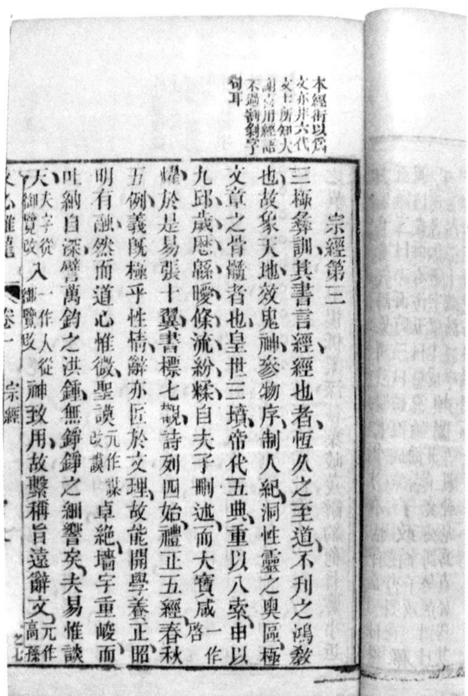
宗經第三
三極彝訓其書言經經也者恆久之至道不刊之鴻教也故象天地效鬼神參物序制人紀洞性靈之奧區極文章之骨髓者也皇世三墳帝代五典重以八索申以九邱歲歷緜曖條流紛糅自夫子刪述而大寶咸耀於是易張十翼書標七觀詩列四始禮正五經春秋五例義既極乎性情辭亦匠於文理故能開學養正昭明有融然而道心惟微聖謨卓絕牆宇重峻而吐納自深譬萬鈞之洪鍾無錚錚之細響矣夫易惟談天入神致用故繫稱旨遠辭文

《文心雕龙》书影 清道光十三年冬两广节署刊本

考察人们不平等地对待文献这一事实，则不得不问：为什么要区分文献？如何区分文献？先回答前一个问题。

由于文献越积越多，如果人们一视同仁地对待，则要么对文献统统漫不经心，要么被文献累死。人们固然希望从文献中找到解决问题的方法，但是，人们常常并不能如愿以偿，因为文献常常并不能提供直截了当的答案，甚至无法提供答案，所以，人们不能把希望都寄托在文献身上，不能把精力都投入到对文献的阅读、理解之中。所以，人们必须区分文献。那么，文献是否能被区分呢？或者说，文献本身是否有差异呢？显然是有的。需要对文献作出区分，不仅因为人生有涯，更因为文献与文献不同。如果无差别地对待文献，那才是对文献的最大的不公正。但是，文献与文献的不同并非不言而喻的（或先验的），不是预设，而是在阅读、理解中区分出来的。由此引向后一个问题：如何区分文献？

二、“问题与方法”的文献观及其基础性

理解古人对文献的区分，首先要明确古人执行的标准。如何知道古人执行的标准呢？通过对古人对文献的阅读与分类的理解，也许可以明白他们坚持的标准。

《汉书·艺文志》对《六艺略》总括性地作了如此评价：《乐》《诗》《礼》《书》《春秋》，“五者，盖五常之道，相须而备，而《易》为之原”。这个评价体现了《艺文志》执行的标准，并依据这个标准，把这些文献归为一类。《艺文志》认为，六艺记载常道，故当归为一类。《隋书·经籍志》开篇即对经史子三部作了总

论，其对经部评论曰：“夫经籍也者，机神之妙旨，圣哲之能事，所以经天地，纬阴阳，正纪纲，弘道德，显仁足以利物，藏用足以独善。学之者将殖焉，不学者将落焉。大业崇之，则成钦明之德；匹夫克念，则有王公之重。其王者之所以树风声，流显号，美教化，移风俗，何莫由乎斯道？”然后对六经作了简评。《经籍志》也认为六经记载常道。在《艺文志》与《经籍志》的评论中，我们可以看到，二者都强调了经典的效用。

笼统地说《艺文志》《经籍志》在归类文献时持有效用标准，过于含糊。而要对文献归类，首先需要解读文献。在解读文献时，古人一定将其文献观与相应的区分标准实现在解读中了。在《艺文志》之前，司马谈就专门解读了诸子百家中的六家，《论六家要旨》的解读方法或对文献的基本看法非常清晰地呈现在解读中了。从下文的解读可以看出，《论六家要旨》《艺文志》《经籍志》的文献观是一样的，所以，这里通过《论六家要旨》来提取古人的一种具有代表性的文献观是合理的。

《史记·太史公自序》中，司马谈的《论六家要旨》分三层评论了六家，第一层曰：

《易大传》：“天下一致而百虑，同归而殊涂。”夫阴阳、儒、墨、名、法、道德，此务为治者也，直所从言之异路，有省不省耳。

这是司马谈对六家的一个非常宏观、概括的解读，也是评论。在这个评论中，司马谈采取了“问题＋方法＋效用”的方法。在第二层与第三层评论中，他仍然贯彻了“问题＋方法＋效用”的方法。[3] 我将之提取为“问题与方法”的文献观：一个文献必须具有问题、方法、效用三个要素，而文献是否有价值，只有通过对这三个要素的考察才能知道。

那么，这个文献观是否合理呢？答曰：人的一切生存活动都有“问题＋方法＋效用”的基本结构（元结构），“问题与方法”的文献观正好切中了这个结构，所以，它可以展示蕴含在文献中的生存活动，并可以发现其中的生存经验。既然文献记载的就是生存活动，而“问题与方法”的文献观可以展示其本质，那么，这种文献观就是合理的。并且，“问题与方法”的文献观是基础的文献观，具有普遍性，不只适用于中国。这种文献观的基础性与普遍性很容易理解。只要承认任一生存活动都有“问题＋方法＋效用”的基本结构，并承认文献是对生存活动反思的产品，这种文献观就是基础的与普遍的。无论是理论问题还是实践问题，无论是政治问题、经济问题还是文化问题，无论对问题如何分类，只要是问题，行为者就需要寻找方法解决问题，就一定有“问题＋方法＋效用”的结构，一切生存活动都以这个结构呈现出来，因而对生存活动的反思形成的产品（即文献）也就一定具有这个结构，所以，“问题＋方法”的文献观就是基础的与普遍的。例如，康德的《纯粹理性批判》要解决“先天综合判断如何可能”这个理论问题，他同样必须寻找方法解决问题，并必须考虑其方法是否有效。

如何判定一个文献的价值？判定一个文献的价值，可以分两层。第一层是文献对自己的问题是否提出了有效解决方法，第二层是文献中的问题与方法对读者来说是否有用。

无论如何，判定文献的价值首先需要阅读，这就引出了文献的阅读问题。如何阅读呢？需要在两个层面阅读，第一层是理解文献中的问题、方法与效用，是顺着文献所记载的生存活动去展示其中的生存结构——“我注六经”，亦即一阶阅读。第二层是按照读者自己的问题与方法去理解文献，使文献为我所用——“六经注我”，亦即二阶阅读。前者是对文献的基础阅读，是后者的条件。如果没有对文献的基础阅读就进行第二层阅读，就只是读者在展示自己的问题与方法，而文献对于读者完全可有可无，无关紧要，因此完全是乱读、臆读，甚至根本不是阅读。[4]

从两层阅读可以产生对文献的两层评价。如果文献对自己的问题提出的方法至少能局部有效地解决问题，那么，文献对于自身来说是有价值的。如果文献提出的方法完全无效，则是无价值的。文献自身有价值是对读者有价值的必要条件[5]，但不是充分条件，因为经常可能有这种情况，一些文献能够具备有效地解决它的问题，但是，由于它的问题在后世不存在了，而且它的方法只能用于解决它的问题，所以，该文献的问题对后人没有价值，而且它的方法对后人也没有借鉴价值，所以，这些文献对于读者来说就是无价值的。

"问题与方法"的文献观具有一定的操作性，可以作为方法来区分文献。区分的角度可以有很多，例如，在问题上区分，可以分为有关修身的文献，有关战争的文献，有关治病的文献等等，《汉书·艺文志》中的《兵书略》《术数略》《方技略》就属于这种分类（《艺文志》的分类标准并不统一）。方法的区分，如清代的辞章、义理、考据的分类。《论六家要旨》也是在方法上区分六家的，六家有共同的问题，只不过方法不同，司马谈就以方法之异同为标准，将之区分开来。有些区分，兼用问题与方法的标准，如佛家与儒家的区分，二者的问题与方法都不一样。大概可以说，按照内容的区分，属于问题的区分；按照形式的区分，属于方法的区分。

还有一种重要的区分，就是把文献分为经典与非经典。被人们视做记载常道的文献就是经典，其余则是非经典。何谓经典？《文心雕龙·宗经》曰："三极彝训，其书言经。经也者，恒久之至道，不刊之鸿教也。"经典不但必须对自己的问题能够局部有效地解决，并且必须在问题或方法上对后人的生存有所启示帮助。常道之"常"与大道之"大"，就是指经典的问题或方法的适用性不限于一偏一隅，是许多人或许多代人都要面对的。例如，被儒家完全继承的周代王官之学的六经，有一个基本的问题是"如何行仁"（或"如何成君子"，"如何成圣人"），并提出了一套修身之法。六经的问题是超越时间与地域的限制的，是人类普遍面对的生存问题，因此其问题就对后人有价值。六经给出的方法，对于它自身来说至少是局部有效的，并且许多方法永远都具有一定效用，因此其方法对后人就有直接的帮助。所以，六经能够成为经典。

与经典观相比，文献观是基础，是理解经典观的必要条件。因为经典是对文献的区分的结果，只有理解了文献，区分了文献，才能判定哪些文献是经典。而要理解文献，就需要一定的文献观。如果文献观不妥，对文献的理解就可能差以毫厘，距之千里。《汉书·艺文志》开篇言"昔仲尼没而微言绝，七十子丧而大义乖"，在《六艺略》结束时有对《六艺略》总评曰："后世经传既已乖离，博学者又不思多闻阙疑之义，而务碎义逃难，便辞巧说，破坏形体；说五字之文，至于二三万言。后进弥以驰逐，故幼童而守一艺，白首而后能言；安其所习，毁所不见，终以自蔽。此学者之大患也。"这是在批评一种文献观。在这种文献观之下，大道被遮蔽。这种文献观是在章句训诂上对待文献。章句训诂的基本特征是对文献的词句的含义作解释，其基本的问题是"这是什么（意思）"，方法就是训诂。但是，微言大义的根本问题不是训诂的问题，而是文献或经典中的生存问题，而生存问题常常是不能通过章句训诂解决的。

三、文献征引的有效性问题

文献记载了许多生存经验，而后人在面对生存问题时，有时找不到有效的方法，于是就想借助于前人的经验。借助前人经验，就需要阅读文献，征引文献。但是，经常出现这样的情况，即人们征引的文献根本无助于解决其问题。这就引出文献征引的有效性问题。

如何征引文献才算是有效的？答

曰：文献被引者解释后至少能够成为解决引者的问题的方法的一个构成部分，并且对问题的解决至少是局部有效的，则该文献的征引是有效的，简称文献有效。因为文献至少能够局部有效地解决问题，就意味着它已经至少是解决问题的条件的一部分了，所以还可以这样表述：如果文献对于解决引者的问题至少是局部有效的，则文献有效。这个答案是对“问题＋方法”的文献观的直接运用，它为文献的使用提供了一个明确的方向，就是在问题与方法的思路中去考察文献的有效性。明白了文献的效用问题，则不会乱引文献，这显然有助于问题的解决。这个方法不要求文献自身的问题与引者的问题相同，因为一个方法可以解决多个问题，多个方法也可以解决一个问题，问题与方法没有对应性，而且，引者既然是要征引文献解决问题，那么，他的问题就是已经确定了的，是不变量，变量就是方法，因此，征引文献不是要改变问题，而是要改变方法这个可变量，尽可能使之满足有效解决问题的充分条件，所以，文献的有效性问题只须在方法的角度考虑文献能否改变方法，促进问题的解决。

虽然这个方法的操作性不算强，但还是具有一定的操作性。例如，《论语》中经常谈到“仁”：

樊迟……问仁。曰：“仁者先难而后获，可谓仁矣。”（《论语·雍也》）

颜渊问仁。子曰：“克己复礼为仁。一日克己复礼，天下归仁焉。为仁由己，而由人乎哉？”（《论语·颜渊》）

仲弓问仁。子曰：“出门如见大宾，使民如承大祭。己所不欲，勿施于人。在邦无怨，在家无怨。”仲弓曰：“雍虽不敏，请事斯语矣。”（《论语·颜渊》）

司马牛问仁。子曰：“仁者，其言也讱。”曰：“其言也讱，斯谓之仁已乎？”子曰：“为之难，言之得无讱乎？”（《论语·颜渊》）

樊迟问仁。子曰：“爱人。”问知。子曰：“知人。”（《论语·颜渊》）

樊迟问仁。子曰：“居处恭，执事敬，与人忠。虽之夷狄，不可弃也。”（《论语·子路》）

问题1：儒家认为应该如何成君子？问题2：儒家的仁的思想是什么？问题3：孔子的思想是什么？问题4：孔子的仁学思想是什么？问题5：人如何提高道德修养？问题6：孔子与弟子讨论问题的思维方式是什么？问题7：孔子的仁学思想的利弊是什么？问题8：中国古代的道德理论是什么？问题9：中西道德理论的异同是什么？

举出这9个问题来说明上述文献针对什么样的问题在何种程度上是有效的。上述文献对前8个问题都有效，但对解决各个问题的作用并不相同。上述文献对解决问题1、5、8的作用小一些，对问题2、3、6、7的作用大一些，对问题4的作用就很大，非常直接。但是，上述文献显然不能回答问题9，故对之是无效的。

从这个例子还可以看到，同一个文献在不同的问题中的解读并不相同。在问题1-5中，只能按照基本阅读方法（“我注六经”）来理解文献，即循着文献的问题、方法与效用来读，如果按照问题6来回答前5个问题，就会答非所问。但问题6却肯定不能仅以基本阅读的方法来读，还必须把文献纳入读者的问题与方法中（“六经注我”），并且后者是必需的，也是更重要的。问题7、8可以兼用两种阅读。例如，对于问题7，可以从言说方式回答，可以从行动指示回答，也可以与苏格拉底的知识论的“德性是什么”作比较。

四、文献史当为问题史：一种可推进的文献解读法

“问题＋方法”的文献观还有一个非常重要的功能与价值，由之可以引申出一

种文献的阅读法——“问题与方法”的阅读法，因为“问题＋方法＋效用”既是古人也是今人的生存结构，还是文献的结构，如果按照“问题与方法”的阅读法，就会理解文献的结构，并继而理解古人的生存结构，从而为后人的生活提供帮助。运用此法阅读文献，有助于改进文献的问题或方法，或改进读者的问题或方法，从而推进知识的创新与积累，使文献史成为问题史、方法史、问题解决史，也就是生存结构史。

经常有这种情况，文献提供的方法并不能完全有效地解决它的问题，或者文献给自己提出的问题就错了。如果以“问题＋方法”的文献观去阅读，发现文献的方法的不足之处，然后为前人的问题提供新的解决方法，这样，就可以推进解决该问题的方法，也就推进了知识创新。

有些时候，许多代人都在面对同一个问题。那么，我们可以对试图解决该问题的文献进行解读，考察后代人提出了什么新的方法，对前代人有什么推进。如果该问题还没有解决，我们还可以提出什么更好的方法。于是，有关该问题的文献就成为一部问题史[6]，我们从中可以考察前人是如何推进该问题的解决的，并能估计我们能否提出更好的方法，如果提出了新方法，也能大概判断我们提出的方法是不是对前人的推进。

有些时候，前人提出的问题就有问题，在问题与方法的思路下阅读，可以修正或取消该问题，这也是对该问题的解决的推进。例如，有些古人认为，灾异福祉均天神所为，故提出了如何忠诚于天的问题。而在现代，除了少数宗教信仰者以外，大多数人认为这个问题根本不存在了。再如，自然科学界对燃素说、以太说的彻底放弃，就是取消伪问题。

同样，如果读者带着自己的问题与方法去阅读文献，很可能改进自己的问题与方法。例如，同样是对儒家的解读，《论六家要旨》与《艺文志》就不一样。司马谈的时候，大一统还没有建立，道家更被尊崇，而司马谈也更崇尚道家，所以，他批评儒家曰：“儒者博而寡要，劳而少功，是以其事难尽从……儒者则不然。以为人主天下之仪表也，主倡而臣和，主先而臣随。如此，则主劳而臣逸……夫儒者以六艺为法。六艺经传以千万数，累世不能通其学，当年不能究其礼，故曰‘博而寡要，劳而少功’。”司马谈的批评分为两个方面，第一是儒家要学的东西太多。第二是儒家主张君为臣表。第一点又分两方面，一是六艺经传太多，一辈子也难以学完，二是经传中的礼仪太多，太繁琐，所以“博而寡要，劳而少功”。关于第二点，司马谈认为，如果君必须为臣的表率，那么，君反而会被累死。司马谈针对儒家的问题，指出道家的无为而治的优点。如果承认司马谈对儒家的批评，那么，司马谈用道家来补救儒家，就是有效的（这恰好符合汉初的休养生息政策）。因此，就司马谈对儒家的解读看，具体地说，就他对儒家之法之效用的批评与补救来看，司马谈推进了儒家或改革了儒家。到了刘歆、班固的时代，大一统的建立已经完成，儒家正在扩大。经历了先秦战火，到汉代，简直礼崩乐坏了。汉初，叔孙通为汉室作礼仪，礼乐渐渐恢复，到班固时代早已完成了礼乐的恢复，礼隆乐盛了。所以，在《艺文志》里，无论是在《六艺略》中总评六艺，还是《诸子略》中总评儒家，完全是一片赞词，完全看不到对六艺或儒家的批评了。这是因为班固时代的问题变了。不过，在《艺文志》里却出现了《论六家要旨》中没有的问题。《论六家要旨》批评儒家繁琐，但并没有指出儒家兴盛可能带来的虚伪。如果过于重视礼仪，而礼仪是可以虚伪地模仿的，于是，一些人就怀着功名利禄之心模仿礼仪，钻研六经，迎合时潮或当权者的需要。于是，就出现了《艺文志》说的“然惑者既失精微，而辟者又随时抑扬，违离道本，苟以哗众取宠。后进循之，是以五经乖析，儒学浸衰，此辟儒之患。”这就向儒家提出了一个严峻的问题：如何才能诚意正心？后世儒家花了很大精力解决这个问题，尤其是宋儒，但似乎收效不大。其实，这个问题根本不可能彻底解决，因为一个社会如果推崇一种本来希望人们真诚从事的东西，而这种东西容易模仿，并且模仿者可以获得较大的利益，那就不可能避免人们的投机。从这个例子，我们可以勾勒出蕴含在文献中的儒家遇到的问题及其演变，人们提出的解决方法及其演变，方法的效用及其演变。

再如，司马谈并没有将文献观作为专门的问题，当我把文献观作为问题后，再解读《论六家要旨》，多年前就读过的文献一下子焕然一新，原来司马谈早就自觉地运用了一种非常基础的、具有普遍性的文献观去解读文献，于是推动了我对文献观的理解。所以，本文的写作本身就是读者带着问题与方法去阅读文献而获得增益的一个有效的例证。

所以，以“问题与方法”的文献观与阅读法解读文献，文献史就成为问题史，成为方法史，亦即成为问题解决史。更彻底地说，文献史就成为生存结构史，文献所蕴含的生存结构在解读中的延展就呈现为生存活动之延展。在生存活动延展之际，历史就现身为历—史，活生生地流淌在当下。

注释：

[1] 无论自觉与否，司马谈在评论时都运用了“问题＋方法＋效用”的思路，从其评论可以揭示生存活动的基本结构并提取一种方法论，由此形成启示之一。同时，司马谈对六家的评论是对经典与文献的评论，他在评论时肯定运用了一定的经典观与文献观，所以，从其评论可以提取出“问题与方法”的经典观与文献观，由此形成启示之二与启示之三。通过历史考察，还可以发现，《论六家要旨》的经典观流行于古代与现今，据之可以清理出中国的经典体系，由此形成启示之四。并且，司马谈的评论还是对六家的比较，他一定运用了某种比较方法，所以，从其评论还可以提取出“问题与方法”的比较法，由此形成启示之五。罗列这几篇启示如下：《面对问题本身：问题、方法与效用——〈论六家要旨〉的启示之一》《问题、方法与经典——〈论六家要旨〉的启示之二》《问题、方法与文献——〈论六家要旨〉的启示之三》《问题与方法：经典体系的建立与统绪——〈论六家要旨〉的启示之四》《问题与方法：比较研究的可能性——〈论六家要旨〉的启示之五》。《论六家要旨》对我的启示还在继续。本文是启示之三。

[2] 因司马谈《论六家要旨》的启示，我构思了一组文章，但最初只构思了《面对问题本身：问题、方法与效用》《问题、方法与经典》《问题与方法：比较研究的可能性》。写完此三文后，觉得未尽，又写了本文。本想将此文与《问题、方法与经典》合并，克服二者的重复，但本文的第三、第四部分却不易合并，于是不避重复，仍旧独立成文。

[3] 邓曦泽《面对问题本身：问题、方法与效用——〈论六家要旨〉的启示之一》，载邓曦泽《文化复兴论——公共儒学的进路》，北京：人民出版社 2009 年版。

[4] 邓曦泽《问题、方法与经典——〈论六家要旨〉的启示之二》的第三部分，载邓曦泽《文化复兴论——公共儒学的进路》。

[5] 文献的方法完全无效也许可能给读者以警醒，似乎对读者是有价值的，但这不是这里说的价值（即正面价值）。这里说的有价值的东西，是指能够构成完全解决问题所需的条件的总和（充分条件）的一部分的东西，而文献的方法的无效给读者的警醒，不能构成解决读者的问题的条件的部分，所以，这种情况对于读者乃是无价值的。用逻辑来表达这个意思会非常清楚。用 B 表示读者的问题得到完全有的解决，用 A 表示

B 的充分条件，用 C 表示文献的方法完全无效给读者带来的警醒这种价值。A 常常是多个条件构成，即 $A \longleftrightarrow A_1 \wedge A_2 \wedge$，……，$\wedge A_n$。如果某个东西能够使问题接近完全解决，则它必须成为 B 的充分条件的总和的一个子条件 A_i（A_i 指 A_1 至 A_n 中的任一个）。但是，C 不是 A_i，所以，C 不是 B 的条件之一。

[6] 海德格尔说："在具有历史学性质的人文科学中，透过承传下来的东西、透过这些东西的表现方式及传统而直趋历史现实本身的倾向日益强烈；文献史应该成为问题史"（参见海德格尔《存在与时间》，北京：三联书店 1999 年版，第 12 页）。在前面（第二节），海德格尔又反复谈到了问题。但海德格尔在端出"文献史应该成为问题史"一语时，对问题如何在生存中（也是在文献中）构成文献史说得并不明白。"任何发问都是一种寻求"（参见海德格尔《存在与时间》，第 6 页），固然不错。但更准确地说，发问就是寻求，因为发问是因为不知道而想知道，想知道就是寻求。寻求什么呢？寻求方法，寻求对问题的解决——这是生存活动的基本结构。所以，在这里想对海德格尔的"文献史应该成为问题史"作几点补充。第一，问题史就是生存史，反之亦然；文献史就是生存史，反之亦然。三者的共有结构就是"问题＋方法＋效用"。这个结构是绝对的，即是人类性的而非民族性的或地域性的或时间性的，但这个结构的呈现（即在生存活动中展开的具体问题、具体方法与具体效用）却兼具民族性、地域性与时间性（时间性在生存中展开为历史性），即是相对的。因此，文献史就是问题史就是生存史，这也是绝对的，同样，其展开却是相对的。因此，在本真面目上，文献史一定是问题史，而不是"应该成为"。而在我们的反思中，有些文献史之所以没有成为问题史，那是因为文献史中的问题史被遮蔽了。所以，还可以对"文献史应该成为问题史"作更彻底的解释，在生存结构中给予它以绝对基础。由此可得两个推论。第二，文献史也是方法史。第三，"文献史应该成为问题史"绝不仅是对人文科学的要求，而是一切文献史的特征与要求，甚至自然科学史更明显地表现了这一特征。虽然海德格尔没有说自然科学的文献史不应该成为问题史，但他这样说有误导作用。"特征"是就本真面目而言，"要求"是就遮蔽而言。这里举一个数学与逻辑上的例子。欧几里得《几何原本》流传后，一些数学家早已觉察了它的第五公设或平行公设是严重的问题，许多人致力于这个问题的解决，这就构成了问题史。但是，对欧氏几何的突破却经历了漫长的时间，这就形成了方法史（这里参考了王宪钧《数理逻辑引论》第三篇《数理逻辑发展简述》，北京：北京大学出版社 1998 年版，第 307、283、318—324 页）。而这问题史、方法史都是文献史，都是问题解决史；最彻底地讲，几者都是生存史。

参考文献：

1.（汉）司马迁《史记》，北京：中华书局 1959 年版。

2.（汉）班固《汉书》，北京：中华书局 1962 年版。

3.（唐）孔颖达等《尚书正义》，北京：北京大学出版社 1999 年版。

4.（唐）孔颖达等《礼记正义》，北京：北京大学出版社 1999 年版。

5.（清）王先谦《荀子集解》，北京：中华书局 1988 年版。

6. 范文澜《文心雕龙注》，北京：人民文学出版社 1958 年版。

7.（唐）魏徵等《隋书》，北京：中华书局 1973 年版。

8. 程树德《论语集释》，北京：中华书局 1990 年版。

9.［德］海德格尔《存在与时间》，北京：三联书店 1999 年版。

10. 邓曦泽《面对问题本身：问题、方法与效用——〈论六家要旨〉的启示之一》，载邓曦泽《文化复兴论——公共儒学的进路》附录 1，北京：人民出版社 2009 年版。

11. 邓曦泽《问题、方法与经典——〈论六家要旨〉的启示之二》，载邓曦泽《文化复兴论——公共儒学的进路》附录 2。

（作者系四川大学政治学院副教授）

《观沧海》的写作时间及曹操乐府诗的读法

李广柏

曹操的《观沧海》，是我国古诗中写景的名作；如今的读书人大都知道这首诗。记得我大学毕业的那一年，在报上读到郭沫若先生的论文《替曹操翻案》，文中“断定”《观沧海》是曹操北征乌桓“回军凯旋时做的”[1]。我出于一时的兴趣，把《三国志·魏书·武帝纪》及其他有关传记细心读了几遍，觉得《观沧海》这首诗是曹操进军乌桓的途中做的，不是回师途中做的。当时我还想，郭老读书一目十行，可能有所疏忽。此后几十年我再没有关心过这个问题，以为早有人纠正了郭老的说法。近年我看电视，中央电视台的节目中多次说到，《观沧海》是曹操征乌桓回师途中所写。这我才知道，郭老的“断定”，已成为流行的看法。我又找来近三十年出版的一些古诗注释本，查阅之后发现，大多数注本采用的是郭老的说法，有的更明确地写道：曹操“回师途中曾经过碣石山，故有登临之举”，《观沧海》“就作于回师的途中”[2]。我不禁有些惊讶！这个问题虽不是什么历史大事，但还是以说清楚为好。最近我比较系统地研读了有关这个问题的史料，愈加认为，《观沧海》是曹操进军乌桓的途中所写，不是回师途中写的。这里将我的理由作一申述，并顺带谈谈如何理解曹操乐府诗的题目和篇章结构，即读法的问题。

一

曹操《观沧海》一诗，除了最后两句是乐工合乐时加上的以外，正文只有十二句：

东临碣石，以观沧海。水何澹澹，山岛竦峙。树木丛生，百草丰茂。秋风萧瑟，洪波涌起。日月之行，若出其中；星汉灿烂，若出其里。

这种对景物简妙而直率的白描，当然是实地感受之后，即兴而发。它给读者的时态感觉，是“现在进行体”，不是时过境迁的追忆。因此，对于这首诗的具体写作时间虽然有不同说法，但研读者都认为，是曹操经过海边碣石山时所作。这也符合曹操作诗的习惯，史书说他“登高必赋”[3]，文人们说他“横槊赋诗”，“鞍马间为文”[4]，即兴而发是他的本色。

既然人们都承认《观沧海》是曹操经过海边碣石山时所作，那我们可以查一查，曹操一生有几次经过海边的碣石山。

碣石是古代的名山。《尚书·禹贡》有两处提到碣石。[5]秦始皇曾东巡至碣石，刻石宣扬威德，《史记·秦始皇本纪》有记载。汉武帝于元封元年东巡海上，也特地到碣石，《史记·孝武本纪》《汉书·武帝纪》有记载。关于碣石山的具体位置，建安时期学者文颖在《汉书·武帝纪》中的注释说：“在辽西絫县。絫县今罢，属临榆。此石著海旁。”[6]而《汉书·地理志下》的旧注中，说右北平郡骊成县有“大碣石山在县西南”[7]。这两处碣石，究竟哪一处是曹操登临的碣石，究竟是一是二，近世学者说法各异。不过有一点可以肯定，汉代辽西郡的絫县和右北平郡的骊成，都在今秦皇岛附近。如清代学者孙星衍说：“骊成，今直隶抚宁县，属永平府，盖近临榆。”[8]由于文颖是和曹操同时代的人，我们不妨就采用文颖的“絫县说”。絫县在今河北省昌黎县境，境内有碣石山，距海边不远。

曹操一生只到过碣石一次，那就是建安十二年（207）进军乌桓（亦作乌丸）的途中。

乌桓是汉代“东胡族”的一支，游牧于东北辽河流域。建安十二年，曹操征乌桓的大军，是从邺城（今河北省临漳县西南）出发的，经过易县（在今河北）、涿郡（今涿县），五月到无终（今蓟县境）。七月到达无终以东的渤海边（即碣石一带），打算沿海边向乌桓所在的辽西进军。不料夏秋雨水过多，沿海道路不通，曹军滞留不能前进，与乌桓兵形成遥相对峙的态势。曹操接受当地名士田畴的建议，并由田畴担任向导，回军上徐无山（在今河北玉田县北），出卢龙塞（在长城线上喜峰口一带），走一条崎岖险阻的山路，经白檀（今河北滦平县）、平冈（今辽宁喀喇沁左翼蒙古族自治县），直抵乌桓的中心地区柳城（今辽宁省朝阳县南），给乌桓以出其不意的打击。曹操大获全胜之后，于九月离开柳城，仍由原路（山路）经卢龙塞返回。十一月到达易水（在今河北省西部），次年正月回到邺城。

我勾画的曹操北征往返的路线，有确凿史料为依据。《三国志·魏书·武帝纪》是这样记载曹操征乌桓的：

（建安十二年）将北征三郡乌丸，诸将皆曰：“袁尚，亡虏耳，夷狄贪而无亲，岂能为尚用？今深入征之，刘备必说刘表以袭许。万一为变，事不可悔。”惟郭嘉策表必不能任备，劝公（指曹操）行。夏五月，至无终。秋七月，大水，傍海道不通，田畴请为乡导，公从之。引军出卢龙塞，塞外道绝不通，乃堑山堙谷五百余里，经白檀，历平冈，涉鲜卑庭，东指柳城……八月，登白狼山（在今辽宁省凌源县），卒与虏遇，众甚盛。公车重在后，披甲者少，左右皆惧。公登高，望虏阵不整，乃纵兵击之，使张辽为先锋，虏众大崩，斩蹋顿（乌桓单于）及名王已下，胡、汉降者二十余万口……九月，公引兵自柳城还……十一月至易水……（建安）十三年春正月，公还邺。[9]

《三国志·魏书·田畴传》，又有稍详的记载：

建安十二年，太祖（曹操）北征乌丸，未至，先遣使辟畴……（田畴）遂随使者到军……随军次无终。时方夏水雨，而滨海洿下，泞滞不通，虏亦遮守蹊要，军不得进。太祖患之，以问畴。畴曰：“此道，秋夏每常有水，浅不通车马，深不载舟船，为难久矣。旧北平郡治在平冈，道出卢龙，达于柳城；自建武以来，陷坏断绝，垂二百载，而尚有微径可从。今虏将以大军当由无终，不得进而退，懈弛无备。若嘿回军，从卢龙口越白檀之险，出空虚之地，路近而便，掩其不备，蹋顿之首可不战而禽也。”太祖曰：“善。”乃引军还，而署大木表于水侧路傍曰：“方今暑夏，

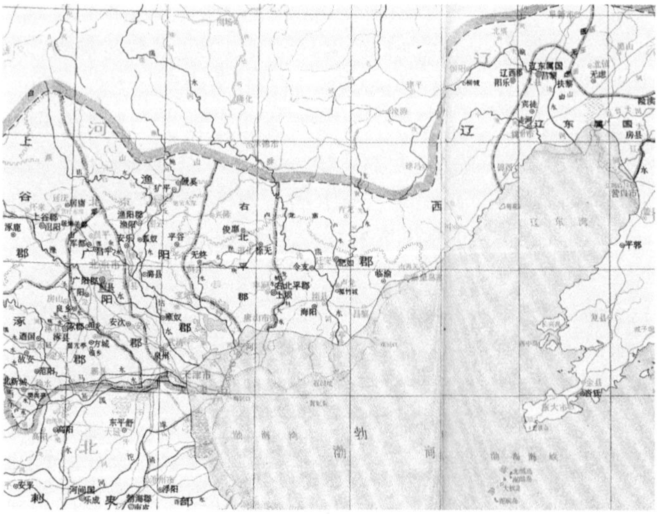

东汉幽州地区图　自《中国历史地图集》截取

道路不通，且俟秋冬，乃复进军。”虏候骑（巡逻侦察的骑兵）见之，诚以为大军去也。太祖令畴将其众为乡导，上徐无山，出卢龙，历平冈，登白狼堆，去柳城二百余里，虏乃惊觉。单于身自临阵，太祖与交战，遂大斩获，追奔逐北，至柳城。军还入塞，论功行封，封畴亭侯，邑五百户。[10]

这两段记载清楚说明，曹操在建安十二年夏秋到过无终以东的海边，即碣石所在地。当时“滨海洿下，泞滞不通”，乌桓兵又“遮守蹊要”，所以曹军“不得进”。曹操还在海边树立迷惑敌人的大木牌，乌桓的巡逻侦察兵也看到过曹操树立的木牌。从地理形势上看，两军对峙的地方，就在今山海关、秦皇岛一带。

《田畴传》记曹军由柳城返回，用语是“军还入塞”。曹操的《爵封田畴令》中，叙述田畴到曹操军中以后，“陈建攻胡蹊路所由”，“开塞导送，供承使役，路近而便，令虏不意。斩蹋顿于白狼，遂长驱于柳城，畴有力焉。及军入塞，将图其功，表封亭侯，食邑五百，而畴恳恻，前后辞赏”[11]。这里“开塞”“入塞”，连着用的两个“塞”，当然是指卢龙塞。而“军还入塞”，则说明曹军由柳州回师，是走原路（山路）经卢龙塞而回。又，《三国志·魏书·武帝纪》裴松之注引《曹瞒传》，记曹军自柳城返回途中，“时寒且旱，二百里无复水，军又乏食，杀马数千匹以为粮，凿地入三十余丈乃得水”[12]。这也是自柳城到卢龙塞的山路上才可能有的景象。如果曹军自柳城南下，走海边，经碣石山返回内地，怎么可能有二百里无水、“凿地入三十余丈乃得水”的事情？

从柳城到卢龙塞这条山路离海边很远，没有碣石山可登，也看不到沧海上“水何澹澹”“洪波涌起”，等等。曹军进入卢龙塞以后，经易水，到邺城；行军路线是朝西南行，更没有途经碣石和海边的可能性。所以，笔者以为，“东临碣石，以观沧海”的诗，不可能是曹操北征乌桓的回师途中作的。

二

《观沧海》必定是曹操在建安十二年七月进军到海边时所作。“东临碣石，以观沧海”，从地理方位上说，与曹操向乌桓进军的路线相符合。“树木丛生，百草丰茂”，“秋风萧瑟”，“星汉灿烂”，是初秋七月的景象，与曹操进军途中到达碣石的时令相合。

《三国志》上说的七月是阴历。我查过《二十史朔闰表》，建安十二年七月初一相当于阳历（西历）八月十一日，已经立秋。《礼记·月令》中说：“孟秋之月……凉风至，白露降……天地始肃。”而草木还没有黄落。《观沧海》所描写的正是这孟秋的景象。

如果《观沧海》作于曹操征乌桓的回师途中，那已是阴历九、十、十一月份，即秋末和寒冬的时候，“草木黄落”，“水始冰，地始冻”，北方会下雪，怎么能见到“树木丛生，百草丰茂”呢？应该是寒风凛冽，怎么会是“秋风萧瑟”呢？

笔者曾到秦皇岛避暑。秦皇岛一带的秋天，来的特别早。当北京地区还很炎热的时候，这里已秋风送爽；如果遇上雨天，便会令人感到“萧瑟”。大家知道，毛泽东主席1954年夏天写的《浪淘沙·北戴河》，特别提到曹操的《观沧海》：“往事越千年，魏武挥鞭，东临碣石有遗篇。萧瑟秋风今又是，换了人间。”毛主席避暑到北戴河，却感受到“秋风萧瑟”，想必与曹操当年登临碣石的节候相近。“毛主席诗词”的许多注释本，说曹操的《观沧海》是征乌桓回师途中所写，显然忽略了毛主席词的写作时间和“萧瑟秋风今又是”。

三

曹操的乐府诗，现存二十余首。就我们今天所能看到的古籍而言，最早载有曹操乐府诗的，是沈约的《宋书·乐志》（此

“宋”为南朝刘宋)，分别编在“相和歌”“清商三调歌诗”和“拂舞歌诗”内。成书在《宋书》之后的《晋书》，其《乐志》的“拂舞歌诗”，收曹操的《碣石篇》（四章），与《宋书·乐志》“拂舞歌诗”所收曹操诗相同。《南齐书·乐志》舞曲词内，也收曹操的《碣石辞》，但仅一章（《观沧海》）。郭茂倩《乐府诗集》所收曹操诗，除《却东西门行》一首另有所据外，其他均录自《宋书》《南齐书》《晋书》的《乐志》；其中《短歌行》（对酒当歌）、《苦寒行》二首，在采录《宋书·乐志》所载的“晋乐所奏”歌词之后，又附有“本辞”。

史书上说曹操，“及造新诗，被之管弦，皆成乐章”[13]。这就是说，曹操作的诗都入乐歌唱，成了歌曲。自魏至晋，直到南朝，由曹操诗入乐的歌曲，传唱不衰，以至成为几代乐府的名曲。《宋书》《南齐书》《晋书》的《乐志》，反映了曹操的诗成为歌曲流播的实况。如《宋书·乐志》的“相和歌”，共十三曲，其中《气出唱》《精列》《度关山》《薤露》《蒿里》《对酒》六曲的歌词均为曹操的诗；《陌上桑》一曲有三首词，又有一首是曹操所作。十三曲的歌词，曹操所作竟占了一半。《宋书·乐志》“清商三调歌诗”，共二十曲、三十四篇歌词，曹操所作有九篇之多。

因此，我们读郭茂倩编的《乐府诗集》，看到其中曹操的诗，俱一一注明，或为“魏乐所奏”，或为“晋乐所奏”，或为“魏晋乐所奏”。这便告诉我们，我们所读的曹操乐府诗，是“被之管弦”之后的演唱本；除《短歌行》（对酒当歌）、《苦寒行》二首的“本辞”，可能是作者的文学文本外，其他都不是文学文本。

从诗人的文学文本，变成为歌词（古代亦称为“歌诗”），一般都要经过乐师们的处理与加工，而且在流传过程中，还会有另外的乐师再进行处理与加工。清代学者冯班的《钝吟杂录》对此讲得很清楚：

古诗皆乐也，文士为之辞曰诗，乐工协之于钟吕为乐……盖乐人采诗合乐，不合宫商者，增损其文，或有声无文，声词混填，至有不可通者，皆乐工所为，非本诗如此也。

乐府之名，始于汉惠，至武帝立乐府之官，以李延年为协律都尉，采诗夜诵，有赵、代、齐、魏之歌；又使司马长卿等造十九章之歌，此乐府之始也。迨魏有三调歌诗，多取汉代歌谣，协之钟律，其辞多经乐工增损，故有本辞与所奏不同，《宋书·乐志》所载是也……盖魏、晋乐章，既由伶人协律，声有短长损益，以文就之，往往合二为一，首尾都不贯，文亦有不尽可通者。[14]

冯班在这里讲的乐师对文学文本的处理与加工，包括三个方面：

（一）字句的增删与改动。乐师采诗合乐时，若遇有“不合宫商者”，便“增损其文”。我们如将曹操《短歌行》（对酒当歌）的“本辞”与晋乐所奏的乐府歌词，加以对比，便能看出乐师们“增损”的痕迹。

（二）添加“声”字。《乐府诗集》卷二十六“相和歌辞”题解说：“诸调曲皆有辞有声……辞者，其歌诗也；声者，若羊吾夷伊那何之类也。”[15]“声”是乐音，采诗合乐时，遇到有声无字处，便要添加供歌唱的“声”字。相传古代的歌本，用大字写“辞”，细字写“声”，后来“声”“辞”相混，便令人不好理解了。这就是冯班讲的，“或有声无文，声词混填，至有不可通者”。

（三）“合二为一”。乐师们为了配合乐曲，将不相干的两首诗合成一篇歌词。如《宋书·乐志四》和《乐府诗集》卷五十四，紧接在《碣石篇》之后的《淮南王篇》，就是由两首诗拼合而成。事实上，不仅“合二为一”，还有不止两首合成的。如《宋书·乐志四》和《乐府诗集》卷五十四内，紧靠在《碣石篇》之前的《独漉篇》，竟是由六首相互独立的小诗拼合起来的。这里不妨将《独漉篇》全文抄录出来，供读者研讨：

独漉独漉，水深泥浊；泥浊尚可，水

深杀我。雍雍双雁，游戏田畔；我欲射雁，念子孤散。翩翩浮萍，得风遥轻；我心何合，与之同并。空床低帏，谁知无人；夜衣锦绣，谁别伪真？刀鸣鞘中，倚床无施；父冤不报，欲活何为？猛虎班班，游戏山间；虎欲啮人，不避豪贤。[16]

早年，余冠英先生曾发表《乐府歌辞的拼凑和分割》一文。[17] 余先生在文章开头说：

古乐府重声不重辞，乐工取诗合乐，往往随意并合裁剪，不问文义。这种现象和“声辞杂写”同为古乐府歌辞的特色，也同样给读者许多困难。向来笺释家不注意乐府诗里的拼凑痕迹，在本不联贯的地方求联贯，在本无意义的地方找意义。结果是穿凿附会，枉费聪明，徒滋淆惑。[18]

余冠英先生这一段话很重要，又很精当。遗憾的是，在余冠英文章发表以后多年，仍有学人“在本不联贯的地方求联贯，在本无意义的地方找意义”！

四

曹操的《观沧海》，在郭茂倩《乐府诗集》里出现三次。一次见于第三十七卷，为相和歌辞瑟调曲《步出夏门行》（共四章）的第一章；注明为“魏晋乐所奏”。第二次见于第五十四卷，为舞曲歌辞晋拂舞歌《碣石篇》（四章）的第一章。第三次见于第五十五卷，为舞曲歌辞齐拂舞歌，题曰《碣石辞》（仅此一章）。

《乐府诗集》第三十七卷共四章的《步出夏门行》，出自《宋书·乐志三》；第五十四卷晋拂舞歌《碣石篇》（四章）出自《晋书·乐志下》和《宋书·乐志四》；第五十五卷齐拂舞歌词《碣石辞》，出自《南齐书·乐志》。我们现今看到的《观沧海》，就出自这四处。很显然，这都是“被之管弦”之后的演唱本。

人们通常引用《观沧海》是据《乐府诗集》第三十七卷的《步出夏门行》。为了后文论说的方便，且将《乐府诗集》第三十七卷的《步出夏门行》全文抄录于此（括号内文字为原有）：

云行雨步，超越九江之皋。临观异同，心意怀游豫，不知当复何从。经过至我碣石，心惆怅我东海。（“云行”至此为艳。）

东临碣石，以观沧海。水何澹澹，山岛竦峙。树木丛生，百草丰茂。秋风萧瑟，洪波涌起。日月之行，若出其中；星汉灿烂，若出其里。幸甚至哉，歌以咏志。（观沧海。一解。）

孟冬十月，北风徘徊。天气肃清，繁霜霏霏。鹍鸡晨鸣，鸿雁南飞；鸷鸟潜藏，熊罴窟栖。钱镈停置，农收积场。逆旅整设，以通贾商。幸甚至哉，歌以咏志。（冬十月。二解。）

乡土不同，河朔隆寒。流澌浮漂，舟船行难。锥不入地，蘴藾深奥。水竭不流，冰坚可蹈。士隐者贫，勇侠轻非；心常叹怨，戚戚多悲。幸甚至哉，歌以咏志。（河朔寒。三解。）

神龟虽寿，犹有竟时；腾蛇乘雾，终为土灰。骥老伏枥，志在千里；烈士暮年，壮心不已。盈缩之期，不但在天；养怡之福，可得永年。幸甚至哉，歌以咏志。（神龟虽寿。四解。）[19]

晋拂舞歌的《碣石篇》，四章与此相同，但曲前没有“艳”。其第三章题为《土不同》；第四章题为《龟虽寿》，“骥老伏枥”作“老骥伏枥”。

《乐府诗集》第二十六卷“相和歌辞”题解说：“凡诸调歌词，并以一章为一解。”[20]《步出夏门行》四解即四章，前面的“艳”是歌曲的引子（文义不尽可通）。可能有读者因为看到诗中二、三章的“冬十月”“河朔隆寒”等字眼，便以为首章《观沧海》也是作于冬天。这是把四章诗当成一个整体看待的。实际上，作为乐工们演唱的一套歌曲，从音乐上说，四章是合为一套；而从文学的角度看，四章是四首各自独立的诗，并不是前后贯通、时令统一、主题统一的整体。四首诗拼合在一起，是合乐的需要。如果合乐只需要一首诗，它们也可以独立。像齐拂舞歌词，便只取《观沧海》一首演唱，而题曰《碣石辞》。

《步出夏门行》四章诗中，《观沧海》是孟秋渤海边的景色，《冬十月》是北方孟冬时的景色，《河朔寒》是北方隆冬时的景色。《神龟虽寿》没有时令特点，是作者暮年言志抒情之作。四章诗的写作时间，只有《观沧海》可以确定是曹操进军乌桓的途中所写。《冬十月》和《河朔寒》写河北地区初冬和隆冬景象，当然是冬天写的；但因曹操在河北地区作战数年，很难断定这两首诗就是写于征乌桓的那个冬天。至于《神龟虽寿》则可以肯定不是征乌桓的归途中所写。曹操征乌桓时，虽已年过半百，但正是雄心勃勃、南征北讨的时候，不应当有"骥老伏枥"这种自比和带点无可奈何的人生感慨。曹操于建安十五年写的《让县自明本志令》中，还回忆当年举孝廉时，"同岁（同年被举的）中，年有五十，未名为老"[21]。他自己征乌桓时刚过五十岁，怎么会称"暮年"呢？《神龟虽寿》这首诗的主旨在"养怡之福，可得永年"，即强调养生延年，与"东临碣石，以观沧海"的豪迈气概，不可以同日而语。所以清代王尧衢的《古唐诗合解》，特别指出：《神龟虽寿》"盖孟德晚年所作"。

曾经作为高等学校文科教材的《中国历代诗歌选》，在曹操《步出夏门行》一篇注云：

> "步出夏门行"又名"陇西行"，乐府"相和歌""瑟调曲"名。曹操这诗共有前奏曲"艳"一章，歌四章：《观沧海》《冬十月》《土不同》《龟虽寿》，是建安十二年（207）北征乌桓时所作。[22]

北京出版社出版的《汉魏南北朝诗选注》，关于《观沧海》的说明是：

> （曹操）于建安十二年（207）八月，出奇兵袭击乌桓，大破乌桓于柳城（今辽宁省兴城县西南）。九月，胜利回师。曹操的《步出夏门行》就作于回师的途中。[23]

这都是从文学的角度把《观沧海》《冬十月》《土不同》《龟虽寿》四首诗作为整体看的，并认为是同时所作。注释者没有考虑到"被之管弦"之后的演唱本与文学文本的差别。

据我看到的资料，清代以前没有人推测《步出夏门行》四章诗的写作时间。清代的朱嘉征、朱乾最早说到《步出夏门行》四章诗是"魏公北征乌桓时作"。朱嘉征、朱乾把四章诗的写作时间定在"北征乌桓时"，并没有说出什么根据，倒是反映出他们对于乐府歌词的拼合现象不够理解。他们把"本不联贯"的四章诗联贯起来了。他们那种随感式的言论，实不足为据。朱乾对于"步出夏门行"还这样解释："魏武征乌桓时，献帝已都许，而题曰'步出夏门行'者，京许犹京洛也。"[24]认为这四章诗题曰"步出夏门行"，是用夏门指代洛阳（夏门在洛阳），又影射献帝所在的许昌。受此说的影响，中华书局1979年出版的《曹操集译注》，解释四章诗题为"步出夏门行"的原因是："夏门：……是洛阳的一个城门。按曹操建安十二年回邺到夏季出兵，这中间可能又到洛阳。"[25]说曹操可能从洛阳夏门走了一趟，才把四章诗题为"步出夏门行"。这真是莫大的误解！所谓"步出夏门行"，不过是乐府旧题，在这里也是乐曲名，它并不是四章诗内容的概括，同四章的诗意没有什么联系。

在《宋书·乐志三》中，《观沧海》等四章诗除标有乐曲名《步出夏门行》之外，另又标有题目《碣石》。《晋书·乐志下》和《宋书·乐志四》的晋拂舞歌《碣石篇》（入选《乐府诗集》第五十四卷），包括《观沧海》《冬十月》《土不同》《龟虽寿》四章。朱嘉征、朱乾及近世学人可能认为，既以"碣石"为总题，四章诗便是经过碣石山时所写。如果真这样认为，那又是一个误解！《宋书·乐志》的"相和歌""清商三调歌诗""拂舞歌诗"，《晋书·乐志》的"鼙舞歌诗""拂舞歌诗"，各篇都是用首句几个字作题目，很少有例外。《观沧海》等四章诗，之所以题为"碣石"，不过是因为首章首句是"东临碣石"，并不意味着四章诗都与碣石山有关。这正如《论语》《孟子》的篇名，有《泰伯》《卫灵公》《梁惠王》等等，并不表示各篇的内容是围绕泰伯、卫灵公、梁惠王展开的。

总之，现今我们看到的《观沧海》、《冬十月》、《土不同》（《河朔寒》）、《龟虽寿》四章诗，是经过乐师们拼合、处理过的“被之管弦”的演唱本。我们阅读时必须慎重辨析。朱嘉征、朱乾把“本不联贯”的四章诗联贯起来，推测四章诗俱作于“北征乌桓时”，原不可信；近人又有进一步推测四章诗俱作于征乌桓回师途中的，便更不可信了。本文写到这里，笔者觉得可以说，无论从哪个角度去考察，都没有理由“断定”《观沧海》是曹操征乌桓的回师途中所作。

注释：

[1] 郭沫若《替曹操翻案》，载《郭沫若全集》（历史编），北京：人民出版社 1984 年版，第三卷第 464 页。

[2] 韩兆琦等《汉魏南北朝诗选注》，北京：北京出版社 1981 年版，第 112 页。

[3]《三国志・魏书・武帝纪》裴松之注引王沈《魏书》，称曹操“御军三十余年，手不舍书，昼则讲武策，夜则思经传，登高必赋，及造新诗，被之管弦，皆成乐章”。（西晋）陈寿《三国志》，北京：中华书局 1982 年版，第 54 页。

[4]（唐）元稹《唐故工部员外郎杜君墓系铭并序》，载《元氏长庆集》卷五十六，北京：文学古籍刊行社 1956 年影印本。

[5]《十三经注疏》，北京：中华书局 1987 年影印本，第 147、151 页。

[6]《汉书・武帝纪》“东巡海上至碣石”句下注（中华书局 1962 年版《汉书》第 192 页）。又，颜师古《汉书叙例》介绍诸家注释：“文颖，字叔良，南阳人。后汉末荆州从事，魏建安中为甘陵府丞。”（中华书局 1962 年版《汉书》卷首）

[7]（汉）班固《汉书》，北京：中华书局 1962 年版，第 1624 页。

[8]（清）孙星衍《尚书今古文注疏》，北京：中华书局 1986 年版，第 145 页。

[9]（西晋）陈寿《三国志》，北京：中华书局 1982 年版，第 29—30 页。括号内文字为引者所加。

[10]（西晋）陈寿《三国志・魏书・袁张凉国田王邴管传》，载《三国志》，第 342 页。括号内文字为引者所加。

[11]（西晋）陈寿《三国志・魏书・袁张凉国田王邴管传》裴松之注引《先贤行状》载太祖令，载《三国志》，第 344 页。又，《曹操集》，北京：中华书局 1959 年版，第 39 页。

[12]（西晋）陈寿《三国志》，第 30 页。

[13]《三国志・魏书・武帝纪》裴松之注引王沈《魏书》，载《三国志》，第 54 页。

[14]（清）冯班《钝吟杂录》，载《清诗话》，上海：上海古籍出版社 1982 年版，第 37—41 页。

[15]（宋）郭茂倩《乐府诗集》，北京：中华书局 1989 年版，第 377 页。

[16]《二十五史》，上海：上海古籍出版社、中国书店 1987 年版，第 1704 页。

[17]《乐府歌辞的拼凑和分割》为余冠英 1947 年所写，收入《汉魏六朝诗论丛》，上海：棠棣出版社 1952 年出版。

[18] 余冠英《乐府歌辞的拼凑和分割》，载《汉魏六朝诗论丛》，第 26 页。

[19]（宋）郭茂倩《乐府诗集》，第 545—546 页。

[20]（宋）郭茂倩《乐府诗集》，第 376 页。

[21]《三国志・魏书・武帝纪》裴松之注引《魏武故事》，载《三国志》，第 32 页。

[22] 林庚、冯沅君主编《中国历代诗歌选》（上编），北京：人民文学出版社 1979 年版，第 135—136 页。

[23] 韩兆琦等《汉魏南北朝诗选注》，第 112 页。

[24]（清）朱乾《乐府正义》卷八，清乾隆年间刻本。

[25] 安徽亳县译注小组《曹操集译注》，北京：中华书局 1979 年版，第 41 页。

（作者系华中师范大学文学院教授）

试论古诗中的六句律
——兼谈李白的六句律创作

朱少山　张文芳

一、关于古诗中的六句律

说到六句律，首先得从六句诗谈起。六句诗，顾名思义，六句成诗，诗句数量是其最明显的表征，这与一般意义上的以诗歌中单句字数的多少来划分诗体的办法大不相同，“风雅颂既亡，一变而为离骚，再变而为西汉五言，三变而为歌行杂体，四变而为沈、宋律诗；五言起于李陵、苏武（或云枚乘），七言起于汉武柏梁，四言起于汉楚王傅韦孟；六言起于汉司农谷永，三言起于晋夏侯湛，九言起于高贵乡公”[1]。在传统诗歌溯源上，六句诗没有获得恰当的诗史定位。即便是在涉及诗体分类时，六句诗也被排斥在讨论范围之外，“从格律上看，诗可分为古体诗和近体诗……从字数上看，有四言诗，五言诗，七言诗（注：六言诗很少见）。唐代以后，四言诗很少见了，所以一般诗集只分为五言、七言两类”[2]。故而在传统的文论批评话语中，六句诗受到历代诗家的非议轻置，遂被打入杂体一列，而我们“要回溯探寻正体诗格源流，就不能数典忘祖地无视各种杂体（如六句诗）的存在及历史作用”[3]。

据相关统计，六句诗不但在上古诗歌中居于主要地位，历随秦汉魏晋的流变，在唐宋以后亦是异彩焕发，不同时期均有众多佳作问世。从数量上来看，古代诗歌中的六句诗远远多于其他杂体诗；而与通行正体诗的创作一样，六句诗的创作也是一种重要的诗歌创作实践，钟惺《古诗归》卷八评述傅玄《杂诗》（其三）云：“学问阅世之言，甚感慨甚严切，识之足以自悟，闻之足以戒，作杂诗体当如是，作六句诗法当如是。”[4] 可见六句诗的创作也存在着一个寻求范型、铸就经典的过程与讨论，不仅仅是“诗人赋咏之余”[5]。这是一个值得注意的诗学现象。

据褚斌杰所考，六句诗大体上可以分为两类：“一是汉魏以后的古体诗以六句成篇者；一是近体诗形成后的六句律诗。”[6] 具有六句格式的古体诗在诗经时代和汉魏乐府中比比皆是（兹不赘列）。随着齐梁时期格律的形成、隋唐之后诗律的完善，六句式的古风逐渐演变为具有鲜明格律特色的新型律诗，即六句律。至于六句律具体起源于何时，仁智互见，莫衷一是，但大致时间当在齐梁之后、李唐以前。王士祯《带经堂诗话》：“六句律体于古有之，升庵先生撰《六朝律祖记》曾载之。”[7] 费经虞在《雅伦》中谈到“六句律”时即举庾肩吾、窦叔向和范云等人诗歌为例。[8] 陈仅亦云：“此体盛于陈隋之间，盖由古入律之交际也……”[9] 由此可见，在齐梁之时特别是南朝末期，六句律即已盛行，故而陆时化说：“此体不自唐人昉（案：‘昉’当为‘仿’字）矣。”[10] 鄢化志认为：“‘六句律’当首创于梁简文帝萧纲。他的《晓思》《四咏》《春日》《咏柳》等二十余首诗作全是‘六句三韵体’。”[11] 只是当时所谓的六句律并不是严格意义上的“律诗”样式（可称之为“古风式律诗”），如梁时的庾肩吾、刘孝绰和刘孝威的《春宵》和《冬晓》等诗，陈时李爽《山家闺怨诗》（山中多早梅，荆扉达曙开。竹巾君自折，荷衣谁为裁。行云无处所，人住在阳台）等诗多以典雅的声律蔚然成风，显示出向新型格律诗逐渐演化的过渡迹象。张正见的《赋得阶前嫩竹》：“翠竹梢云自结丛，轻花嫩笋欲凌空。砌曲横枝屡解箨，阶前疏叶强东风。欲知抱节成龙处，当于山路葛陂中。”该诗于声律典雅之外，中间二联已初具后来律诗对仗之味，是典型的“六句三韵体”，被视为有唐之后六句律之先声。

六句律，又叫“三韵体”和“三韵律诗”，严羽《沧浪诗话》云：“有律诗止三韵者”，“唐人有六句五言律”[12]（注引李益“汉家今上郡，秦塞古长城。有日云长惨，无风沙自惊。当今圣天子，不战四夷平”诗证之）。与四句二韵的绝句及八句四韵的律诗有所不同，此体是六句三韵，具有每联相对稳定对称、全篇又不完全稳定对称的齐中有变、错落有致的结构特征。在六朝时期，因为格律规范尚未成熟，六句律的诗体特征大都可以归入古体诗（古风）一类，“五言六句古齐梁间多用之……特以其参用仄韵，故亦仍为古体。大约中联用对句，前后作起结，平韵仄韵皆可用也”[13]。由此可见，用韵（近体律诗押平声韵）情况是区别六句诗为古风抑或律诗的一个重要标准。当然，六句律在对仗方面通常也不作严格要求，没有“孤平”的避忌；在平仄上要符合一般律诗的粘对要求，但比较宽松。[14] 因此后人在论及六句律时，多从诗歌内容的前后属对关系上去探讨。如赵翼所云：

> 香山于古诗律诗中，又多创体，自成一格……至如六句成七律一首，《青莲集》中已有之。香山最多，而其体又不一。如《忠州种桃杏》云：“无论海角与天涯，大抵心安即是家。路远谁能念乡曲，年深兼欲忘京华。忠州且作三年计，种杏栽桃拟待花。”前后单行，中间成对，此六句律正体也。《樱桃花下招客》云：“樱桃昨夜开如雪，鬓发今年白似霜。渐觉花前成老丑，何曾酒后更颠狂。谁能闻此来相劝，共泥春风醉一场。”此前四句作两联，末二句不对也。《苏州柳》云：“金谷园中黄袅娜，曲江亭畔碧婆娑。老来处处游行遍，不似苏州柳最多。飞絮拂头条拂面，使君无计奈春何！”此前二句作对，后四句不对也。《板桥路》云：“梁苑城西二十里，一渠春水柳千条。若为此地今重过，十五年前旧板桥。曾共玉颜桥上别，不知消息到今朝。”此通首不对，而亦编在六句律诗中，又一体也。[15]

在这里，赵翼以香山为例，将六句律常见的体式作了较为全面的阐释，其中诗歌结构内容的层次脉络是其分门别类的重要标准。谢天瑞在《诗法》曾对五言六句律的结构样式也作了充分的探讨，概括起来，有“前四句对后二句不对”“首二句对后四句不对”“六句三对”“首尾不对中二句对”“六句一意不对”“首二句不对后四句对”等六种[16]，并分别举例诗以说明。通过赵、谢二人的观点以及对相关六句律的分析，我们对六句律诗歌的内部结构样式也就有了一个初步的认识。

六句律既为律诗，当然就包括七言六句小律、五言六句小律[17] 和为数不多的六言三韵小律[18]。六句律，因其鲜明的篇幅特征，通常可以看做是常规律诗的简化和绝句的复杂化。故而后人在提及六句律诗歌的结果层次时，常常会顿生疑窦，一般说来大致有两种情况，一是认为六句律可能就是不完整的近体律诗或是完整的近体律诗部分诗句的遗失，如对李白《送羽林陶将军》，王琦在作注时即引唐仲言之语："此篇全是律体，疑'龙泉'下脱一联。"[19]方弘静在《千一录·诗释四》中亦说："（李白）'将军出使拥楼船'，当是近体八句而逸五六也，今以为古诗或谓六句律耳未易为言。"[20]与四韵八句的律诗相比，六句律显然有中间二句散佚的可能。如此说来，这种疑惑的存在有助于人们对诗句的辑佚和诗意的探讨。二是认为六句律可能是在绝句创作基础上进行附缀的（可能是作者本人事后增添抑或是后人传写之误），如王世贞在《艺苑卮言》中力倡绝句的创作，"王勃'河桥不相送，江树远含情'，杜荀鹤'承恩不在貌，教妾若为容'，皆五律也，然去后四句作绝乃妙"。缘于此，王氏即认为"白居易'曾与情人桥上别'一首，乃六句诗也，亦删作绝，俱妙"[21]。田同之认为李白《子夜吴歌四首其三》（长安一片月）一诗"窃谓删去末二句作绝句，更觉浑含无尽"[22]。绝句因其语短意长、含咏不尽的艺术特质而备受历代文人的青睐，人们将六句律疑为绝句的附缀，也在情理之中。以上两种疑惑都有存在的可能，这就从一个侧面反映了古人在诗歌接受批评过程中极为自觉的反思意识。深究其里，如此疑惑的存在，其实也受到了传统诗教中"重正体轻杂体"的观念的左右。作为接受者，我们理应尊重文本自身，而不能轻易相信自己的怀疑。通过对具体六句律诗内容结构的分析与探讨，这种疑惑究竟是否存在，显然会得到恰切的印证。

在诸种诗体异彩纷呈的唐代诗苑中，六句律的创作也迎来了它创作的成熟期。此时的诗人更着力于声韵格律因素的研揣，从而促进了"六句三韵体"由古体诗向近体诗的革新与转化，形成了正式的"六句律"，并取得了相当高的创作成就，如李白、韩愈、白居易、李贺、孟郊、许浑和杜牧等人。像李白的《金陵酒肆留别》、孟郊的《游子吟》等诗更是脍炙人口。

六句律，作为传统律诗的一种变体，虽然"唐人偶一为之，亦意尽而止耳，未尝拘拘取备一体"[23]，但它依然是唐诗中不可忽视的诗体样式。与"往体诗"[24]相比，六句律这种特殊的"今体诗"也是当时的"流行体"，只不过它与排律一样，是当时常规诗体之外的一种变格罢了（通称为"小律"[25]），如张籍所言"今体诗中偏出格，常参宫里每同班"（《酬秘书王丞见寄》）。白居易《长庆后集》即分格律二体，将古调、乐府、歌行编入格律诗，凡六句律、排律，皆为律诗。到了清朝，各类别集、总集更是将其专列一类，如汪文柏《柯庭余习》卷八五即有"五言长律、七言长律和七言小律"[26]，《佩文斋咏物诗选》和《广群芳谱》专有五言小律和七言小律之目，甚至地方志（如康熙《江西通志》）在胪列艺文时也有"五言（或七言）小律"之称。

此类诗歌创作虽有"放情遣兴"之嫌，但作为传统诗苑中一种特有的体裁样式，有唐以后的"六句律"创作更显示出对六朝杂体诗探索方向的进一步延伸和拓展，如鄢化志所说，以六句律为代表的"格律杂体诗"则是"带着格律的枷锁跳舞，是对平仄格律在更高难度上的得心应手地运用。这既体现出文人对平仄格律的认同与喜好，也反映出继续探索的欲望"[27]。作为古诗中一种特殊的诗体，六句律既不能武断地视为古体诗，也不能片面地归为杂体诗，它的艺术价值有待深入挖掘。在中国诗歌史和中国文化研究中，"如果完全无视杂体诗（如六句律）的存在及其价值，则无论如何对正体诗深入开掘，其展示的诗歌史和文化史将终究是不完整的"[28]。因此，从钩稽诗体演进史和探讨诗人文化心灵的角度来说，研究六句律的重要意义是不言而喻的。

下文即以唐代大诗人李白为例，试图略为钩稽李白六句律的创作特色与文学成就。

二、李白六句律的创作概况

李白的诗歌在中国诗史上具有重要的典范意义，其独特的诗歌创作成就也俨然成为了大唐恢弘气象的文学表征。李白天性豪放飘逸、卓尔不群，转而为诗，不主故常，无复依傍。李调元在《重刻李太白全集序》中说道：“以太白之仙才，文质炳焕，发为歌诗，无体不备，无体不精……则欲括风雅之源流，明著作之意旨，舍太白其谁与师哉！”[29] 切中肯綮，堪为确评！在当时声律俱备的诗歌创作大势下，与其“窈冥惝恍，纵横变幻”（《艺苑卮言》）的乐府及“绝妙古今，别有天地”（《唐诗别裁》）的绝句的艺术成就相比，李白的律诗（特别是七律）当然有所逊色（深受后代诗评家的非议）。不过，在简粹古诗与精致律诗之外，太白别走一路，那就是六句诗，特别是六句律。然而，在历来的李白诗学研究史上，却鲜有触及。

据笔者初步统计，李白集中现存的六句诗有二十三首，就大体而言，除古体诗《宿清溪主人》《思边》和杂言诗《野田黄雀行》及《三五七言》四诗外，都可视为六句律。先来看看李白新题乐府诗的“六句律”特色。

今人在论及李白的乐府诗创作时，大多立足于“借古题写现事”和“用古题写己怀”两点来突出李白“能曲尽拟古之妙”的创新之处。[30] 殊不知，这样的论述却忽略了对“太白乐府”文本篇幅的直观审视。就李白乐府诗的诗歌体制而言，我们尚可以进一步获得对其创新之功的再认识，如此处所论及的《沐浴子》《凤凰曲》和《子夜吴歌四首》六首诗，即是如此。与乐府古题相比，李白的这些新题乐府诗不仅在诗意上予以翻新，在结构体制上亦有创变，显示出逐渐向六句律转变的脉络。

《沐浴子》（用“微”韵），萧士赟：“《乐府遗声》游侠二十一曲有《沐浴子》”；王琦引胡震亨言曰：“《沐浴子》，梁陈间曲也”[31]，古辞为“澡身经兰汜，濯发傃芳洲。折荣聊踯躅，攀桂且淹留。”李白在此不仅檃栝《渔父》之意，还将其敷演为六句，“沐芳莫弹冠，浴兰莫振衣。处世忌太洁，至人贵藏晖。沧浪有钓叟，吾与尔同归”。诗意更进一层；体式上最明显的便是前二联对偶句的创制。这就为陈陈相因的乐府诗创作注入了近体律诗的风味。

《凤凰曲》（用“真”韵），《古今乐录》云：“《上云乐七曲》，梁武帝制，以代西曲，一曰《凤台（凰）》……”[32]《乐府诗集》所录王无竞的《凤台曲》（凤台何逶迤）和太白的同题作《凤台曲》（尝闻秦帝女）均为八句，与此首《凤凰曲》不同，这便是李白在常规乐府体制之外进行的另一有益尝试。

《子夜吴歌四首》（分别用“先”“麻”“庚”“豪”四韵），《乐府古题要解》（卷上）云：“晋有女子曰子夜，所作声至哀，晋武帝太元中琅琊王轲家有鬼歌之。后人依四时行乐之词，谓之《子夜四时歌》，吴声也。”[33]《乐府诗集》卷四十四中所收录的《子夜歌》（42首）、《子夜四时歌》（99首）及其变曲《大子夜歌》（2首）、《子夜警歌》（2首）和《子夜变歌》（3首）中，除了李白的四首为六句诗、王翰的《子夜春歌》为八句诗之外，剩下的皆为四句（后代拟体多是如此[34]）。由此亦可看出，李白的这四首新题乐府诗的创作不仅仅是“装新酒”，连“旧瓶”也重新更换了。这是李白“三韵小律”的又一特色所在。[35]

综上而言，不难看出，李白的这类六句诗的创作，通过对旧题乐府诗原有篇幅的加长或缩短，从而形成了新的体制风貌，以更好地包蕴新的思想内容与艺术内涵。这是李白新题乐府不同于旧题乐府的重要区别，也是李白在六句律创作上的开拓之处。

下面，再来看看李白其他六句律的创作。先以前述赵、谢二人对六句律的结构划分为参考，对李白（有六句律特色的）乐府诗以外的六句律诗作一简单的归类：

首二对后四句不对	前四对后二不对	首尾不对中二对	六句三对	六句一意不对
《游南阳清冷泉》	《春思》、《秋浦歌十七首》(其十)、《下陵阳沿高溪三门六刺滩》、《友人会宿》	《送内寻庐山女道士李腾空二首》《送羽林陶将军》	《系浔阳上崔相涣三首》(其二)	《赠卢司户》《焦山望松寥山》《下泾县陵阳至涩滩》《金陵酒肆留别》

《春思》(用四"支"韵和邻韵五"微"韵)是比较典型的"前四句对后二句不对"的六句律格式。首联咏物起"兴",如萧士赟所说:"燕北地寒,生草迟。当秦地柔桑低绿之时,燕草方生,兴其夫方萌怀归之志,犹燕草之方生。妾则思君之久,犹秦桑之已低绿也。"[36]次联从"悬想"着眼,将双方的爱情心理相比并陈,夫妻情深,甚为可悯。末句没有直抒内心无可遏制的思念之情,而是借咏于物,无理而妙,以喻此心贞洁,非外物所能动。春风撩人,春思缠绵,申斥春风,正所以明志自警。不难看出,全诗三联,层次井然,由景物描写,转入人物心理刻画,再由女主人公的反问作结,别出心裁,恰到好处。与一般律诗的起承转合的脉络相比,这样的艺术构思,不但承传了古诗("兴"法)的精髓,不以秾词艳语取巧,而且省略了多余的转换环节,深得"高简古淡"之风。《秋浦歌十七首》其十(用十二"侵"韵):"千千石楠树,万万女贞林。山山白鹭满,涧涧白猿吟。君莫向秋浦,猿声碎客心。"前四句主要写景,由树木及动物,最后叙及人物羁旅之愁。其层次结构与《春思》一诗异曲同工。这两首诗,都是在前四句中叙述描写的基础上,予以层层铺垫蓄势,最后卒章显志,读起来倍觉顺畅,容易引起情感共鸣。其他12首诗虽然在结构层次上与此不尽相同,甚至没有偶对的美感,但在表情达意的层次性与完整性方面与前二诗都是一致的。

从这个角度说,我们对李白的这类六句律诗歌没必要怀有上述两方面的疑窦而要妄加揣测(由绝句缀加而成,抑或由律诗删削而就),前述《送羽林陶将军》即是,再如《下泾县陵阳溪至涩滩》诗,王琦言:"李君实谓末二句断非太白语。"说者虽未表明具体的内在缘由,但以"今之视昔",李氏的所述原因不外乎两点:一是末二句"渔子与舟人,撑折万张篙"殊为俚俗;二是原诗为绝句,末二句为后人所加。细究一下,这两点不攻自破。该诗主要写"陵阳溪"至"涩滩"之峻狭险激,首二句("涩滩鸣嘈嘈,两山足猿猱")以水声猿鸣着笔,从整体上渲染令人惧怖的氛围,中间二句("白波若卷雪,侧足不容舠")具体描绘涩滩之险狭,从而也很自然地过渡到最后两句,以"渔子"和"舟人"为例,再次证明了涩滩之峻急险恶。末句显然是出乎夸张的语气,这与李白一贯的"想落天外,局自变生"(沈德潜语)的诗歌风格是相通的,虽语涉俚俗,但不可据此而妄加立论。严羽《沧浪诗话》云:"观太白诗,要识真太白处。太白天才豪逸,语多率然而成者……"[37]率尔操觚,援笔立就,自是太白风范,这也正是"李白斗酒诗百篇"的内因所在。因此,我们没有理由对末二句心存疑窦。就全诗而言,《下泾县陵阳溪至涩滩》正是一首五言律诗的平仄式变格,在层次脉络上与太白另首六句律《秋浦歌十七首》其十(千千石楠树,万万女贞林。山山白鹭满,涧涧白猿吟。君莫向秋浦,猿声碎客心)也是相一致的。

三、李白六句律创作的艺术启示

通过对李白六句律的细加咀嚼和综合审视,我们便可以从另一侧面发掘出李白作为伟大诗人的独特的创获之功。

如众所知,文学史中一直都存在着"复"与"变"的相互交织的内容,二者的双重变奏，共同演绎了异彩缤纷的诗苑传奇。“历考汉魏以来之诗，循其源流升降，不得谓正为源而长盛，变为流而始衰。惟正有渐衰，故变能启盛。”[38] 与“复”相比，“变”才是古诗的生命之源，所谓“若无新变，不能代雄”（《南齐书·文学传论》）。一般而言，“五古在魏晋南北朝进入高潮，七古和五七言近体在唐代前期臻于鼎盛”[39]，紧随其后的诗人大都是在这样“诸体该备”的情况下进行新的诗歌创作的，从而得以将中国的诗歌里程不断向前推进。李白诗歌与散文并举，古体与近体兼善；他的六句律创作，更充分显示了作为一位诗坛健将的大家风范。六句律虽可以看做近体律诗的变体，但它的源流终究是前代已有的历时久远的六句诗，这就从另一层面反映了李白“文学思想中浓厚的复古色彩”[40]，在诗歌内容上向古诗靠近（如上述《春思》诗），在艺术形式上也向古人学习。就此而言，我们可以说李白“以复古为革新的文学主张和创作实践与陈子昂是一脉相承的”[41]。另一方面，生活在盛唐时期的李白也时刻又思索着“变”的出路，形成了“复古”与“革新”二者并行不悖的文学理念，其乐府歌行如此，六句律也是如此。太白的六句律之所以不同于以往的同类诗歌，关键是他在创作过程中充分融入了适应时代需求的声律因素，如《送羽林陶将军》：“将军出使拥楼船（平平仄仄仄平平），江上旌旗拂紫烟（平仄平平仄仄平）。万里横戈探虎穴（仄仄平平平仄仄），三杯拔剑舞龙泉（平平仄仄仄平平）。莫道词人无胆气（仄仄平平平仄仄），临行将赠绕朝鞭（平平平仄仄平平）。”押一“先”韵，中间二句对仗工整，典型的七律变格；第四句与第五句的平仄失粘，可称“折腰体”[42] 六句律。明代谢天瑞在《诗法》中论及“七言六句律”时，惟及与此，“七言六句律作者最少，惟李太白一首在古诗中，今录出，以备一体，《送羽林陶将军》……”[43] 可见其推崇之至。以六句律的创作来“新变”盛行一时的常规律诗，这正是李白的特别之处：有古诗韵味，又不乏近体色彩，以别具一格的六句律创作继续着初唐以来对古诗的律化改造工作。这是李白对唐诗发展的又一重要贡献，故而朱熹才说：“李太白诗非无法度，乃从容于法度之中，盖圣于诗者也。”[44] 与杜甫“诗圣”的儒学色彩相比，李白的“诗圣”之称更多了份诗艺内涵。[45]

六句律作为一种新的诗体样式，六朝时即已初露端倪，前述已详，倾注多年心血为李诗作注的王琦所亦说：“六句近体，唐人时有之，本于六朝人，或号为小律。”[46] 就地域文化而言，他们的论述在另一方面也揭示了南朝风俗文化特别是吴越风习对文人诗歌创作的潜移默化的影响，仇兆鳌在作注杜诗时引黄白山语云：“吴体诗，乃当时俚俗为此体耳。诗流不屑效之。杜公篇什既众，时出变调，凡集中拗律皆属此体。”[47] 兼具地域与声律特色的“吴体诗”对唐时的诗人创作是巨大的。检索下李白现存的十九首六句律，大都作于南方（荆楚吴越地区），上述新题乐府自不待言（《沐浴子》为“梁陈间曲”，《凤凰台》为“梁武帝制以代西曲”，《子夜吴歌四首》更是典型的“吴声”）。其他六句律的创作也或多或少存在着六朝的遗响，像《金陵酒肆留别》诗中“吴姬压酒劝告客尝”句，用语运意之妙，颇受后人好评，《潜溪诗眼》云：“好句要须好字，如太白诗‘吴姬压酒劝客尝’，见新酒初熟，江南风物之美如此，工在‘压’字。”[48] 赵彦卫《云麓漫钞》云：“李太白诗‘吴姬压酒劝客尝’，说者以为工在‘压’字，殊不知乃吴人方言耳。至今酒家有旋压酒子相待之语。”[49] 胡、赵之间虽互有辨正，但都指出了吴越一域对于李白诗歌创作的巨大影响，这便是“江山之助”在李白创作实践中的典型体现。它也从另一方面反映了李白六句律与六朝六句律直接的承传渊源关系。但与六朝时期六句律有所不同的是，李白的近体六句律在声律方面更加完善，使得六朝时期转相递变的“六句三韵体”在经过初唐正体格律因素的洗礼熔铸之后，在保持自身形式特征的同时继续朝着独有的方向迈进，不断深化固有的审美特质，最终得以自成一格。与此同时，李白又在六句律创作的其他方面作了进一步的开拓，题材范围大大扩展了，创作的内容更加丰富多彩。它遗弃了南朝柔靡绮艳的文风，不限于闺怨爱情的内容，无有秾纤瑰妍的脂粉气息，在更高层次上予以加工提纯。在李白的手下，六句律不仅可以代言抒情，聊表己怀，还可以酬赠友人。[50] 这是杂体诗“振危释惫”“解颐解纷”的审美功能在李白六句律中的鲜明体现。

总之，李白的六句律创作，紧紧围绕着“复”与“变”的思想，率先垂范，取得了一定的艺术成就，并使得其后的六句律创作大放异彩[51]，这是唐宋诗坛所贯穿的“尊体”与“破体”新的诗学倾向与艺术追求的重要体现。

注释：

[1]（宋）严羽《沧浪诗话》，载（清）何文焕《历代诗话》，北京：中华书局1981年版，第689页。

[2]王力《诗词格律》，北京：中华书局1977年版，第13页。

[3]鄺化志《中国古代杂体诗通论》，北京：北京大学出版社2001年版，第12页。

[4]（明）钟惺《古诗归》（卷八），明闵振业三色本。

[5]（明）徐师曾《文体明辨序说》，北京：人民文学出版社1982年版，第109页。

[6]褚斌杰《中国古代文体概论》（增订本），北京：北京大学出版社2003年版，第257页。

[7]（清）王士祯《带经堂诗话》，北京：人民文学出版社1963年版，第846页。

[8]（明）费经虞《雅伦》卷九，清康熙四十九年刻本。

[9]（清）陈仅《竹林答问》，清镜滨草堂钞本。

[10]（清）陆时化《吴越所见书画录》，清乾隆怀烟阁刻本。

[11]鄺化志《中国古代杂体诗通论》，第238页。

[12]（宋）严羽《沧浪诗话》，载（清）何文焕《历代诗话》，第692页。

[13]（清）郎廷槐《师友诗传录》卷一，清学海类编本.

[14]这就是为什么我们对六句律的探源可以上溯到六朝时期的原因。对于“近体律诗”，徐师曾云：“按律诗者，梁陈以下声律对偶之诗也……梁陈诸家，渐多俪句，虽名古诗，实堕律体。”（（明）徐师曾《文体明辨序说》，第107页）对此，王力先生解释道：“唐以前的古诗并未避免律句，因为当时既无所谓‘律’，也就无从避免……若要古风连似律的句子都没有，实在很难。”（王力《古体诗律学》，北京：中国人民大学出版社2004年版，第150页）无论是有意为之，还是无意巧合，那时的六句诗在平仄和用韵等方面都已接近今体诗的面貌，至少也应该认为“似律”或是“拗律”。因此，我们在考察六句律这种特殊的诗体时，在平仄粘对方面，大可不必吹毛求疵。这是六句律区别于其他常规律诗的又一显著之处。

[15]（清）赵翼《瓯北诗话》，北京：人民文学出版社1963年版，第39—40页。

[16]（明）谢天瑞《诗法》卷十，明复古斋刻本。

[17]由于现有可征资料的缺乏，许多学者将六句律局限于七言六句小律，这无疑中将六句律的畛域缩小了。赵翼《瓯北诗话》卷二十三即同时标举五言和七言式的六句律，明胡震亨云：“律体有五言小律，七言小律……”（《唐音癸签・体凡》）今人褚斌杰亦同此说。

[18]林亦曾说：“从体式上看，六言近体与五七言一样，有律诗，有绝句，有三韵小律，还有排律。”说明，也存在六言式的六句律，更俟后考，见林亦《论六言诗的格律》，载《文学遗产》1996年第1期。

[19]瞿蜕园、朱金城《李白集校注》，上海：上海古籍出版社1980年版，第1007页。

[20]（明）方弘静《千一录》卷十二，明万历刻本。

[21]（明）王世贞著、罗仲鼎校注《艺苑卮言校注》，济南：齐鲁书社1992年版，第198页。

[22]（清）田同之《西圃诗说》，清乾隆刻本。

[23]（清）陈仅《竹林答问》，清镜滨草

堂钞本。

[24] 唐人习称古诗为“往体”。胡震亨《唐音癸签》卷一说唐人“以声律未协者，称往体”；《四库总目提要》卷一五〇《钱仲文集》：“其中凡‘古体’诗皆‘往体’。考陆龟蒙《松陵集》亦以‘古体’为‘往体’。盖唐代诗集标目，有此二名。”

[25] “小律”一词，出现最早当属唐代，关于“小律”之名的渊源、特点及最终定位于特指六句律，可参看文艳蓉的《“小律”考论》，载《西南交通大学学报》2008 年第 3 期。

[26]（清）汪文柏《柯庭余习》卷八五，清康熙刻本。

[27] 鄢化志《中国古代杂体诗通论》，第 23 页。

[28] 鄢化志《中国古代杂体诗通论》，第 12 页。

[29]（明）王世贞著、罗仲鼎校注《艺苑卮言校注》，第 1811 页。

[30] 袁行霈等《中国文学史》（二），北京：高等教育出版社 2000 年版，第 30 页。

[31]（明）王世贞著、罗仲鼎校注《艺苑卮言校注》，第 220 页。

[32] 逯钦立辑校《先秦汉魏南北朝诗》，北京：中华书局 1983 年版，第 1524 页。

[33]（唐）吴兢《乐府古题要解》，载（清）何文焕《历代诗话》，第 41 页。

[34]（宋）洪迈《容斋随笔》卷十六“乐府诗引喻”云：“自齐、梁以来，诗人作乐府子夜四时歌之类，每以前句比兴引喻，而后句实言以证之。至唐张祜、李商隐、温庭筠、陆龟蒙，亦多此体，或四句皆然。”可证之。

[35] 王力先生曾对《子夜吴歌四首之三》（长安一片月）的诗体特征提出新的观点，“我们之所以不把它认为‘三韵小律’者，只因中间一联不成对仗而已。”（王力《古体诗律学》，第 153—154 页）这然有悖于传统对于六句律的划分标准（如前述谢天瑞、赵翼二人对于“六句律”的诗体形式即举有“六句一意不对”一种）。

[36]（明）王世贞著、罗仲鼎校注《艺苑卮言校注》，第 448 页。

[37] 严羽《沧浪诗话》，载（清）何文焕《历代诗话》，第 698 页。

[38]（清）叶燮《原诗》，北京：人民文学出版社 1979 年版，第 8 页。

[39] 袁行霈等《中国文学史》（二），第 3 页。

[40] 王运熙《李白文学思想的复古色彩》，载《沈阳师范大学学报》2003 年第 2 期。

[41] 张瑞君《李白与陈子昂》，载《太原师范学院学报》2007 年第 1 期。

[42]（宋）魏庆之《诗人玉屑》卷二“折腰体”谓“中失粘而意不断”，并举王维《赠别》（渭城朝雨浥轻尘）为例。

[43]（明）方弘静《千一录》（卷十二），明万历刻本。

[44] 黎德靖编《朱子语类》，北京：中华书局 1986 年版。

[45] 许德楠《“诗仙”、“诗圣”内涵的定位及外延的嬗变》，载《宁夏社会科学》2003 年第 4 期。

[46]（明）王世贞著、罗仲鼎校注《艺苑卮言校注》，第 1007 页。

[47]（清）仇兆鳌《杜少陵集详注》，北京：文学古籍刊行社 1955 年版，第 127 页。

[48] 郭绍虞《宋诗话辑佚》（上），北京：中华书局 1980 年版，第 321 页。

[49]（宋）赵彦卫《云麓漫钞》，清咸丰涉闻梓旧本。

[50] 谢天瑞在《诗法》卷十中于“五言六句律”认为“五言六句法，但可放言遣兴，不可寄赠。”严羽《沧浪诗话》也持同样看法。但李白则打破了这一传统的局限，充分发挥六句律的酬赠功能，集中如《赠卢司户》、《系浔阳上崔相涣三首》（其一）、《送内寻庐山女道士李腾空二首》、《送羽林陶将军》和《金陵酒肆留别》等。其中不少诗歌是用于比较正式的赠答场合，恰到好处。

[51] 唐代的白居易、韩愈、孟郊和北宋时的苏轼、黄庭坚等人均有不同数量的六句律传世。特别是白居易的六句律，即深得赵翼的激赏，《瓯北诗话》卷四：“香山于古诗律诗中，又多创体，自成一格……至如六句成七律一首，青莲集中已有之。香山最多，而其体又不一。”

（作者朱少山系广东省东莞市石龙中学教师；张文芳系广东省东莞市东华高级中学教师）

潜夫后录短札

程羽黑

天 地

天地者，万物之逆旅也。夫昔航海者临行之夜，宿于港口之逆旅。及明日出海，至老始归，入港之夜，犹宿于当时之逆旅，而见其招牌犹是也，房舍犹是也，门户犹是也，台上之灯烛犹是也，墙角之床铺犹是也，挂墙之肖像犹是也——顾微添斑驳耳。然逆旅之主人，已为故人之孙矣；同行之少年，皆非当时之旧矣；当时之旧，或葬鱼腹，或病败血，或死于海盗，或杀于毒箭，皆已中途歧散矣；而逆旅如故。使人怃然者，其变也；而形其变者，其不变也。不变者，逆旅也。设一切皆变，吾焉知其变耶！吾将自谓至于异地也。游子至于异地，而人诳之以故乡，游子乃愀然变容，喟然而叹，涓然而泣，是其所以伤者，乃不变之名耳。

鸱 枭

昔之夜，犹夫今之夜乎？当秋冬日暮，沉寒在野，高风满林，夜枭乘风而起，助天地之霜威也。当其时，生物欲号呼而不得，潜伏于草莽洞穴之中，以待天时之变。枭或游于天，或栖于树，眼如碧火，声如孩笑，见草动而飙击，一发而中，则撕扯其所猎而恣餐之，爪毛带血，神色漠然，无情也夫！然枭者，大哲所美，黄昏展翅，是天与其恶声，以振众生之暮气颓唐也。故枭啼之夜，虽甚严酷，实有张力。不意日暖而万物踊跃，鸱鸺之属不能独霸其天，而洋洋盈耳者，乃鸡狗争嘈之声。鸡狗争嘈者，彀音也，猥然不知自止，徒以烦心，安能惊心！盖枭道者，杀道也，亦英雄之道也；鸡狗之道者，常道也，亦濡需之道也。非凡庸无以适诸天下之好。唉！难矣哉！枭声作而天下悄，寒夜临而众生苦；枭声小而杂音起，暖风至而是非生；四时循环而不忒者，是天道也；千载相寻而时有者，其人道乎！

明 义

剑直而刚，钩曲而斜，然钩者所以锁剑也，或曰：钩之斜，钩之曲，所以破剑之刚直也。则学剑以破钩，是犹缘木而求鱼也，无所用其巧，不亦宜乎！虽然，不待钩出而先决敌之首领，则剑之用存焉。故剑者，非所以争钩也，所以制人也。譬诸人道，正者，非所以克邪也，所以化人也；人皆化于正，是犹不待钩出而先决敌之首领，邪可不攻自灭矣。司马温公之言曰：“君子以正攻邪，犹惧不克；况以邪攻邪，其能免乎！”盖君子日习于正，小人日习于邪，以邪攻邪，是以我之所疏御彼之极狃，固不免败；然小人习邪，譬钩人习钩，欲以锁剑也，君子以正攻之，譬剑客以剑攻之，是以我之所虚当彼之极亢，又不免败矣。晋申生惧废，里克告之曰：“修己而不责人，则免于难。”而卒不免难。盖正者，非所以辟邪、全生之具也。修己而不责人，理当为也，非所以免难也。免难者存乎智略时运，无与于正也。而君子有不辞之死，无苟且之生。故以克钩责剑者，是不知剑也；以胜邪求正者，是不明义也。剑豪知剑之所长，故能侧身万刃而无伤；圣人明义之所在，故能曲成万物而不遗。

无 谓

世人扰扰，每觉无谓。英雄宰割天下，赌掷乾坤，化五千年史为相斫书者，不过屠夫、赌徒之尤耳，何必横索高名耶？虽然，快意格斗，宅心杀戮，以万民号为鼓吹，视众生血为美酒，亦足长人意气。次者，君子优游无事，揖让而升，以弓马之争为雅兴，虽无益世务，亦足昭显世家。次者，士大夫之雅集，以文会友，精意覃思，雄才快笔，初无第一，各呈锋芒，美宝为质，雕摩益光。次者，商贾居行无常，出入千骑，连山到海，天下为疆，一怒而诸侯惧，再怒而敌国破，三怒而天子行，虽本诡道，其争亦足以惠。次者，斗剑、赛马、蹴鞠、弄潮之流，乱天下之耳目，每一胜败，则悲喜之声满阛阓，游侠恶少，争相标榜，不复知有汤武。虽然，亦一技之雄，非常人所能为也。世人扰扰，虽曰无谓，亦尚有可观者如此。最无谓者，溺口角之争，发无聊之覆，矜一曲之见，鼓静川之流。今有一卖笑妇人，至乡鄙之地，曰：我，淑女也。乡鄙之民无所见，遂以为此淑女也。复有一旅人，亦尝过名都而观天下之淑女，见此女居然卖笑妇人也，乃奋袂攘襟，怒目切齿，曰：“汝，非淑女也。吾尝过伊洛，见淑女某君，彼不着此衣裳也；又尝过西京，见淑女某姬，彼不敷此脂粉也；汝着此衣裳，敷此脂粉，异于某君某姬，汝岂淑女耶？”乡鄙之民闻之，慨然曰：“子诚见多识广人也，我等无知，乃以着此衣裳、敷此脂粉之人为淑女！”卖笑妇人见乡鄙之民去已，乃不忿曰：“汝所见皆前朝之淑女也。汝不见颍川淑女某卿，亦着此衣裳耶？汝不见清河淑女某氏，亦敷此脂粉耶？”乡鄙之民又惑，喟然曰：“是亦理也。”二人遂争执不休，如秋日风雨之交鸣，乡鄙之民或宗此，或从彼，众口纷纭，有如蛙噪。又有过路博士，太学之徒，旁搜远绍，详征博引，此则鸣蝉也。呜呼！礼云礼云，玉帛云乎哉？乐云乐云，钟鼓云乎哉？况以衣裳、脂粉为淑女哉？宜其不能得淑女为妻，而终生不脱“无谓”二字也。

云 光

云光说法，天花乱坠，而虚幻妙丽之花，落地成质实冰冷之石；雨花台者，盖花之坟场耳。夫世运轮转，或当天下无道之日，每有换世之说出，激天下之热血，少年闻之而神王，以为救世之法莫若此，率一往之气，欲毁万恶于指顾，致天国于人间。其一二豪胆颖锐者，乃为命世之雄——指挥能事，汇亿万生民之血泪以灌其苗；驰骋雄心，封一世英才之抱负以填其路。而生民、英才固无怨言，曰：我之血泪、我之抱负，所以灌此苗、填此路、为后世求福山耳。然苗成大树，尽结万恶之果；路出平川，直通地狱之门；欲求旧日之世而不可得，始信花非花也，石耳。收场诚可笑矣，又何可笑之有？诸神不仁，以血泪为墨，英雄为笔，而为潦草之剧本，不亦虐乎！

方 便

昔昭觉克勤艳诗证道，亦有说焉。拈艳情以说至道，非徒取悦众生，收华山女升座演诀之效也。盖理有可阶而至者。此又当分二说。一者，以道之反明道之通，以示道之无反，怀抱一切，庄周所谓“每下愈况”者是也。夫万法变现，莫不由道，色天享禅悦，蛆虫食粪土，其理有通者焉。故佛敌所构，不逃于佛智；真谛所破，不二于真如。构也，破也，亦道之所化而已。实相之体，不落二边；胜义理中，有无俱遣；法眼观之，则色天同于蛆虫，空居不异地狱。故艳情者，其与道隔，则如禁欲自苦者；其与道通，则如优入圣域者。故取艳情说法者，乃征迹于内而非取譬于外也。此则一也。慕色者，人之性也。“王请大之”者，非大其欲，大其慕也；“如好好色”者，非好其色，好其好也。人有好色之心，适与我佛方便耳。《观音玄义》：“行于非道通达佛道”，故黄叶代金，儿啼以止；鹿车诱子，火宅以出；若无欲得之心，则自绝精进，永堕顽空，为八识田中来生种矣。此则二也。

真　学

世有学之甚众而不能工者，盖示人以浅，其难处如齐人素空透明之网，虽无形迹，而有实质，故鸟雀见食喜投而不见，鲜能逃其张罗；独鹰隼敏锐，且所志在远，故不贪其食，搏鹏九天，而所得往往与网罗所覆同；人以为学之，实则不学而能也。盖目之于色，有同美焉，安用学也？运用之妙，存乎一心，又安可学也？师心独化，钩深致远，是真学也。

世　说

《世说》：“王长史登山，大恸哭曰：‘琅琊王伯舆，终当为情死！’”情者，不得不然也，彼始能识此不得不然，是觉也；然觉此而茫然心死，若傀儡忽知人之操己，则其悲甚于随人俯仰而不自知之傀儡也。“有智故悲”，然其智既非遍照，故其悲亦不能济生，适以伤己愈深；其人，穷途之世家子，非证觉之贤者也。小智之觉，同于大惑，不亦哀乎！不若曹子桓知人生之苦，而能以“策我良马，被我轻裘。载驰载驱，聊以忘忧”自宽也。人或谓之“消极”，然焉能以所谓“积极”蒙其智哉！且努力加餐，酣饮纵游，能通文武之趣味，作为万世不刊之文章，是能开路于虚无，起航于寂灭，“积极”者莫大于是，安所诋哉！

与　友

昂藏七尺之雄，当若猛兽鸷鸟之发，割鼎脔，取亿万之利，钓长鲸而拔龙牙，岂能与刀笔为伍哉！虽以刀笔而得天下，不贵也，子何以尘埃猥琐之事，轻此一别耶！“一点浩然气，千里快哉风”，但存浩气于胸中，则尔为尔，我为我，虽万天魔袒裼裸裎于侧，安能污我哉！虽左顾皆拜迎，右顾皆鞭挞，上顾皆汹汹，下顾皆蠕蠕，安能尘我哉！子诚能如此，则一旦解脱，扬舲万里，期海上之雄观，卜无旦之剧饮，大雨洗尘，长风晞鬓，不亦快乎！

心　志

今之文学史，每好论诗人之“心态”，曰：此人积极也，此人消极也；或曰：此人得秉太阿，则积极也；一旦黜落，则消极矣；或曰：此人积极也，乃近儒家；消极矣，则入佛老。如此论之，无乃太易！且此“积极”与“消极”，果有定是哉？若悟此身如寄，而能脱忧生畏死之烦恼，觉此世为梦幻，而更以忘我尽欢之心投入之；则是积极耶？彼固不信人生为真实也；消极耶？彼固未尝灰心于世事也。强言之，则彼之“消极”正所以成其“积极”。故不昧因果，转能不囿因果；不讳虚无，每得不住虚无；其揆一也。且出世与入世，固可同时具于一心，不必有先后也；盖经世为平素之职志，超世为究极之目标；鱼与熊掌，或不能兼得，未始不能兼求。《艺概》：“太白与少陵同一志在经世，而太白诗中多出世语者，有为言之也。屈子《远游》曰：‘悲时俗之迫厄兮，愿轻举而远游。’使疑太白诚欲出世，亦将疑屈子诚欲轻举耶？”按《远游》写养生轻举之法甚细，使屈子诚能轻举，何必疑屈子诚欲轻举耶？亦不必谓诗仙出世语为“有为言之”，以逸气飘飘之李太白为大言炎炎之王广陵也。职志未完，目标难至，俱可憾也，非舍此而即能入彼，执彼而不能及此也。或以入世为“积极”、出世为“消极”，是不知心志之多样也。

天　下

天下有二道，出与处也。夫人之处于山野莽泽之间，不出则已，出，则必服雄剑、开丰镐。陈髯：“神仙将相讵难为，万事取之以气。”此于丈夫，非难事也。归，则荷芰衣，凤吹以娱山鬼，而以陶朱为污。辛帅：“意倦须还，身闲贵早。”此于丈夫，又非难事也。难者，处于华堂绮筵间，而欲抚剑、扬眉、振衣、排闼而出；此之谓冲决，此之谓破碎；虽于丈夫，亦难事也。盖不知华堂外实有何物，不知，所以惧也。夫丈夫，虽兵锋猬集而不避者，以知义也。虎豹不知死，丈夫亦不知死，而虎豹股战，丈夫则否，以知义也。丈夫固惧不知者。绮筵者，醉也。上坐者割鲜肥，下坐者分羹啜，隅坐者得残冷，一切不平，皆以醉掩；合尊促坐，男女同席，履舄交错，杯盘狼藉，一切秽恶，皆以醉掩；折腰不媚，与伯相背，绿酒一遍，再拜三愿，一切厚颜，皆以醉掩；构亦醉也，斗亦醉也，天地不仁，以“醉”痹之，复以“不知”惧之，使人局促陷溺不敢出。庄辛之言曰：“黄雀俯噣白粒，仰栖茂树，鼓翅奋翼，自以为无患，与人无争也。不知夫公子王孙，左挟弹，右摄丸，将加己乎十仞之上，以其类为招。昼游乎茂树，夕调乎酸咸。”王观堂“陌上金丸看落羽，闺中素手试调醯。今朝欢宴胜平时。”盖本之矣。夫雁之落矣，陈于杯盘，以佐欢宴，以煽醉氛，雁之悲也。雁悲而人欢者，人之悲也。夫雁其小者，人因是矣。陈于杯盘，佐大化之欢宴，煽诸神之醉氛，津津然而不知其悲者，人之大悲也。寓言有之曰：一戏子见堂下火起，乃入室告诸人曰：失火矣。人以其戏子，不信也，而以其言为戏，大笑之。戏子复告，益笑之。是人之皆醉，不可救也。佛所说火宅，与之不谋而合矣。然茧不可永，终须化蝶；人类亦不能长蠕蠕于此宇宙间，坐待胎死，皆当抚剑、扬眉、振衣、排闼而出，谓之冲决，谓之破碎，顾须先知觉后知耳。

真　切

予尝闻人曰：某诗玩弄小技，固违诗家拙重之旨，又失真切之感。然真切之感者，非技巧之所能得，亦非技巧之所能掩也。不精不诚，不能动人。然以真情为诗之一端，是蔑诗也，亦蔑情也。黄山谷“臣结春陵二三策，臣甫杜鹃再拜诗。安知忠臣痛至骨，世上但赏琼琚词”者，非惜世人不能赏其真情，正责世人以其真情为赏。夫人之真情，固不为示人而设，喜则独喜，悲则独悲，适然而笑，怆然而泣，乃不得已而发，若非矫情而自欺者，谁欲人见耶！而诗人乃宣之于诗。太史公曰：“《诗》三百篇，大抵贤圣发愤之所为作也。”若非实有不得已之情，谁肯写心于露布耶！故诗人者，实承受莫大之痛苦，而暴情于诗，若有耻之人裸裎于街也。元结之策也，杜甫之诗也，皆诗人之情所发，血泪狼藉，痛极骨髓，而世人乃赏玩之，谓其词真切感人，若贵人之观悲剧，曰净化也，曰审美也，曰高雅也，已唏嘘矣，已涕泣矣，已怜悯矣，而终是以无涉之心，以示己之闲趣耳。神见凡人罹灾，若非我事，谓之恶神；若隐于人所不见处以视其真切反应，而以此为趣者，是撒旦也；菩萨则终不断烦恼障，欲与众生共苦，所谓“地狱不空，誓不成佛”是也。人见病狗欲死而起赏玩之心，不可谓之善人；而世人之视诗人曾不若狗也。圣人曰：“乐而不淫，哀而不伤”，以戒诗人之勿失中和耳，非谓视诗当以赏玩之心也。故以真切责诗，则是以诗人为戏子，辱莫甚焉。以真切责诗愈甚，则伪诗愈多，而复以真切责之；环之无端，吾不知何日已矣。故曰：诗人既以生命为之，读者当以生命契之；不然，是侮诗也，是侮情也，是自侮也。

词　人

王观堂曰："政治家之眼，域于一人一事。诗人之眼，则通古今而观之。词人观物，须用诗人之眼，不可用政治家之眼。故感事、怀古等作，当与寿词同为词家所禁也。"予谓"通古今而观之"，乃指其眼界通脱，非谓心亦通脱，若诸神坐高山之上，以不干己之心俯视人间也。咏项羽也，若小杜、荆公辗转为其着地设想，是政治家之眼也；若阮步兵广武之叹则诗人之眼也。然老杜诗中敷奏陈谋，皆为国家设想，似政治家之眼矣，而诗人之眼，莫大于是，何则？政治家之眼，不离己身之功利，故诗人以政治家之眼观物，虽设身处地，而心固无与焉；故曰"域"也。小杜之为重瞳设想也，曰"卷土重来未可知"，王氏所举罗昭谏"君王枉把平陈业，换得雷塘数亩田"，皆惜矣，然此"惜"实非切身之情也，只如观他人棋，虽有长吁短叹，终不似亲炙之喜怒结胸呕血忘忧也。诗人之眼，则通天下以一气，故虽不设身处地，而有铜山西崩，洛钟东应之效；若项羽战于巨鹿，诸将皆从壁上观，未始参战，而固慑于雄烈之气势，既破秦军，入辕门，则膝行而前，莫敢仰视矣。老杜之咏诸葛，则曰"日暮聊为梁甫吟"、"长使英雄泪满襟"，是不知诸葛之为诸葛，杜甫之为杜甫，不知汉为汉，唐为唐，直欲磅礴万古以为一也。要害未塞也，猛将未起也，诸侯麻痹也，异族跋扈也，皆泻之于诗，纡虑老谋，补偏救弊，人以为政治家之眼，域于人事，世俗之徒目为"愚忠"，实不知其通体皆情，忠者无所不忠，痛者无所不痛，丧一人如丧天下，如此则真诗人之眼也，岂如政治家哉！政治家之惜也，所谓"前车之鉴"，惜他人而实为己资耳。题为"感事""怀古"，岂真"感""怀"耶？利之耳，玩之耳，示天下以才情闲趣耳，此则袁子才之所津津，而真诗人之所深恶也。

志　笔

锺嵘谓阮步兵诗"厥旨渊放，归趣难求。颜延年注解，怯言其志"，予谓能言其志固佳，然若问阮公，则彼或当曰："唉！予知之，将语若。中欲言而忘其所欲言。"能确言其志之诗，未必若不能确言其志之诗。试各取两诗，皆臻妙境。一诗则确言其志，然后服膺太息曰：妙哉！如此之志也，用此种方法表达之；我虽有志，惜无笔也。然则其妙者，笔也；是则诗所增于志者，技巧耳，方法耳；是则诗与注释本同，诗为花巧、形下之注释，注释为质实、形上之诗也；审尔，诗人与政客有以异乎？志笔可分，互为壁垒，笔加于志，若外道之增见，非胜义之圆融，曰此为诗之至境，则吾不信也。一诗则不能确言其志，然读者心与句游，目击道存，是则笔与志不能脱，志非笔不表，盖笔无自性，志亦无自性，两者必互待以成大缘起陀罗尼法；若列车之行轨道上，车与轨固二物也，然列车非轨道不能行也。故注释能通其典故，而不能复其意蕴；人问其意蕴，诵其诗而已。"曹源一滴水"，孰能多问耶？"归趣难求"者，何必有归耶？老杜诗曰："独立苍茫自咏诗。"立此苍茫，诸念纷至，若晚霞之蒸蔚也，七色混茫，安能辨其赤耶？紫耶？又何必辨之耶！诗之为言，固能尽常言所不能尽之意也（予此论与钱默存"意境有余则篇幅见短"论边似而论柄异，读者有以见之）。

一　我

鲍参军："灭志身世表，藏名琴酒间。"古之不得意于当世者，或采夷、由、惠、鲁连之高蹈，萧然灭迹，游心快意于云、月、琴、酒间。或张弦索，泛金尊，"北堂夜夜人如月，南陌朝朝骑似云"，亦游心快意于云、月、琴、酒间。然鸟兽不可与同群，吾岂能效沮溺而不惭耶？“粉白黛绿者，俱是火宅中狐狸、射干之流”，吾岂能死于醇酒、妇人下，循信陵君之故步耶？此二者吾尚不为，又岂能与犬羊鲁暗之徒，攘攘逐臭于市朝哉！三千世界，心生心杀，子岂能役父耶！物岂能物心耶！世界岂能转我耶！吾当于重重世界中，为一我耳，岂特九重城阙哉！

事有

事有无庸数谋、不证自明者，而世数谋共议而不厌，何哉？岂民不足论事欤？恶！是何言！切身之事，谁不关心；而竞作无益之谈者，当事有以导之也。当谋当证者，皆要领也。谋无庸数谋者，则当谋者不谋；证不证自明者，则当证者不证；如此则上得以专其要领，独断是非，人无如切身之事何矣。而人或自得焉，曰我果与决事矣，上不我欺也；上亦利之焉，曰汝既与决事矣，何慕于人耶？若有人恶其纷乱无聊，则暗示曰：与决事者不过尔尔，民不足论事也。人入其彀，谋非所谋，证非所证，则如掘坑以填土，并葬年华矣。

史义

史之义大矣哉！乱臣贼子惧者，殆非张皇之辞也。岂特乱臣贼子，大人君子亦然，患名实之不称也。夫小民，则未必望史能绎其悲欢、条其事迹，唯惧其吞噬之威、混茫之力耳。吾闻之庄生：“亲之所言而然，所行而善，则世俗谓之不肖子；君之所言而然，所行而善，则世俗谓之不肖臣。而未知此其必然邪？世俗之所谓然而然之，所谓善而善之，则不谓之道谀之人也！”小民昏昏然不敢自外于俗，而耳闻目见者，或向日所云一尘不染、一丝不苟之圣贤，忽为豺虎不食、有北不受之鬼畜；或今日无人不知之事，诘朝而成无人可征之案，几疑世人皆为宋阳里之华子矣。小民昏昏然不敢自外于俗，口唯称是，而心未协，乃见众人所言，悉本太史所录，初则惊，继以惧，然后泯然，遂融于世俗。史之力大矣哉！吾闻之西人：“得现在者得过去，得过去者得未来。”腹我育我，未足为父母，史曰父母，然后为父母；行迹宛然，未足为有，史曰有，然后为有；尧舜之行，未足为善，史曰善，然后为善；生杀予夺，是为神，能得现在而操史者，神也。

关节

或以吾国之传统为陈腐可厌，此等人固一噱可了，而深思之，则隐有一大关节也。盖吾国之文化，虽无处不美，极尽精致，而犹有一大特性，乃其气象之光明远大，渊广浩瀚，若日之临海，山之聚云，然后益显其恢弘阔大也。此等气象，皆赖一绵绵无绝、沛然莫御之源，源毁流断，则虽百工呈巧，万马齐鸣，固不能救此文化之凋敝喑哑也。即以城方之，唐之长安、宋之汴梁，以万国汇通之地，而能生机郁其中，气象流其外。及时过境改，虽执政不仁，驱万民以葺其宫室、填其里巷，能伪定一时之规模而不能复其煌煌矣。故欲倡言文化，首当除其塞源之石，浚其故经之道，若徒执一曲，考索支流，则海为死海，山成假山，翻令心向往之之徒覆酒杯而叹萧索矣。

大义

名士拘于名分，必欲别正统僭位而后止，飘风骤雨，孤舟将沉，一舟生灵，命悬针稻，海客舟人，大声疾呼，而名士罔闻，不肯同舟共济，弭争息辩。尔曹所争，大义名分，长鲸不辩，大鱼无知，一旦沉没，魂升魄降，正统异端，俱为美食，比邻鱼腹，葬身之场；排列鲸牙，悬尸之柱。名为名士，究非名士；谢安名士，乃真名士。母后临朝，名分所无，彼乃扶之，以安江东。反经合道，辉映千古。为名死民，臧洪之流；虽称义士，其无后乎！

（作者系复旦大学博士研究生）

特色独具 历久弥新

——评冯其庸《中国文学史稿》

薛天纬

冯其庸先生的《中国文学史稿》（以下简称《史稿》），在编入文集前，原是一份油印讲义，写于1956至1958年。当时冯先生尚是三十出头的青年，两年前刚调到中国人民大学任教，主讲新闻系的《中国古典文学》课。课程由作品选和文学史两部分构成，《史稿》就是他为文学史课程撰写的讲义，自周代讲到宋，约70万字。冯先生在新写的《自序》中说，元代至明清的讲义也写过一部分，没有来得及交付打印，在“文革”中被抄家没收，未能保存下来，这当然留下了遗憾。但就是现在这部《史稿》，在“文革”中也已经被抄家毁灭，幸亏冯先生当年的两位学生珍藏了它，才使它得以在半个多世纪后出版面世，我们又不能不为冯先生，也为今天的读者深感庆幸。

这部文学史能够在那个年代写成并留存下来，真可谓凤毛麟角。这有两层意思：首先，是《史稿》的内容。那是政治运动搞得如火如荼的年代，作为学者尤其是冯先生那样的青年学者，很难安坐在书斋里埋头于业务和学术；退一步说，即使搞业务、写著作，指导思想也必须突出政治，突出阶级矛盾和阶级斗争，少谈艺术，更不能触犯“阶级调和”“人性”这类禁区。这些时代特征不可能对《史稿》全无影响，然而，作为那个时代的过来人（我是1959年进入大学中文系读书的），当我今天从头至尾阅读《史稿》时，我敢说，从内容看，时代特征所留下的痕迹相当淡薄。《史稿》内容的科学性是经得起时间考验的，至今仍不失为一部有价值的文学史教科书。其次，是撰写《史稿》的工作方式。在冯先生撰写这份讲义的年代，类似的教科书必须由一个集体来编写——不知何故，这种状况一直延续到今天，文学史教科书基本上仍然是集体成果而绝少个人著作。冯先生当时一身兼作品选与文学史两门课程，在完成繁重的课堂教学任务的同时，他凭着深厚的学识功底，也凭着高度的责任心和勤奋精神，边授课边写讲义，在两年时间内独立完成了这部《史稿》。迄今为止，作为个人著述且具有相当规模的中国文学通史，如冯先生之《史稿》者，仍属罕见。

正因为这是一部个人著作，所以它既有一以贯之的学术观点，有完整的知识体系和结构框架，又有鲜明的个人特色，包括语言表达特色。其主要特色，正如冯先生《自序》所云：“我对文学史的讲解，重点是讲作家和作品，我觉得对作家特别是对作品理解透了，那么再从理论上去认识它就较为容易了。其实单纯的理论是空的，必须有作品去充实它，空洞地记一些理论毫无用处。所以我是着重从历史背景的角度和作品思想内容、艺术特色的角度来讲的。讲完了这些作品，再从史的角度理一遍，这样对文学的发展脉络就清楚了。”这一特色有多方面的体现。

《史稿》在每个重要及比较重要的作家名下，或重要的文学现象之下，都选录了足够多的作品。选录作品重视其完整性，一些重要诗文，即使篇幅很长，也全文录入，如白居易《长恨歌》《琵琶行》，元稹《连昌宫词》，欧阳修《与高司谏书》等。如讲苏轼散文，将《前赤壁赋》和《后赤壁赋》同时录入。甚至对于一些持否定评价的作品，也适当选录，如南朝宫体诗。需要指出的是，当年将宫体诗这样的作品选入教材，弄不好就可能受到批判。《史稿》为了真实反映一个时代文学的面貌而不弃这些作品，应该说是承担着相当风险的。

《史稿》对重点作品都作了详细讲解。如讲《离骚》，先是分成十八节，逐节分析；接着又归纳为三部分加上末尾的“乱曰”，作了总体性回顾。讲《鸿门宴》用了近7000字，相当于一篇中等文章的篇幅，从时代背景、人物形象、中心思想、写作技巧等诸方面作了详尽精到的分析。《史稿》讲作品，有时形同文学鉴赏。如讲到刘邦在鸿门宴上问张良“为之奈何”，又问樊哙“为之奈何”，分析说：“这些话是不是表示他无主见，遇事犹豫不决呢？不是的，这正是他善于用人能吸取众人智慧的一种表现。这显出他的领袖才能，和项羽的有一才智出众的范增而不能用，恰成鲜明的对照。” 又如讲《子夜歌》中“小喜多唐突，相怜能几时”二句，曰：“一种儿女小窗喁喁而又风波忽起的生活情状，写得多么真实传神！”这样的例子不胜枚举。分析作品时，体会如此精微，针线如此细密，实非一般文学史教科书所能为。

《史稿》在分析作家思想及作品思想内容时，不满足于四平八稳的一般性说明，而常有独到的见解。比如，讲到司马迁的思想，除了肯定他的朴素唯物主义自然观和朴素的唯物历史观之外，特别指出：“司马迁的思想，还有一点很值得我们注意的，是他在当时已经能够运用经济观点来解释历史事件。比如在《货殖列传》里，他把贤人、盗贼、妓女等各种各样形形色色的人物的行为动机，都解释作：‘其实皆为财用耳。’在《平准书》里说：‘钱益多而轻，物益少而贵。’就发现了通货膨胀，

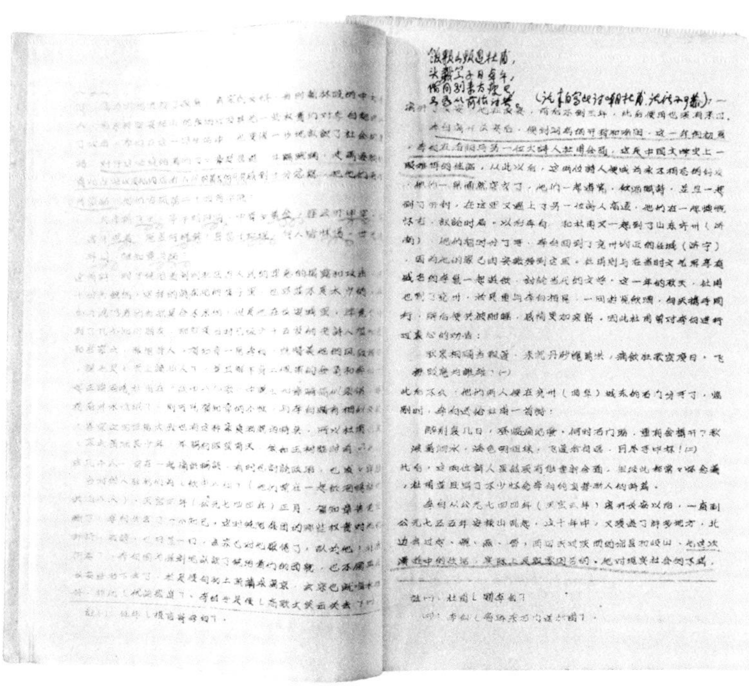

冯其庸《中国文学讲稿》书影

物价昂贵的原因。”20世纪50年代，人们是很少思考讨论经济问题的，《史稿》慧眼独具地指出司马迁的经济观点，实属难能。讲到孟浩然诗歌表现怀才不遇心情，在征引了《临洞庭湖上张丞相》《岁暮归南山》《留别王维》诸诗后，针对闻一多的说法提出了商榷：“闻一多先生认为他是一个‘为隐居而隐居’的隐士，既不是沽名钓誉，也不是因为有什么不得已。纯然是对于汉末隐士庞德公的神往与默契。我们根据他的生平事迹和前面这些诗篇来看，恐怕闻先生的说法只是指出了他隐居生活的一面，而忽视了他矛盾心情的另一面。”冯先生的看法显然更全面，而且，在教科书中展开学术讨论，是十分罕见的做法。这种学术讨论在《史稿》中屡见，如在讲《古诗十九首·行行重行行》时，为了说明此诗是“游子思乡念妇之作”，而非“思妇念游子之诗”，便将全诗逐句加以疏解，尤其对“游子”的词义作了详细考辨：征引《乐府诗集》所载“古辞”《长歌行》，指出“这首‘古辞’里的‘游子恋所生’，很明显的是游子自称”；又征引《文选》所载“拟作于东汉灵帝、献帝时的苏武、李陵诗”（并引逯钦立说法来证明苏、李诗产生的时代与《古诗十九首》约作于东汉之说的时代相近）中“携手上河梁，游子暮何之”“请为游子吟，泠泠一何悲”“征夫怀远路，游子恋故乡”诸句，指出“苏、李诗中之‘游子’皆指游子自身”；甚至还征引了后世之晋人陆机和唐人孟郊的诗句，来证明“游子”是“游子自称”。这些考辨，无疑给《史稿》增添了很多学术价值。

说到《古诗十九首》，在这里不能不强调《史稿》对它的整体性评价：“《古诗十九首》是从乐府诗的叙事到诗歌走向人生的咏叹和抒情的一大历史性的跨越。《古诗十九首》正是以它的人生咏叹及对生命的珍惜为其最大特征开启后人的。”这是从“人性”角度对《古诗十九首》内容的充分肯定。《史稿》讲《古诗十九首》的篇幅约5000字，未着一字贬语。而在我的记忆中，当年对《古诗十九首》的思想倾向是严厉批判的，因为诗中有“生年不满百，长怀千岁忧。昼短苦夜长，何不秉烛游。为乐当及时，何能待来兹”等明显表现“消极颓废情绪”的句子（这些诗句《史稿》都引用了）。由《古诗十九首》的例子，可以知道冯先生的思想倾向，我们不能不对他表示由衷敬佩，不但敬佩他学术见解的深刻，更要敬佩他不从流俗的学术勇气。

《史稿》特别重视对作品艺术特色、包括写作技巧的分析。比如，全文选录了墨子《公输盘》，讲它的写作方法，其中一点是严密的逻辑性。《史稿》于此详细讲了逻辑上的三段论式，讲了用大前提和小前提推出结论的过程，特别讲到在推论过程中要注意三点：一，两个前提都要正确；二，只许有三个名词；三，两个前提里要有一个名词相同，小前提和结论里要有另一个名词相同。在文学史中讲逻辑，我想一般教科书是绝不会这样不惜笔墨的。《墨子》原本不具有什么艺术性，《史稿》尚能讲出它的诸多写作特色来，遑论那些艺术性很高的诗文作品了。这些艺术分析，大都与作品内容的分析融成了一体。试以欧阳修《醉翁亭记》为例，看看《史稿》对诗文名篇是如何进行艺术分析的，兹照录《史稿》原文如下：

这篇文章，在艺术上尤有鲜明的特色。本文自开首“环滁皆山也”起，先从滁州周围讲起，逐步将描写的范围缩小，从“环滁”说到“西南诸峰”，从“西南诸峰”说到“琅琊山”，从“琅琊山”说到山中之“泉”，从“泉”说到泉上之亭。这篇文章题为“醉翁亭记”，顾名思义亭是全文的主题，作者使用逐步收缩的方法，使主题突出起来。但作者本意并不在说亭，而是要说人，故即顺手点明作亭之人和命名之人，很自然地便从亭说到了人。“太守自谓”一句，轻轻一笔，巧妙地把亭和人结合了起来，使以后文章，虽然着力写人而不觉其越出范围。

“太守与客来饮于此”几句，一方面解释了“醉翁”两字的意义，但更重要的是文章又从“亭”逐渐扩大，向着时间和空间扩大，时间方面，有朝暮、四时之景，空间方面则有男女老少往来不绝的滁人之游和坐起喧哗的太守之宴。这段文字，具体地描写了山水之乐，反映了劳动人民在封建社会比较安定时期的和平生活，也是北宋统一将近百年间社会逐渐繁荣安定的一个侧面描写。

文章写到这里，场面又已相当扩大了，作者却巧妙地从上文所说的“朝而往，暮而归”一句话，在众宾喧哗，其乐正浓的时候，极力收缩，从“已而夕阳在山”句以下，便层层收缩，“太守归而宾客从”一句，收缩了太守饮宴游乐的场面，同时又在这一句中突出了“太守”，以与前面提到的四次“太守”和两次“醉翁”相对照，唤起人们的注意。“游人去而禽鸟乐”一句，又收缩了滁人之游的场面。至此则前面所展现出来的画面，又已经层层卷叠起来了。但文章如仅止于此，则不过是一篇山水游记而已，还未把作者最重要的意思说出来，因此作者又信手从“禽鸟乐也”一句生出一番议论，说明禽鸟、游人各有所乐，而太守之乐，又与众不同，而是乐众人之有此乐，这里作者隐隐地透露了他的“与民同乐”的思想，以显示他的政治抱负和胸襟。如此，则这个太守究竟是谁，读者自然很关心，必须知道的了，因此最后以“太守谓谁，庐陵欧阳修也”一语作结，便显得十分必要，必不可少的了。而这最后一句又遥遥与中间“名之者谁，太守自谓也”一句相互映对，使亭与太守，太守与亭之间的关系，十分密切。

这篇文章，全文用了二十个“也”字作为句子的结束语，而在上句往往用“者”字作提顿，或者竟用问词，如“名之者谁？”造成一问一答的语调特点，而每用一“也”字，即十分饱满明确地叙述完一层意思，不留任何迟疑不决之处给读者。如此，则每经一“也”字，文意即转深一层，真像引导读者游九转八曲之深山幽谷，时时路转峰回，越转越深，到最后却转出一片和平愉快的欢乐景象，使人赏心悦目。全文因为用了二十个“也”字，语调十分圆熟流畅，如幽谷悬泉，虽然千回百转，但却轻快俊爽，毫无滞涩之感，使人读起来不得不一气到底，读完为止。

《史稿》的艺术分析，“复原”了文章内容一步步展开的过程：“逐步收缩”“逐渐扩大”“再极力收缩”“层层收缩”“层层卷叠”，《史稿》使用了一系列形象化的描述语言，把作者不无匠心然而却卷舒自如的艺术手法真切可感地呈现出来，真是把文章的妙处参透了。至于对二十个“也”字的分析，则采用了传统文论的形象比喻之法，如“深山幽谷”“幽谷悬泉”等。这样的艺术分析，摆脱了教科书中常见的套路和习用语言，完全出自作者的体会，读者不仅享受到“匡说诗，解人颐”的美感，而且会从中学到鉴赏经典美文的一二路数。

以上通过实例，介绍了《史稿》着重分析作家作品的特色。与此同时，《史稿》也十分重视对文学史发展线索的梳理和文学概念的阐释。这里随手举出几个例子，摘引原文如下：

关于“兴”，历来有各种不同的讲法，有的把它完全和“比”混为一谈，有的把它和“赋”也不加区别，其实这些都是因为实际上没有弄懂“兴”所具有的写作方法上的特点。“兴”是由联系出发的，它有时可以仅有感觉上的联系或者音韵上的联系，在意思上竟和主题思想无大关系。例如《周南·关雎》的“关关雎鸠，在河之洲”，和诗里所说的求爱，就不见得有什么联系，可能就仅是感觉上或音韵上的联系。这种表现方法，在现在的民间歌谣里还保存着，例如：“阳山头上竹叶青，新做媳妇像观音。阳山头上小花篮，新做媳妇许多难。”新做媳妇的好，不在于阳山头上竹叶的发青，而新做媳妇的难，也不在于阳山头上有了一只小花篮。它们之所以会这样成为无意义的联合，只因“青”

与“音”是同韵，“篮”与“难”是同韵。若开头就唱“新做媳妇像观音”，觉得太突兀，站不住，不如先唱了一句“阳山头上竹叶青”，于是得陪衬，有了起势了。“关关雎鸠”的兴起淑女与君子，也是如此。作这诗的人原只要说“窈窕淑女，君子好逑”，但嫌太单调了，太率直了，所以先说一句“关关雎鸠，在河之洲”，它的重要的意义，只在于起兴，在于“洲”与“逑”的协韵。另外，以草木鸟兽昆虫以及天象地理等现象来引起感情的抒发，这样的写法，也的确可以使人有一种亲切具体的感觉，人们从现实生活中有所感触，就因物起兴，咏唱起来，这是很自然的。其实这也是民歌所具有的一个特点。

“兴”的意思，最难说清楚。《史稿》立足于朱熹“先言他物以引起所咏之辞也”的传统定义，娓娓道来，以今喻古，终于使我们明白了“兴”是怎么回事。

我们对于古代的文学作品的人民性必须反对一种狭隘的庸俗的了解。这种了解以为只有在作品里面找到一些描写人民、同情人民的话才算是有人民性，而不知道古代的作品的人民性常常表现得比较复杂，比较曲折。根据这种了解去研究古代文学，必然要产生这样一些消极的结果：对于有些杰出的作品，因为在它们里面找不到这种内容，或者这种内容极少，于是就不能肯定或者不能充分肯定它们的价值；对于另外一些幸而容易找到这种内容的作品，于是就把它们罗列起来，加以片面的夸张，以为这样就算完成了研究的任务。这种做法，就是把十分需要用头脑的研究工作降低为若干极其简单的公式的机械搬用。古代的那些杰出的作家，都是在不同的条件之下生长起来、成熟起来的，他们的成就和特点各不相同，因此他们的作品的人民性就必然会有各种不同的具体表现。在屈原的作品里面，就如《离骚》，虽然并不是完全找不到描写人民、同情人民的地方，但这究竟不是它的主要内容、主要意义，那实际是对它的人民性估计不足的表现。屈原的作品《离骚》，既然尖锐地批评了当时楚国的统治集团，即使主要还是从他个人的遭遇出发，而不是当时被压迫被剥削者的遭遇出发，它所表现的不满却是可以和人民的不满相通的。即使他的理想并不是直接反映了当时的人民的利益的理想，他所爱的国家也和我们今天的国家有着根本上的不同，然而他对于理想的坚持和对于楚国的热爱，仍然可以引起我们的同情和崇敬。这些就是屈原《离骚》的思想内容上的人民性。

“人民性”在那个年代是评判古代文学作品的唯一价值标准。《史稿》对“人民性”的阐释，是最通达、最宽容的，我们今天读来，仍觉可以接受。

近几年来，在古典文学研究的领域里，流行一种非常普遍的见解，认为一部中国文学史，就是一部现实主义与反现实主义斗争的历史。大家这样说，大家这样写，成了一个非常有力量然而又非常简单化的公式。把这一公式运用到我国源远流长丰富多彩的文学史上去，其结果就不能真实地分析文学史的具体内容和各个作家不同的性格以及他们的作品的不同的艺术特点。几千年的中国文学史，仿佛只存在两个派别：一派是先进的现实主义的作家和作品；一派是落后的甚至是反动的反现实主义的作家和作品。有些文学史家采用了这种最简便的方法，好像破西瓜似的，把中国文学史切成了两半，这一半是现实主义，那一半是反现实主义……这是一种新的形式主义，实际也是一种庸俗社会学的变形。

“现实主义与反现实主义的斗争”，当时也差不多是一种官方定义。《史稿》敢于对之发表异议，确实有些见识和胆量。

赋，可以说是楚辞和散文文体的综合。

从这一角度来解释“赋”，十分新颖，属《史稿》的独创。

《诗经》可以说是汉以前的“乐府”，“乐府”也可以说是周以后的《诗经》。《诗经》以民歌为菁华，“乐府”也以民歌为菁华，它们的主要部分都是“感于哀乐，缘事而发”的里巷歌谣，都是富有现实性的文学珠玉。

这段话用“互释”的方法，既道出了古代诗歌从《诗经》到“乐府”的发展轨迹，又指出了两者的本质联系。

五言诗到了建安时代，经过曹氏父子的创作实践，特别是经过曹丕、曹植兄弟两人成功的创作（其中曹植创作的五言诗最多，也最成功），才使这个新兴的诗歌形式最后地巩固下来，而且使五言诗既能叙事，又能抒情和写景。五言诗被用来抒情和写景，这是从建安时代开始的一种特色，也是一种发展。

建安诗歌对五言诗发展的贡献，人所共知，但“五言诗被用来抒情和写景，这是从建安时代开始的一种特色，也是一种发展”，却是前此无人指出过的。

在魏晋以前的诗歌及文章，主要是注意自然音节的谐调，其原因是魏晋以前的一些被之管弦的乐府古诗，它的音乐方面的成分，主要由音乐本身来负担，“诗”不过是“合乐”而已，因此它在音律方面的要求，也只要求自然地配合音乐。魏晋以后，五言诗已成为诗歌的主要形式，文人创作的诗歌，已脱离音乐而独立，成为文人口头朗读的东西，这就需要诗歌本身比以前更注意音乐性。特别是这一时期佛教的兴盛，佛经转读的风气弥漫一时，这种转读，也影响了诗歌的诵读，于是四声八病之说因之产生。中国的诗歌，逐渐由古体走向新体，逐渐由语言的自然的音调，走向于规律化。

以魏晋为界，讲中国诗歌由古体向新体的演进，有独到性，因为人们往往把这个界限划到南朝。

北宋前期的词坛上，是小令和慢词同时发展的，并不是过去所说的先有小令，慢词是后起的。

这一结论，是从对柳永词的考察中得出，因而是雄辩的。

以上这些例子，既是《史稿》中的理论成果，也表明了在那个特定年代，《史稿》不盲从“左”的潮流而能客观地看待古代文学发展历史的科学态度。

《史稿》的语言有鲜明的个人风格，其基本特征是平实而准确，透彻而详赡，甚至带着讲课的口语化特点。由此可以想见冯先生伏案之际，如同身在课堂一样的投入状态，也表现了他对学生的负责精神。但是，《史稿》的语言也有相当考究的一面，这在上引文字中已不难看出，试再举一例：在《南朝的作家与作品》一章，讲到朝廷君臣所追求的文学倾向，写道：“他们的心灵空虚到了极点，只要求得官能上的刺激，他们用美色来刺激自己的情欲，用珍馐来刺激自己的口舌，用音乐来刺激自己的耳朵，还嫌不够，于是便用诗文来麻醉自己的思想和神经，在这样的环境和这样的要求下写出来的诗，自然只能是花香、酒味、脂粉气的混合物了。”连用四个“用”字、“来”字，构成一串排比，揭露了南朝君臣精神、生活与文学的全面堕落。这样的语句，在一般文学史著作中也是不多见的。

今天，当《史稿》即将出版的时候，冯其庸先生又出新意，把它做成了如当年郑振铎所著一样的“插图本”。书中增加了一百余幅插图，而所用图片，无论是数量和质量都大大超过了前者。其中大部分是古代作家的遗迹，如湖北秭归的屈原故里、陕西韩城的司马迁墓、陶渊明时代的墓砖、安徽当涂的李白墓、河南巩县杜甫出生的窑洞、陕西周至白居易写《长恨歌》的仙游寺、山东章丘李清照故宅的漱玉泉、海南中和镇的东坡故居遗址、河南郏县的东坡墓等等。这些照片大多是冯先生亲自拍摄。另一部分是国家图书馆“古籍善本再造工程”所据善本书的书影。两类珍贵图片与文学史的讲述相辅相成，成为这部文学史的又一特色。我预计这部写于半个多世纪前的著作，问世后定会光彩焕发，在当今的文学史园地中占据不可替代的一枝。

（作者系中国人民大学国学院教授）

【经苑】

"经"与中国文化

陈鸿森

经学是中国学术文化的主要内涵。儒学系统所称的"经"有两层涵义，一为相对于"传"之名，一则相对于"子"之名。就前者而言，经、传之分，王充《论衡》认为"圣人作其经，贤人作其传"，张华《博物志》言："圣人制作曰经，贤人著述曰传。"即以圣、贤的"制作"和"撰述"区分经、传。然孔子以后圣人不复生，孔子之后，其高才俊彦至多仅能称之为贤，因此，这意谓经孔子删述修订的典籍为经，孔子以后所有的著述，其能发明经义的称之曰传。因此，皮锡瑞《经学历史》认为："经学开辟时代，断自孔子删定六经为始；孔子以前，不得有经。"又言："孔子有帝王之德而无帝王之位，晚年知道不行，退而删定六经，以教万世，其微言大义实可为万世之准则。"（《经学历史》）传统士人认为这些经圣人删定的少数经典，寓有孔子的"志"与"道"，具有绝对的、普世的价值，可以传诸百代而不易，这是经学成立的基础。

经学研究的主体虽为"经"，但实际上"经"的载体（经本）有限，而且经文是固定的。但天下事理日出而无穷，绝非几部经书所能包含；且历代都有其时代所需面对的政治、社会现实，作为指导纲领的"经"，要有裨于治道，自然需要不间断地与时代相对应，即借由传的"经典诠释"作补充性的解释，以适应时代需求。因此，就某种意义而言，经学是经学家基于当代认识，不间断地在与过去对话，透过诸经，去体会孔子的"志"与"道"，以切合当代之需所作的再诠释。因此使"经本"得以具有生生不灭价值的反而是传（经说），因为传的推阐发挥，作为古典的"经"才能不断具有其当代性。以果实作比喻，"经"是果核，"经说"是果肉，有果肉的存在，核（经的意识）才能递传，生生不息。

其次，"经"相对于"子"之名，则"经"是官学，"子"是私学。在汉代独尊儒术以前，经本原为六艺，六艺的前身为四术，四术本为官学，《礼记·王制篇》说"乐正崇四术，立四教，顺先王之《诗》、《书》、礼、乐以造士，春、秋教以礼乐，冬、夏教以《诗》《书》。"春秋之世，礼坏乐崩，王官之学散在民间，于是私学兴而诸子起。以孔子为代表的儒家当然也是私学，但孔子志在六艺，述而不作，变官书为"私著"，于是六艺俨然成为儒家所专属。经过春秋战国以来与百家之学的竞胜过程，儒学成为显学，孔子的形象不断被放大，甚至被称为“素王”，认为《春秋》是孔子受天命，为汉立制，汉武帝罢黜百家，独尊儒术，用公孙弘之议设立博士弟子员，于是六艺又回到原来官学的地位。表面上看来，独尊儒术，五经仍然是原本的六艺，似乎只是形式上的变革，其实汉代独尊儒术，这个改变使儒家产生质的变化，儒学由百家时代深具创造性的学派（子），变为单一价值的学问（经），成为统一思想的工具；由于儒学独尊，对百家之学自然产生抑制作用，促使诸子学式微。因而，汉代的五经不再只是王官之学的六艺，由于王权的介入，博士官以五经为教，选举任官以通经为要求，经学与教育、用人结合，成为正宗思想的标帜。就此意义而言，经学可说是以儒家诵法的六艺为形式，以思想统一为实质的官方哲学。就历史发展而言，经学可以说是中国大一统政治的必然产物。汉王朝的统一，使它急于结束子学时代百家分立的局面。因此，经学与中国大一统的封建体制是相辅相成的，经学作为中国二千年历史的主导思想，主要凭借的是王权的支持，没有汉代政权的独尊儒术，经学只是儒家“六艺”而已；没有中国长期封建体制的支持，经学便无法得到进一步的发展与强化。另一方面，由于经学地位的确立，它反过来成为维护封建体制的指导思想和精神支柱。二者结合，成为一种坚固、稳定的结构。因此，二千年来经学的地位一直屹立不移。到了清季，面对西方船坚炮利，清廷应对无方，中国封建体制崩溃，经学顿时失去作为支配思想背后的支持力量，其时代便也宣告结束。

五经性质各异，《易》本为占卜之书，源自中国上古的卜筮行为；《尚书》所记则为三代先王事迹和训诰典谟；《诗》则是西周、春秋时的颂歌和风谣；《礼》为周代乡党结构的社会交往、人间对应的仪节；而《春秋》本为春秋时代鲁国史记。由此可见五经原典具有极强烈、浓厚的风土性（中国）、民族性（华夏）和时代性（周代）。正由于五经的核心价值，是一种“华夏主义”的价值系统，所以它很难成为普世信奉的价值，这是因其“风土性”“民族性”过于浓厚。而时代性质过于浓厚，自然减低了“经”的实用功能，由于历史文明的演进与发展，距离周代越远，五经与时代的落差必然越大。汉代有所谓“通经致用”之说，如“以《禹贡》治河，以《洪范》察变，以《春秋》决狱，以《三百篇》当谏书”，这主要是西汉一统天下，典章制度尚未完备，儒者引申经义以补充典章制度的阙略。东汉以降，制度日益完备，五经的实用价值便相对递减。五经中实用性最强的是《礼》，但《仪礼》中所规定的冠礼、婚礼、饮酒礼、射礼、燕礼等等繁文缛节，汉以后便日渐显露其时代落差，不切于用。这主要是由于社会型态的改变，周代的乡党社会，以血缘纽带为主，经过春秋、战国、秦、汉之际五六百年的社会流动和经济发展，这种乡党结构的社会和等级次序逐渐被打破，成为汉以后的四民社会。礼当然也应作相应的调整。礼讲求时宜，《论语·子罕篇》记载孔子的话：“麻冕，礼也；今也纯，俭，吾从众。拜下，礼也；今拜乎上，泰也。虽违众，吾从下。”麻冕为缁布冠，朱熹《集注》说：“缁布冠，细密难成，不如用丝之省约。”因为俭约，所以孔子宁可从众，弃麻冕而改用纯，这是物质面的。“拜下，礼也”，王肃注：“臣之与君行礼者，下拜然后升成礼。时臣骄泰，故于上拜。今从下，礼之恭也。”原来古代臣向君行礼，再拜稽首于堂下，君辞之，然后升堂，复再拜稽首，称“升成拜”。拜下之礼见于《觐礼》《燕礼》《大射仪》《公食大夫礼》，清代凌廷堪《礼经释例》有详细的考证。从《论语》“今拜乎上”这话来玩味，可见当时一般士人已不行“拜下”之礼。这显示即使在孔子的时代，《觐礼》规定的“拜下”一类仪节，时俗已不通行，所以礼制并非一成不变，而是与时俱进、随俗改易。孔子或随俗（吾从众），或违众而坚持拜下之礼；但“拜乎上”的潮流并不因孔子的坚持拜下而改变，因为礼最后的归趋必然走向简易。六朝时，《仪礼》为士大夫所重视的只有《丧服》部分，丧服主要是依据宗族间的亲疏等级，作为服丧轻重的标准。魏晋以来讲究门第，流寓江南的士族远离中原故土，仅能靠着服制彰显其门第、宗族亲疏之别。其他婚礼、相见礼、燕礼等仪节，则因乡党结构的解体，以及时代发展，社会生活日益复杂、多元化，《仪礼》与社会现实的差距日益加大，实用性日低。所以唐贞观时修《五经正义》，礼类遂由《礼记》取代《仪礼》。《礼记》本来是对《礼经》经义的阐发，是战国、秦汉间学者传习礼学的杂录，成书非一时，作者亦非一人。《礼记》取代《仪礼》，意味周代仪节规范已不合时宜，所以礼学由讲求仪节规范转而重视“礼意”，即礼的精神。作为仪节规范，唐代另制定有开元礼以取代之。

同样的，《春秋》以一万六千余字要记载春秋时代二百四十二年史事，就史料而言，自然是阙略者多，所以王安石讥之为“断烂朝报”。《春秋》是否果真为孔子所作，现代学界尚有异说。但传统学者则深信不疑，因为孟子已有孔子作《春秋》之说；汉儒标榜《春秋》是孔子为汉立制，因此务从简约的文字中去寻求《春秋》笔法和孔子微言，但这些孔子微言、《春秋》笔法，往往是晚周、秦汉学者所杜撰，特别是公羊学者。《春秋》的精神主要在正名分，主张大一统、尊王攘夷，这些实际上都是西汉特定历史的产物，公羊是齐学，这些山东学者借由《春秋》代圣人立言，借圣人之口以演绎天志、天命，可以说，本为记载史事的《春秋》，其“经的规范意识”主要是借由公羊学来演绎和伸张，因而往往有非常可怪异义之说。汉以后，公羊义理与后代政治现实逐渐显出时代落差。晋以后，《左传》逐渐取代公羊学，而《春秋》则反过来依附《左传》而行。缺乏公羊义理的虚饰，《春秋》只是断烂朝报；同样的，如果缺乏《左传》的纪事佐证，《春秋》作为“史书”的价值，仅与晋代汲冢出土的《竹书纪年》相等罢了。同样的，《尚书》如非历代儒者不断地加以扩张性的解释和补充，则它只是一堆“先王之陈迹”而已。《诗》三百篇为了要强调其“上以风化下”的教化功能，所以大多扭曲诗篇原意，专从美刺（褒贬）立说，而特别着重在君臣、夫妇二伦。而《易》则由卜筮行为的神秘性转向义理（哲学性）发展，这是经学的时代调适。儒家“祖述尧舜、宪章文武、宗师仲尼”，即以三代为典范，这种“尚古主义”的精神，在现实上，与时代不断向前发展的社会是相背反的，因此，“经”必须借由历代经说的再诠释来活化。如前所述，由于典章制度日渐完备，东汉以后，五经在政治上的实用功能逐渐降低，而知识教化功能则逐渐加强，东汉由今文经学转而为古文经学，毋宁是必然的趋势。

相对于五经原典和周代社会风俗的密接；《论语》则与人间性道德较为密接，因而其教义与后世较少时代落差，加上浓厚的实践理性色彩，因此宋、元以下，四书逐渐取代五经的地位。唐代科举考试，明经科不如考试诗赋的进士科；宋代欧阳修认为《易传》非孔子作，王安石讥《春秋》为断烂朝报，这些侧面反映了唐宋时代五经地位的陵夷。元明清科举虽亦考五经，其实所重的还是首场的四书义。这种由五经到四书的价值转换，当然也是经学“时代调适”的一种表现。五经除了《易》之外，其他各经太重实际，缺乏抽象思维和精深的理论。东汉以后，佛教传入中国，经魏晋南北朝的发展，至唐时达到极盛。相对于佛教三部的经、律、论，经学比较缺乏“论”的成分，难以和高深精微的佛理相抗衡，因此唐代李翱作《复性书》等，儒学开始加重“论”的成分。《中庸》讲天理性命，《大学》讲治国理想，《孟子》亦重政治理念，特别是重王道、贱霸道，这与宋代重文轻武，积弱、外患频仍的政治现实正相契合。而孟子“民为贵，君为轻”的主张，亦与宋代君权弱化、士人意识抬头之势相合辙。宋代表彰孟子，孟子上升为经，其实正与五经价值的下降相对应。

经学的时代调适是多方面的，除了前面所述，不断借由经说来作补充，以适应时代需求之外，经也由五经（汉代六艺，实际上乐无经本，故仅有五经）、而七经（五经加《论语》《孝经》）、九经（《易》《书》《诗》《三礼》《三传》）、十二经（唐太和中刻十二经，立石国学，即所谓《开成石经》）、十三经（南宋绍熙年间《孟子》列为经部）、十四经（十三经加《大戴》，始见于宋史绳祖《学斋占毕》），到清代，段玉裁甚至有廿一经之说（见段著《经韵楼集》卷九《十经斋记》），即于十三经之外，增加《大戴礼》《国语》《史记》《汉书》《资治通鉴》《说文》《周髀算经》《九章算数》八种。但所谓廿一经，其实仅是传统士人认为一个知识分子所应修习的二十一部重要古代典籍而已，“经”的圣典性、规范意识则极为薄弱。因此，“经”的疆界之扩大，由五经而七经、九经到十三经，表面上似乎是“经”的地位之强化，实际上正相反，这意味“经”的权威、“经”的规范意识日益弱化。

群经的价值并非各经均等的。个人认为群经中对中国人影响最为深远的，除了《论语》之外，《周易》对中国人的思维、信仰以及生活习俗等方面，有很大的影响，这部分已有许多学者有专文讨论，此不复赘。个人粗浅的看法，我认为《周礼》和《公羊》对中国人深远的影响，亦不可忽略。《周礼》的国家蓝图，借由政治力量的建构，成为国家体制，其经学理念透过制度，全面地影响了两千年来中国人生活的每一层面，特别是公领域部门。《公羊》虽然是小经，显隐无常，但它的政治理念，尤其是它强烈的国家主义立场，对中国人的政治观和价值系统影响极大。比如大一统思想，成为两千年来君主专制、中央集权统治的理论基础，甚至是一种政治信仰。大一统思想，使中国不致像欧洲一样分裂成为许多国家。此外，值得一提的是《孝经》，《孝经》全书仅一千七百九十九字，为群经中最小的一经。它提倡以孝治天下，对巩固封建秩序具有重大作用。自汉以来它成为幼学必读的经书，晋元帝、晋武帝、梁武帝、梁简文帝、唐玄宗等更为它作注作疏，《隋书·经籍志》著录了南朝多位东宫太子的《孝经》讲义或义疏，如昭明太子萧统即著有《讲孝经义》七卷。正史中皇帝或太子亲临太学讲论《孝经》的记载，更屡见不鲜，可见王权对《孝经》的重视。《孝经·五刑章》说：“五刑之属三千，而罪莫大于不孝。”所以不孝被列入法律条款，如南朝刘宋法律规定，殴打父母致伤者枭首；辱骂父母者弃市。父母告儿女不孝而希望伤之者，官府一概允许。后来有关孝行的法律条款日增，甚至服丧期间结婚生子、丧期未完不穿丧服亦应治罪。这些条款成为中国古代法律制度的重要特色。《晋书》特立《孝友传》，以表彰孝行，历代正史都沿袭之。我们翻开地方志乘，各地方志大多设有《孝节》或《孝友》传，往往连篇累牍。庶人与国史无缘，但庶人因为行孝载于方志，也能流芳后世。其中我们经常可以看到不少割股疗亲、万里归葬的事例，这在外国人看来是十分不可思议的。割股疗亲其实是法所禁止的，但因为是孝行，所以法不忍责罚；往往亲疾未必痊愈，孝子却因割创久不愈合，或感染而丧命。孝子死后，其孝节往往被旌表。这显示孝和法律的矛盾。孝是中国传统文化最显著的特色，《孝经》无疑扮演着重要的角色。

以上仅简单说明“经”与中国文化的密切关系，卑之无甚高论，尚请各位大雅方家不吝指正。

（作者系台湾“中央研究院”历史语言研究所研究员，成功大学、中央大学中文系合聘教授）

“孔、《易》关系”公案考辨

——以陆德明《论语音义》条例为中心

朱宏胜　钱宗武

《易》学史上有一大公案，那便是孔子和《易》的关系。孔、《易》关系本无人怀疑。但是，“自中唐南禅兴起以来，怀疑精神与独立思考对学术界的影响日益壮大，至宋时已成时代之普遍风气”[1]。世风所及，欧阳修作《易童子问》率先否定《系辞》为孔子所作，“孔、《易》关系”自此揭橥而成为学界争论不休的公案。清末民初，“疑古”风气再起，甚而“现今唯一记载孔子言行最可靠的——《论语》——所载孔子学《易》之文，以及引《易》之言，和较为可信的《史记》所言有关孔子和《易》关系的记录，均被一一加以否定，以为这些记载不是后人加入，就是汉代学者的附会夸大，故宣称孔子和《易》并无任何关系”[2]。

问题本来很简单，《论语》《史记》有明确记载，即使欧阳修等人挑起纷争，否定孔子作《十翼》，我们仍可认定《十翼》乃孔子后学所作，孔、《易》关系毋庸置疑。但是，当学界以陆氏“鲁读易为亦”为依据，否定载于《论语》的证据，并进一步推断《史记》相关记载为刘歆伪造后，孔子易学便被彻底颠覆，经学史、学术史则须改写了。一些坚信孔子创立易学的学者，为了证明孔子与《易》确有密切关系，不惜曲为之说。可惜造化弄人，证据却越来越对支持者们不利：新发现的定州汉墓竹简本《论语》“易”写作“亦”，得此新证，孔、《易》关系公案似可以否定而了结。但是，问题依然存在：其一，定州汉墓竹简本“易”虽作“亦”，但陆德明于《经典释文》只说“鲁读易为亦”，有论者以为“读”“作”有别，仍不可以为据；其二，以“易”为“亦”并断句为“五十以学，亦可以无大过”后，不可解；其三，唐写本有“易”写作“亦”之用例，且此“亦”明显须解作“《易》”。空洞的争论无益于问题的解决，我们必须面对资料思考而不是面对思想思考。所以还是让我们回到《论语音义》本身来探讨这个问题吧。

一、为什么要回到《论语音义》

从“孔、《易》关系”公案发生史料可知，解决这个公案需要考辨《论语》、先秦其他典籍、《史记》和《论语音义》。

“孔、《易》关系”史料，除《论语》有三则外，先秦典籍别无确信记载。《论语》这三则是：

(1) 子曰：“南人有言曰：‘人而无恒，不可以作巫医。’善夫！”“不恒其德，或承之羞。”子曰：“不占而已矣。”(《子路》)

此章“不恒其德，或承之羞”二句，与《周易·恒·九三爻辞》同。朱熹《论语集注》

引杨氏云："君子于《易》，苟玩其占，则知无常之取羞矣。其为无常也，盖亦不占而已矣。"可知孔子从《易》道变化中悟出"无常"之理，既然"无常"，便无须占卜。征之于新出土材料，马王堆3号汉墓帛书《周易》传文中的《要》篇有孔子晚年好《易》且不看重占卜之记述，可作《论语》此章的旁证。"'夫子老而好《易》，居则在席，行则在橐'，随身携带。子贡对此不解，提出疑问，两人之间有一番问答。孔子认为《周易》'有古之遗言焉。予非安其用，而乐其辞。'而且提到'后世之士疑丘者，或以《易》乎？'子贡问他：'夫子亦信其筮乎？'孔子讲他和卜筮者不同，'我观其德义耳'，'吾与史巫同途而殊归'。"[3]不过，《论语》此则与《恒·九三爻辞》以及《要》篇孰先孰后，谁征引谁，学术界看法并不一致，故不可为据。

(2) 曾子曰："君子思不出其位。"(《宪问》)

"思不出位"出自《周易·艮卦·象辞》。《象》曰："君子以思不出其位。"刘宝楠引毛奇龄语曰："世疑《象传》多'以'字，或古原有此语，而夫子引以作《象辞》，曾子又引以证'不在其位'之语，故不署'《象》曰''子曰'二字，亦未可知。"[4]《论语》此条，学界争议颇大，不可妄断。此亦不可为据。

(3) 加我数年，五十以学《易》，可以无大过矣。(《述而》)

此则本可作孔子与《易》有密切关系之铁证，但因说孔子与《易》关系者，唯有此条为直接证据。孤证不可为据，何况还有鲁读"易"为"亦"的说法纠缠其间呢！

此外便只有《史记》了。《史记》虽有相关记载，却是后起之书，因此有人以为此中所载乃刘歆篡改，不足为据。

现在便只剩下陆德明《论语音义》所谓的"鲁读"了。陆氏此注，学界看法迥异：有人认为既曰"鲁读亦"，则原句应读为"加我数年，五十以学，亦可以无大过矣"。果真如此，则孔子与《易》唯一明证便荡然无存。反对者则以为陆氏仅云"鲁读亦"非曰"鲁作亦"，认为仍无任何理由否认孔、《易》关系。分歧纠集于"读"字之解，前者解"读"为"作"，后者则解"读"为"音读"。既然有"写作""音读为"之争，那么就只有洞察训诂条例，方能辨章考镜，还历史以真面目。

《论语》"鲁读"问题并非始于陆氏。何晏《论语集解序》曰："安昌侯张禹本受《鲁论》兼讲《齐》说，善者从之，号曰《张侯论》……汉末大司农郑玄就《鲁论》篇章考之《齐》《古》，而为之注。"陆氏《释文》曰："郑校周之本，以《齐》《古》读，正凡五十事，郑本或无此注者。然《皇览》引'鲁读'六事，则无者非也。"徐养原《论语鲁读考》对此案道："郑所据者《张侯论》，《张侯论》不纯乎《鲁》而言，'鲁读'者以《鲁》为主故也。所读正五十事，见于《释文》者二十三事而已，皆从《古》者也；其从《齐》者当有二十七事，而《释文》不载，何邪？岂陆氏时郑注已多佚脱，'鲁读'或尚有之而'齐读'尽缺邪？"[5]可见，"鲁读"问题最先由郑玄提出，何晏不曾注引，后郑注佚而陆氏录存[6]，所以我们只能从陆氏入手研究这个问题。《经典释文》条例，不仅陆氏自有说明，而且卢文弨、阮元、黄季刚等大师均有研究，其中以季刚先生所论最详细明晰。季刚先生说，凡云"一本作""亦作""本又作""本或作""本或有"的，都是陆德明亲眼看到了有这种本子；凡是说"字亦作""字又作""字或作""又作"的都是原无此本，只是陆氏根据自己的理解、印象说的；至于说"本今作""今本作""今经无此字""注无此字""一作某某反"的，都是宋人根据自己所见到的当时的传本校正《释文》的话。季刚先生还说"释旧作"即《释文》旧本作的意思，此皆宋时校者之词，非陆氏本文。[7]

这些总结，并未专门研讨"鲁读"问题。陆德明作《释文》，大体依《说文》之例，这些条例有段玉裁等为之发凡。关于“读若某”，段玉裁注曰：“凡言‘读若’者，皆拟其音也。凡传注言‘读为’者，皆易其字也。注经必兼兹二者，故有‘读为’，有‘读若’。‘读为’亦言‘读曰’，‘读若’亦言‘读如’。字书但言其本字本音，故有‘读若’无‘读为’也。”[8]徐养原说：“凡言读为者，皆异字而假借者也，若本是一字，不得云某读为某。若四之为三、庙之为庿，异体同字，不得云庿读为庙、三读为四也。”[9]毛远明则说：“读为、读曰多用于破假借字……读若、读如，主要用于注音……读若、读如也用于注音兼破假借，而且数量很大……故‘读若’有拟音，有假借，有同源。”[10]

据此，陆氏“鲁读”似应解为改易字。但是，段玉裁还说：“‘读为’，‘读若’之分，唐人作《正义》已不能知，‘为’与‘若’两字，注中时有讹乱。”诸凡大例，就“字书”而起，而又关涉“注经”，然如段氏所言，则知训诂条例代有因革，不可一概说死。杨晋龙于《孔子和〈易〉的关系》一文脚注中说：“此句之‘易’字，颇有人以为当作‘亦’，且引《经典释文》‘鲁读易为亦’一言为证。惟据个人初步了解，《释文》的体例，改易字者，例作‘某作某’之类，即其中必加一‘作’字；以‘读’为意者，例皆指其读音或断句不同而言，似非改字。”[11]

杨晋龙以为《释文》中只有“某作某”之类才是改易字，但明言并非严格归纳的结论。故欲澄清此问题，非详检陆氏条例不可。陆氏为训诂大师，其将“鲁读”收之于《论语音义》，在这个封闭体系中，用法应该基本一致，从而形成条例，只须一一检点，知其自有用法，便可厘定“鲁读”涵义。

二、从陆氏训诂条例看“鲁读”涵义

本人使用文渊阁《四库全书》本对《论语音义》进行了全文检索，并分析归纳之。下表是统计数据（为节约篇幅，各类均不举例；凡显属注音、释义的亦不列）：

使用术语	条数	术语涵义（条例）
本或作 34，诸书或作 1，字或作 1 郑或作 1，或作 11	48	不同版本，有改易字者
亦作 7，本亦作 15，字亦作 3，一（本）作 25，本又作 25，字又作 1，又作 8，一本云 1，一本名 1	86	
本今作 44，今本 1，今作 1	46	
多作	1	
改某为某	1	
郑作 7，郑本作 19，郑或作 1，郑本（略）同 4，郑注引 1	32	
俗作 1，古字作 1，古文某字 1，古某字 1，一本某字作某 1，皇本作 1	6	
旧以为	2	推测，不肯定者
字或从某旁	1	
一本或云	1	
依《说文》此是	1	
依义当作 4，字当作 1	5	
或云某未知孰是	1	

<table>
<tr><td>一本（或）无某字 11，一本有某字 1，郑本无 2，妄去某字 1，俗本妄加 1，本今无 3</td><td>19</td><td>不同版本有添、漏、错字</td></tr>
<tr><td>绝句 10，某字属上句 1，或分此为别章 5，郑云以合前章 1</td><td>17</td><td>断句、分章</td></tr>
<tr><td>当是重出</td><td>1</td><td>重出者</td></tr>
<tr><td>集解本皆尔</td><td>1</td><td rowspan="3">字书、其他典籍有改易字者</td></tr>
<tr><td>《说文》作 7，《字林》作 1</td><td>8</td></tr>
<tr><td>《史记》作 1，《左传》作 1，《家语》作 1，《礼记》作 1</td><td>4</td></tr>
<tr><td>鲁论无此章</td><td>1</td><td>脱句</td></tr>
<tr><td>郑读</td><td>4</td><td rowspan="3">?</td></tr>
<tr><td>何读</td><td>1</td></tr>
<tr><td>鲁读、鲁论作</td><td>23</td></tr>
</table>

陆氏所谓“郑读”“何读”“鲁读”共 28 条，比较特殊，须一一考辨，方知其义。先看“郑读”：

(1) 必也射乎（《八佾》）：郑读以“必也”绝句。

(2) 吾党之小子狂简（《公冶长》）：绝句，郑读至“小子”绝句。

此两则“郑读”，是讲郑玄有不同的断句。

(3) 高宗谅阴（《宪问》）：郑读《礼》为梁鹌。杜预解《左传》为谅闇貌。

伏生《尚书大传·说命》“谅阴”作“梁闇”，《礼记·丧服四制》所引即其文。郑注此云：“谅闇，谓凶庐也。”注《无逸》云：“谅闇转作梁闇，楣谓之梁，闇谓庐也。”又云：“三年之礼，居倚庐，柱楣。”注《丧服四制》云：“谅古作梁，楣谓之梁。闇读如‘鹑鹌’之鹌。闇谓庐也。庐有梁者，所谓柱楣也。”由郑氏解说，知此种种皆不是说《论语》“谅阴”有不同读（写）法。

(4) 听其言也厉（《子张》）：郑读为赖，恃赖也。

《左传·昭公四年》：“楚灭赖。”《公羊传》作“厉”。又《公羊传·僖公十五年》，《释文》：“厉，旧音赖。”可见，“厉”“赖”字通，音亦同。

再看“何读”：

(5) 从之（《八佾》）：何读为纵，子用反，放纵也。郑云，八音皆作。

“从”读为“纵”，言五音既发，放纵尽其音声。此言何读“从”为“纵”，破读也。

最后看“鲁读”：

(6) 传不习乎（《学而》）：鲁读传为专。今从古。

臧庸辑郑注释云：“此传字，从专得声。《鲁论》故省用作专。郑以《古论》作传，于义益明，故从之。”如臧此言，是“专”与“传”，同谓师之所“传”。字作“专”，假借也。徐养原《论语鲁读考》以为古文省、今文繁，不同意“专”为“传”的省文。其据《说文》“专，六寸簿也”，以为“专”与“笏”同为记事簿，但大小有别。

(7) 可使治其赋（《公冶长》）：孔云，兵赋也。郑云，军赋。梁武云，《鲁论》作傅。

孔安国：“赋，兵赋也。”《释文》：“赋，梁武帝云，《鲁论》作傅。”陈鳣《古训》：“赋、傅同音，故《鲁论》借用。”另，此条乃“《鲁论》作某”，与“鲁读某为某”条例不同。

(8) 崔子弑齐君（《公冶长》）：郑注云，鲁读崔为高。今从古。

《论语温故录》："高氏为齐命卿，与文子同朝者，高止也。崔杼弑君，而《鲁论》书'高子'者，责其不讨贼也，与赵盾同义。"一说《鲁论》作高子，涉下误。

(9) 吾未尝无诲焉（《述而》）：鲁读为悔字。今从古。

《说文》："诲，晓教也。"段注："晓之以破其晦是曰诲。"悔，段注："悔者，自恨之意。"包慎言："圣人戒慎恐惧，省察维严，故时觉其有悔。"刘宝楠："《易·系辞传》'慢藏诲盗'，《释文》引'虞'作'悔'，二字同音假借，疑《鲁论》义与《古》同，假'悔'字为之。郑以《古论》义明，故定从'诲'也。"

(10) 五十以学《易》(《述而》)：如字。鲁读易为亦。今从古。

此则是本文重点，须待它则全部厘定后方可案断。

(11) 正唯弟子不能学也（《述而》）：鲁读正为诚。今从古。

郑注亦有"鲁读正为诚，今从古"之说，陆氏必本郑注。《说文》："正，是也。""诚，信也。"皆通。

(12) 君子坦荡荡(《述而》)：徒党反。鲁读坦荡为坦汤。今从古。

《诗经·陈风·宛丘》："子之汤兮"，《毛传》："汤，荡也。"王逸《楚辞章句》引作"荡"。"汤"本古"荡"字，故郑仍从古。

(13) 冕衣裳者（《子罕》)：音免。郑本作弁，云鲁读弁为绕。今从古。《乡党》篇亦然。

陈鳣《古训》："《说文》：'兑，冕也。从皃，象形。弁或兑字。冕，大夫以上服也。从月，免声。绕，或从糸。'盖《古论》作皃，《鲁论》作冕，字本相似也。"刘宝楠考之《周官·司服》以为："冕、弁各异，《说文》以'冕'训'兑'者，散文或通称也。郑依《古论》作'弁'者，'冕''弁'义虽两通，但言'弁'可以该'冕'，言'冕'不可以该'弁'。"钱大昕《潜研堂文集》亦疑"冕"是祭服，非夫子燕居所见，遂据《鲁论》作"绕"，以"冕"即"绕"之讹。"绕"与"免"同。齐衰，服之重者；绕，服之轻者。

(14) 下如授（《乡党》)：鲁读下为趋。今从古。

"下"字古音如"户"，与"趋"音近，故《鲁论》作"趋"。郑以趋而授玉不烦言如，故从古作"下"。

(15) 瓜祭（《乡党》)：古华反，鲁读瓜为必。今从古。

李惇《群经识小》："必字从八戈，篆文作𠕁，与瓜相近而误。"李氏此说，从篆文形体入手，用《鲁论》义得之。郑必从古，是因为《玉藻》有"瓜祭"，但徐养原以为鲁读义似较长。

(16) 乡人傩（《乡党》)：户多反，鲁读为献。今从古。

阮元《校勘记》："《郊特牲》：'汁献涚于盏酒。'注：'献读当为莎，齐人语，声之误也。'此读'傩'为'献'，亦声近之误。"刘宝楠："'傩''献'既由声近，'献'或用假借，未必是字误。"段玉裁以为陆德明注"傩，乃多反"为无识，因为"傩"本作"难"，乃旦反，后人改加偏旁而作"傩"，并误以"傩"为驱疫义的正字。

(17) 君赐生(《乡党》)：鲁读生为牲。今从古。

《说文》："牲，牛完全也。"引申为凡兽畜之称。《周官》"庖人"注："始养之曰畜，将用之曰牲。"用于祭祀才可称"牲"，下文有"必蓄之"，故宜从《古论》作"生"。

(18) 车中不内顾（《乡党》)：鲁读，车中内顾。今从古也。

鲁读脱"不"字，与下文不例，于文意不合，非是。刘宝楠认为，郑从古作"不内顾"，与下二句一例。《汉成帝纪赞》引此文，亦用《古论》。《白虎通·车旂篇》："车中不内顾者何……此车教之道。"亦《古论》说。

(19) 仍旧贯(《先进》)：鲁读仍为仁。

今从古。

惠栋《九经古义》：“杨雄《将作大匠箴》云：‘或作长府，而闵子不仁。’用《鲁论》也。”臧庸《郑注辑本》释云：“鲁读仁字为句，言仁在旧贯，改作是不仁也。义虽通而稍迂。古作仍字，义益明。故郑从之，仍仁音相近也。”

(20) 咏而归（《先进》）：如字。郑本作馈，馈酒食也。鲁读馈为归。今从古。

郑本作“馈”，馈酒食也。鲁设雩祭于沂水之上，故此言咏歌而馈酒食雩祭。《鲁论》读“馈”为“归”，“馈”“归”字通用。宋翔凤说：“若以《鲁论》所说，则点（曾皙）有遗世之意。”亦有人详考“雩祭”，以为时间不合，故非“馈酒食雩祭”。又孔子亦有“道不行，乘桴浮于海”之志，故曾皙表白遗世意并非不可能。

(21) 片言可以折狱者（《颜渊》）：之舌反。鲁读折为制。今从古。

《广雅释诂》：“制，折也。”《大戴礼·保傅篇》：“不中于制狱”，即折狱。郑以作“折”、作“制”义同，而《古论》出自壁中，无烦改读，故定从古。

(22) 好行小慧（《卫灵公》）：鲁读慧为惠。今从古。

郑注曰：“小慧，谓小小之才知。”《文选·陈琳檄吴将校部曲文》注、《太平御览·人事部》引并作“慧”。冯登府《异文考证》：“案《晋书》‘巧文辩惠则贤’，惠即慧。《后汉·孔融传》：‘将不早惠乎？’注，‘惠’作‘慧’。《列子·穆王篇》：‘秦人逢氏有子少而惠。’陆机《吊魏武文》：‘知惠不能去其恶’，并与‘慧’同。”徐养原：“‘慧’‘惠’通用，至唐犹然。”

(23) 谓之躁（《季氏》）：鲁读躁为傲。今从古。

郑注曰：“躁，不安静。”“躁”即“趮”字。《考工记》：“羽丰则迟，杀则趮。”“趮”与“迟”对文，亦训疾。人性疾，则不安静。《释名·释言语》云：“躁，燥也。物燥乃动而飞扬也。”《荀子·劝学篇》：“未可与言而言谓之傲，可与言而不言谓之隐，不观颜色而言谓之瞽。君子不傲、不隐、不瞽，谨顺其身。”《盐铁论·孝养篇》：“言不及而言者，傲也。”皆用《鲁论》作“傲”。陈鳣曰：“《系辞传》云：‘躁人之辞多’，故郑从古作躁。”

(24) 归孔子豚（《阳货》）：郑本作馈。鲁读为归。今从古。

“归”“馈”，二字通。《释文》载郑本作“馈”，云鲁读“馈”为“归”，今从古。则作“馈”者《古论》，作“归”者《鲁论》也。

(25) 古之矜也廉（《阳货》）：鲁读廉为贬。今从古。

陈鳣《古训》曰：“贬，自贬损也。《释名》云：‘廉，自检敛也。’贬、廉义同。”刘宝楠：“陈说固是，然廉字义胜，故郑从古。”

(26) 天何言哉（《阳货》）：鲁读天为夫。今从古。

郑以四时行，百物生，皆说天，不当作“夫”，故定从古。翟灏《考异》谓“两句宜有别，上句从《鲁论》为胜”，误也。

(27) 恶果敢而窒者（《阳货》）：珍栗反。鲁读窒为室。今从古。

冯登府《异文考证》：“《说文》：室，实也。《集韵》：窒，实也。义本通，古二字亦相假。”刘宝楠：“室、窒音义俱近，故《鲁论》作‘室’，郑以窒义较显，故从古。”

(28) 已而，已而！今之从政者殆而（《微子》）：鲁读期斯已矣，今之从政者殆。今从古。

陈鳣《古训》曰：“期，时也。言出处之道，为其时而已矣。今之从政者殆，是可已之时也。”

此或得鲁义。郑所以必从古者，正据《世家》作“已而，已而”，又《庄子》亦云“已乎，已乎”，知古本为近也。

综上分析，可列表如下（表中条例部分，凡未注的皆为“鲁读某为某”）：

上引编次	鲁读内容	分　析	条　例
6	传——专	传作专，假借：改易字	
7	赋——傅	赋、傅同音，故《鲁论》借用：改易字	鲁论作
8	崔——高	崔作高，《鲁论》书高子，责其不讨贼：改易字	
9	诲——悔	诲作悔，二字同音假借：改易字	鲁读为
10	易——亦	此条乃本文讨论对象，俟后从体例推考。	
11	正——诚	正作诚，义同：改易字	
12	荡——汤	坦荡作坦汤，二字音义本同：改易字	
13	弁——绕	冕音免，郑本作弁，鲁读弁为绕：改易字	
14	下——趋	下，古音户，与趋近，故《鲁论》作趋：改易字	
15	瓜——必	作必，小篆必字与瓜相近而误：改易字	
16	傩——献	读傩为献，声近之误。一说声近假借，非误：改易字	鲁读为
17	生——牲	行礼称牲，平时称生而不言牲：改易字	
18	脱“不”	脱“不”字，与下文不例，于文意不合：脱字	鲁读
19	仍——仁	鲁读仍为仁，音近而改：改易字	
20	馈——归	或以为读馈，若从《鲁论》为归，有遗世意：改易字	
21	折——制	制、折同义：改易字	
22	慧——惠	惠即慧：改易字	
23	躁——傲	《荀子》等作傲，或因“躁人之辞多”定为躁：改易字	
24	归——馈	归、馈，二字通：改易字	鲁读为
25	廉——贬	贬廉义同，然廉字义胜：改易字	
26	天——夫	四时行，百物生，皆说天，不当作夫：改易字	
27	窒——室	室、窒音义俱近，然窒义较显：改易字	
28		鲁读“期斯已矣，今之从政者殆”：整句改易。	鲁读

由上表可知，除第18例脱字、第28例整个句子不同外，凡属“鲁读为”“鲁读某为某”者，均是改易字。故“鲁读易为亦”无疑也是改易字，“亦”是“易”的俗写。[12]

三、定“易”改为“亦”后要解决的问题

定“鲁读易为亦”为改易字，可由目前发现的最早的《论语》抄本即定州汉墓竹简本得到佐证。该写本本章即作“……以学亦可以无大过矣”[13]。但问题并未完全解决。正如前文所引，如此厘定后，按通行意见，原句须断句为“加我数年，五十以学，亦可以无大过矣”。然孔子分明说过“十五而志于学”，岂会又说“五十以学”？

何晏《论语集解》：“《易》，穷理尽性以至于命，年五十而知天命，以知命之年，读至命之书，故可以无大过。”故知，何晏将“五十”理解为“五十岁”。为将此“五十岁”作个合理解释，戴氏望则于《论语注》曰：“加当言假，假之言暇。时子尚周流四方，故言‘暇我数年’也。‘五十’者，天地之数，大衍所从生。用五用十以学《易》，谓错综变化以求之也。《易说》曰：‘《易》，一阴一阳，合而为十五之谓道。’阳变七之九，阴变八之六，亦合于十五。则彖变之数若一。阳动而进变七之九，象其气之息也。阴动而退变八之六，象其气之消也。故大一取其数以行九宫，四正四维皆合于十五。五

音、六律、七宿由此作焉。《大过》于消息为十月卦，阳伏阴中，上下皆阴，故《杂卦》曰‘大过，颠也。’颠则阳息，万物死。圣人使阳升阴降，由《复》出《震》。自《临》而《泰》，盈《乾》生《井》，终《既济》，定六位，正王度，见可不遇大过之世也。”[14]此以易数“五十”为说，实在牵强。

钱玄同在《答顾颉刚先生书》中说：“我以为《论语》原文实是‘亦’字，因秦汉以来有‘孔子赞《易》’的话，故汉人改‘亦’为‘易’以图符合。《古论》是刘歆伪造的壁中经，故不足信，但此字之改，却并非始于《古论》，因为《史记·孔子世家》已经作‘易’了。大概初则改‘亦’为‘易’；继则将《论语》此节改成《史记》底‘孔子晚而喜《易》，序《彖》《系》《象》《说卦》《文言》，读《易》，韦编三绝。曰：‘假我数年，若是，我于《易》则彬彬矣。’这种改变，原意殆想将《论语》此节作为赞《易》之证。不料偶不经心留下一个大漏洞：他们说孔子暮年归鲁以后删订‘六经’，其时他已在七十岁左右，于是《论语》中‘五十’两字便讲不通了，什么‘或五年或十年’，什么‘用五用十’，或改为‘卒’，或改为‘吾’，讲来讲去，终难圆谎！”[15]

说刘歆造伪，已为学界否定，然说“《论语》中‘五十’两字便讲不通了”确为事实。其实此个不通，清人俞樾在其《续论语骈枝》中已解决。俞曰：“愚谓此章之旨本自明白，但学者不得其读耳。当以‘加我数年’为一句，‘五、十’为一句，‘以学易’为一句。‘五’‘十’二字承‘加我数年’而言，盖不敢必所假者几何年（按：加即假字），故著二字，言五或十也。使足成其文，曰：‘假我数年——五年，十年——以学《易》，可以无大过矣。’则文义便自了然。因上句已有年字，故五、十下不更出年字。”[16]陆宗达说：“俞樾认为‘五’和‘十’在这里是并列结构，正是从语言结构上解释语义，这种解释，的确明白多了。”[17]必须进一步指出的是，我们倘若注意到“加我数年”的“数”字，便不会有之前的误解了。从基本数理来说，十以上便不能谓之“数年”了，因此，说“数年”一定不会超过十年。而数字五居“数年”之中，十乃“数年”之最，孔子例举五和十，不仅可概括“数年”之意，而且还很好地表现了自己年已垂暮、时不我待之憾。

分析到这里，问题似已彻底解决。然，新发现的唐写本《论语郑氏注》郑玄注此章有云：“加我数年，年至五十以学此《易》，其义理可无大过。”[18]且唐写本还有《易》写作《亦》之用例一条。写本出土于吐鲁番阿斯塔那363号墓：

子曰“《书》云：‘孝乎唯孝，友[于]……政。’是亦为政。”（郑注：）孝乎者，未（美）大孝之辞。仁（人）既有孝行，则能友于……母曰孝，善兄弟曰友。《亦》（易）曰：“家仁（人）为严［君］……”父母为严君，则子孙为臣人（民），故孝友施为政。[19]

郑注所引的《亦》见于《周易·家人》，原文为：“家人有严君焉，父母之谓也。”故古代有将《易》写（或读）为《亦》旁例。至此，我们便可以进一步肯定“亦”即“易”的俗写了，定“鲁读易为亦”后，仍可断句

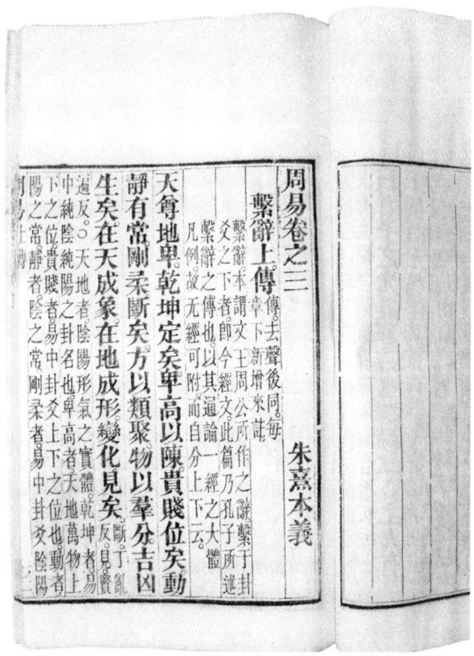
周易卷之三　朱熹本義
繫辭上傳 傳去聲後同每章下新增來註
繫辭本謂文王周公所作之辭繫于卦爻之下者即今經文此篇乃孔子所述繫辭之傳也以其通論一經之大體凡例故无經可附而自分上下云
天尊地卑乾坤定矣卑高以陳貴賤位矣動靜有常剛柔斷矣方以類聚物以羣分吉凶生矣在天成象在地成形變化見矣斷丁亂反見賢遍反○天地者陰陽形氣之實體乾坤者易中純陰純陽之卦名也卑高者天地萬物上下之位貴賤者易中卦爻上下之位也動者陽之常靜者陰之常剛柔者易中卦爻陰陽

《易经》书影　清光绪十二年湖北官书处刊本

为“加我数年——五、十——以学《亦》（即《易》），可以无大过矣。”这样定句后，按传统诠释，此句意为“假如能够让我多活几年——如五年或十年的话，用这几年来学习《亦》（即《易》），那么就可以没有大的过错了。”但，此种理解，仍有问题。孔子行事中规中矩，很早即被时人目之为圣人。孔子乃谦谦君子，即使如此，他犹能这般评价自己：“三十而立，四十而不惑，五十而知天命，六十而耳顺，七十而从心所欲，不逾矩。”（《论语·为政》）故我们认为，将“无大过”理解为“没有大的过错”，并不合孔子之意。郭伟川说：“《易》是论天地阴阳一切事物平衡之学，得其理者，无不及，无大过。故孔子说自己有充分的时间习《易经》，‘可以无大过矣’。可见孔子深得《易经》之精要至理。而其所言之‘无大过’，笔者认为不能解释为‘没有大的过错’，因‘大’字应作‘太’解。‘无大过’当作‘无太过’解，其与‘无不及’相对，正是《易经》阴阳平衡之理。”[20] 郭说其实是将“大”理解为程度副词，将“过”理解为动词。此说大约是最为圆通的了。至此，在无新资料颠覆的情况下，将“加我数年——五、十——以学《亦》（即《易》），可以无大过矣。”理解如下，大约是没有问题的了：假如能够让我多活几年——如五年或十年的话，用这几年来学习《亦》（即《易》），那么就可以没有太大的逾越偏差了。

（本文转载自《孔子研究》2011 年第 2 期）

注释：

[1] 檀作文《朱熹诗经学研究》，北京：学苑出版社 2003 年版，第 78 页。

[2] 杨晋龙《孔子和〈易〉的关系》，载（台北）《中国文学研究》1991 年第 5 期。

[3] 李学勤《孔子的〈易〉学》，载李学勤《失落的文明》，上海：上海文艺出版社 1997 年版，第 294 页。

[4]（清）刘宝楠著、高流水点校《论语正义》，北京：中华书局 1990 年版，第 587 页。

[5]（清）徐养原《论语鲁读考》，载（清）王先谦《皇清经解续编》第二册，上海：上海书店 1988 年版，第 1253 页。

[6]《经典释文》引郑注 90 多处中有“鲁读”23 条。徐养原较之多出 1 条，王国维则从“郑注残卷”本拈出 3 条，故现在可看到的“鲁读”共 27 条。

[7] 参见陆宗达主编《训诂研究》第一辑，北京：北京师范大学出版社 1981 年版，第 221 页。

[8]（清）段玉裁《说文解字注》（上），郑州：中州古籍出版社 2006 年影印本，第 6 页。

[9]（清）徐养原《论语鲁读考》，载（清）王先谦《皇清经解续编》第二册，第 1253 页。

[10] 毛远明《训诂学新编》，成都：巴蜀书社 2002 年版，第 98—99 页。

[11] 杨晋龙《孔子和〈易〉的关系》，载（台北）《中国文学研究》1991 年第 5 期。

[12] 徐养原说：“‘易’在支佳韵，‘亦’在鱼虞模韵。各为一义，不相假借。”可备一说。

[13]《定州汉墓竹简论语》，北京：文物出版社 1997 年整理本，第 33 页。

[14] 转引自（清）刘宝楠著、高流水点校《论语正义》，第 268—269 页。

[15] 钱玄同《答顾颉刚先生书》，载顾颉刚主编《古史辨》第一册，上海：上海古籍出版社 1982 年版，第 75 页。

[16]（清）俞樾《续论语骈枝》，台北：艺文印书馆 1966 年版，第 7 页。

[17] 陆宗达《训诂简论》，北京：北京出版社 1980 年版，第 49 页。

[18] 王索《唐写本论语郑氏注及其研究》，北京：文物出版社 1991 年版，第 78、13 页。

[19] 王索《唐写本论语郑氏注及其研究》，第 78、13 页。

[20] 郭伟川《先秦六经与中国主体文化》，北京：北京图书馆出版社 2007 年版，第 23 页。

（作者朱宏胜系黄山学院文学院教师、扬州大学文学院博士；钱宗武系扬州大学文学院教授、博士生导师）

赵仁珪诗词作品

赵仁珪

旅游书怀（2004年10月）

平生山水最心仪，半为风光半为诗。
每遇奇观惊四顾，辄寻佳句费三思。
由他睡梦归车稳，正我推敲选韵迟。
片纸零笺投锦袋，灞桥驴背可相期。

"片纸"二句：李贺等人有一旦得句，便以锦囊贮之之习。古人又有诗思在风雪灞桥驴背上之说。

风入松·读吴文英词（2005年）

梦窗词似梦窗名。碎"梦"小"窗"萦。循规蹈矩由他舞，予独喜、剑走偏锋。独立词坛怅触，千年难觅同声。
迷离惝恍苦经营。只为太钟情。西湖碧水苏州柳，总勾连、倩影娉婷。何似"窗"前凝望，任他痴"梦"频惊。

据考证，梦窗有二痴情者，一在杭州，一在苏州。王国维曾拈梦窗词句"映梦窗，凌乱碧"来概括梦窗词特色。

虞美人·读李煜词（2005年）

每拈诗笔才思涌。文采风流种。可怜生在帝王家。葬送江山葬送好年华。
幸传几首伤心曲。千古流芳誉。始知盛事本词章。胜似牵羊肉袒作降王。

曹丕《典论·论文》："文章乃经国之大业，不朽之盛事。"

望海潮·读柳永词（2005年）

江南才子，负笈北上，本期际会风云。金榜屡空，仕途多舛，庙堂不买经纶。奉旨作词人。风流倜傥后，多少酸辛。羁旅行程，残蝉秋雨暗伤神。
青楼幸遇知心。有清醇美酒，喁喁柔音。才子佳人，递笺传唱，良宵一刻千金。枯笔且逢春。词史传佳话，唯我独尊。凡有人烟井水，即有柳词吟！

水调歌头·读东坡词（2005年）

清旷风波令，豪放大江东。藐如姑射冰雪，烈似海天风。喝断红香翠软，扫却尊前月下，云岭仰长松。海外开天地，林下启门宗。
叙人事，写风物，课桑农。情真意切，横空健笔亦从容。调得胸中丘壑，洗尽肠间块垒，万象聚混融。燕雀争高翥，云外慕飞鸿。

风波令即《定风波》。"藐姑射"句见《庄子·逍遥游》。

题黄龙五彩池（2005年6月）

瀑水随形乱地流，时时贮满小池头。
天公画罢曾洗笔，染得满山五彩柔。

题黄龙松林溪水（2005年6月）

四面松坡翠映眸，鸟声花气助清幽。
奔淙无赖如群犬，到处扑人任意流。

疏影·读曹群英先生《荒年》，忆学生连冀西北、雁北生活（2007年7月）

椎心泣血。记劫尘时代，蹉跎岁月。雁北

孤营，坝上荒丘，依稀鸿爪泥雪。阳飚尚可薄衾抵，最无奈、阴风凄烈。纵春光、偶过阳关，难展愁心千结。
毕竟人中英杰。任雨狂风骤，本色难灭。龙马蛰伏，地火潜行，只待乘时腾跃。坚冰一旦失寒宇，终化作、秋空霁月。忆平生、苦辣酸甜，风味这边独绝。

1967年夏大学毕业，时值“文革”劫难，无法分配工作，被编入65军学生连，到冀西北、雁北一带劳动锻炼，直至1969年初秋，始分配。

长安组诗（2008年10月）

马嵬怀古，杨贵妃墓仍在

寻幽访古上荒台，万壑风来放眼哀。
衰草波翻侵古道，颓坟龟裂补苍苔。
翩鸿有恨飞难去，战火无情还复来。
一自三郎遮面去，明君情种两相乖。

三郎：马嵬事变时，唐玄宗不忍见杨贵妃被缢死，以袍遮面而去。

过香积寺步王维原诗韵

宝刹清幽处，蟠塬绕远峰。
阶深难碍客，僧老懒敲钟。
法力撑残塔，威音听古松。
深潭鉴云影，波静卧潜龙。

陕西称土岗为塬。

登刘公岛缅怀甲午海战（2009年7月）

一样波涛一样风，百年难尽硝烟浓。
铁甲残骸沉海底，强兵遗梦散长空。
国耻由来非战罪，时乖无奈已途穷。
英碑日夜临风泣，长报国民警世钟。

注：项羽临终曰：“天亡我也，非战之罪也。”此语正可用于甲午海战殉难者身上。刘公岛上有甲午海战殉难烈士英灵碑。

旅韩诗（二首）

2010年4月25日至5月1日乘“天仁”号到韩国旅游。

航海

凭舷远眺海天垂，任尔长风扑面吹。
吹得两胁生羽翼，海鸥伴我自由飞。

由韩国一方眺望“三八”线有感，是日阴雨

三千沃野小瀛洲，一线无情万丈沟。
鸿雁穿云空寄恨，凄风吹雨更添愁。
元戎一误万民死，半岛两分数代仇。
南望洪涛沟更阔，中华何日唱金瓯。

“南望”句，指南望台湾海峡。

谒“三孔”（2010年6月）

海岱黄河瑞气交，圣人宗庙枕其腰。
三千碑志铭鸿业，十万古松凌紫霄。
洙泗弦歌今再胜，诗书雅韵永无凋。
徘徊凝伫重檐下，万仞宫墙仰更高。

《论语·子张》：“夫子之墙数仞，不得其门而入，不见宗庙之美、百官之富。”孔庙中即有“万仞宫墙”之匾额。

登新建之鹳雀楼怀古（2010年10月）

诗人二十字，远胜七层楼。
楼固千年毁，诗佳万代留。
凭栏怀远古，品句豁清眸。
欲驾黄河水，挟风天际游。

鹳雀楼，王之涣咏“白日依山尽”之楼也，毁之已久，近年新建之，有七层之高，极壮观也。

游丽江、束河古镇（2010年11月）

金沙丽水城，天地注钟灵。
古辙通深巷，小楼迎柳风。
开轩落花雨，依枕听溪声。
会得欣然意，陶潜遇武陵。

陶渊明《五柳先生传》：“好读书，不求甚解，每有会意便欣然忘食。”《桃花源记》：“晋太元中，武陵人捕鱼为业。”

（作者系中央文史研究馆馆员）

归朴堂诗草

樊 堃

泾县题咏三首（2008 年 4 月）

戊子暮春，仆与贤道、少华伉俪游皖南，过泾县查济古村落、桃花潭、桃岭等处，得诗三首。

查济古村

藤荫深处是谁家，棠棣秋千树影斜。
祠庙苍茫寻旧迹，第宅寥落渺天涯。
游人花径迷春雨，浣女溪头隔暮霞。
我欲查村营小圃，山中归去种兰芽。

桃花潭

一叶轻舟泛碧潭，恍然身入武陵源。
桃花点点千年韵，春水茫茫十里烟。
但看林间芳草寂，独怜道侧柳丝绵。
谪仙欲觅无踪迹，唯见白云横翠岚。

桃岭品茶

村前溪水日潺湲，溪上归来云自闲。
路鸟声春梦里，半窗花影草庐边。
嫩芽翠展琉璃色，茗碗香浮野墅烟。
啜罢清风生两腋，今生犹得作茶仙。

雨中游祇园寺（2008 年 6 月）

祇园寺，在安徽九华山，始建于明代，内有大雄宝殿、地藏阁并憨山大师、印光大师语录墙等。戊子仲夏，仆冒雨游之，雾气拍面而来，山溪尽杳，一片苍茫，惟携两袖白云而归。

独上祇园寺，云峰飘缈钟。
梵音澄远客，雾气冷苍松。
默念印师语，空怀净土宗。
昔人何处去？雨色起鸿濛。

过虞姬墓（2008 年 8 月）

戊子初秋，仆过皖北灵壁，游虞姬墓。其墓萧索，唯冢上青草如茵。或告，虞姬死，葬处生草能舞，当地人呼为虞美人草。

秋风孤冢已黄昏，青草前身是美人。
遗恨江东云断处，黯然有客吊芳魂。

归乡有作（2009 年 3 月）

清明前夕，陪父返乡扫墓，见老屋倾塌萧索，后山祖茔蔓草荒芜，唯旧时庭前樱桃树，年深岁久，苍翠依旧，心中不胜惘然。

故园别梦廿七年，海宇春深怅逝川。
茅店酒旗平武镇，桐花溪水艳阳天。
多情白鸟留谁驻，无语青山羡我闲。
旧是儿时寻乐地，樱桃树下话从前。

村行（2009 年 4 月）

旧时山径入苍茫，信步归乡逸兴长。
万壑松烟栖草碧，一溪春水带花香。
天涯涕泪浮沉久，海内风尘来去忙。
岁月蹉跎人易老，凭谁把酒话沧桑。

落花诗（2009 年 4 月）

己丑暮春，仆游芜湖丫山“花海石林”，时花期已过，牡丹大多凋零，怅赋小诗而去。

皖南有客惜芳华，闻道丫山国色佳。
小院来迟花已谢，深春坐久日方斜。
三杯病酒频归梦，几许愁肠懒踏沙。
拾得残红难抛却，为怜凋落在天涯。

游宦（2009年5月）

游宦天涯久，心闲物自闲。
朝随白云起，暮与飞鸟还。
有时忽惆怅，藜杖入空山。
独来苍崖下，静听松声眠。
梦醒长风里，吹散万峰烟。
琴书聊寄傲，岂为外道迁。
本性原清净，无处不桃源。
明日挂帆去，其在水云间。

采石矶谒太白衣冠冢（2009年12月）

竹杖芒鞋访翠微，断烟萋草满荒碑。
谁言披锦骑鲸去，肯信登仙揽月归。
小院风轻唯茗碗，沧江日落尽斜晖。
旧时采石埋衣处，但见沙鸥点点飞。

听冯炼师抚琴（2010年3月）

偶至白云观，怡然听古风。
炼师轻挥手，刹那起鸿濛。
意渺沧江月，心游万壑松。
鲲鹏击北海，雏凤鸣苍穹。
妙响流水逝，余音缥缈中。
莫辞更一曲，归去蓬莱宫。

邓尉探梅（2010年3月）

其一
邓尉堂前柳带烟，寻梅信步小桥边。
花开依旧人已老，独有清香似旧年。

其二
炊烟袅袅欲黄昏，有客寻芳过远村。
最是江南香雪海，花间小坐黯销魂。

清明寄怀（2010年4月）

小隐京华碧水湾，浮名俗事岂相关。
静听夜雨微茫外，惯看春花浓淡间。
有酒每同明月饮，无忧常伴白云闲。
放怀天地清和日，携取琴书自往还。

又逢“四二零”（2010年4月）

己卯春，仆奉命厦门，侦办“远华”案，两载始毕。后离京游宦苏皖，不觉又数载。今已不惑，唯闭门听雨，琴诗遣日而已。

遥记当时碧海湾，远华大案起烽烟。
挑灯计定抛家日，倚剑功成报国年。
春水依然飞白鹭，春风几度拂青衫。
归来霜鬓十年后，南皖潇潇听雨眠。

子夜听雨（2010年6月）

庚寅芒种后，连日苦雨，庐阳水涨，樊子病起，须发渐白。

自我来庐阳，三年未许还。
清闲久寂寞，潇潇听雨眠。
雨声味凄苦，细碎来枕边。
春蚕嚼桑叶，似咽似缠绵。
遥远忽近切，野马驰荒原。
恍如鹭岛夜，卧闻海潮喧。
或弄太湖月，琴弹流水篇。
时游黄山上，振衣松风寒。
飘泊吾将老，往事已成烟。
花开复花落，蹉跎忘归年。
病起揽镜照，但见两鬓斑。
抚剑长叹罢，空自羡桃源。

呈坎夜雨（2010年6月）

呈坎古村，旧称龙溪，在黄山脚下。庚寅端午，偕友人同游。

栀子花开满院香，徐徐入室晚风凉。
深宵卧听青山雨，味似儿时在故乡。

琴趣（2010年11月）

庚寅小雪，一清道人飘然而至，煮酒烹茶，仆抚琴作梅花三弄，诗以记之。

天涯行遍复天涯，醉卧合肥赏物华。
莫道此间无乐事，琴声古淡弄梅花。

（作者系人民警察，三级警监警衔）

七慰燕堂（六十一首选十六）

王成纲

2011年1月11日八首选三

2010年12月26日，陪伴文怀沙三十年之夫人徐迎春仙去。文老大悲逾度，化人（钱锺书语）竟不能自化。2011年1月9日谒文老，今晨赋此以慰之。

东流逝水不能回，王母席前添酒杯。
三十年间恩与怨，青烟一缕上瑶台。

鼓盆庄子唱荒唐，竟使灵堂作乐堂。
歌里传来真哲理，必然之路总平常。

化人不可久悲沉，万丈悲情须自禁。
且掬东流不尽水，涵溶燕叟泪涔涔。

2011年1月13日九首选三

两日前作《慰燕堂八首》，余意不尽，知文老几乎日书一联遣悲，再赋九首。

半路夫妻自不凡，檐前老燕共呢喃。
同床异梦开玩笑，老泪如今老眼淹。

栉比挽联张四墙，燕堂不许太悲伤。
我劝先生应自爱，此际无忘学老庄。

《正清和》是大文章，巨制无须较短长。
燕叟胸怀容四海，东西大道笑沧桑。
（文老《正清和》有跋语三十字，共三十三言。）

2011年1月14日九首选二

日前曾撰八首、九首慰燕堂老人文怀沙。燕堂电话称“仍大痛”云，遂再赋九章。

人生大路久深探，三十三言仔细谙。
大道东方贯古今，如何悲痛久沉酣？

天上人间不达函，莫将老泪日常衔。
三千万丈大悲痛，付与流波只自芟。

2011年1月16日八首选二

几日不见文公怀沙，电话中知其心境稍缓，仍日日衔悲。再撰四慰燕堂。

青烟一缕已飞升，飞到瑶台最上层。
徐姐碧霄含笑看，燕堂弘毅最持恒。

人生苦海苦无涯，不管张家或李家。
顺变节哀须恪守，夕阳犹灿满天霞。

2011年1月18日凌晨十首选二

孤灯照影影无双，莫使悲情满大江。
轻拂长髯对生死，笑看落日照书窗。

东方将晓慰燕堂，腊月严寒窗下凉。
纸短情长送温暖，燕堂再写大文章。

2011年1月20日八首选二

心系燕堂，不能自已，再赋八首以慰之。

水有源头树有根，燕堂不忘旧时恩。
且将泪水濡椽笔，写大文章为子孙。

青烟飞起正严冬，升入云空第九重。
天上阿春犹惦念，燕堂应是老苍松。

2011年1月23日九首选二

与燕堂通话，曰：“公守哀，须七七止。余之慰诗亦止七矣。”燕堂许之。

我爱燕堂公爱徐，徐卿魂魄赴清虚。
燕堂七七终哀悼，再铸千秋不朽书。

慰问燕堂至此停，燕堂应自筑安宁。
生离死别浑难判，遥看牵牛织女星。

（作者系《华夏吟友》主编）

杂诗百首（一九六七）

陈永正

好春畅意时，芳菲谁信暂。
一簇高枝红，明日上花担。

墨云掩地来，遥山破一角。
沉沉移入城，纷纷飞蛉觉。

表立第一峰，茫茫独无侣。
云从群山来，作我足底雨。

驻足避车尘，雷声身畔急。
同途不同心，奔走吾安及。

镜花本非真，中情本非假。
可叹少年子，竟作佯狂者。

随风复随水，前路愁无恃。
舞花不肯下，向我探行止。

好月但随云，竟不念旧识。
知我素心人，不曾共今夕。

台风排海来，屋脊撼欲裂。
不寐竟夜间，此声最哀绝。

花有恋波情，每为风所拒。
吹上最高檐，凄然知老女。

堤花别故枝，去逐波中影。
上下各回旋，到水合成整。

湖边一瘦树，无叶少枝哑。
春亦不负之，赠以两三花。

私语细偏宜，春江夜愈美。
不忍望波心，深似汝眸子。

花落岸声大，花落水声小。
花落我怀中，余音犹嫋嫋。

共约护芳菲，留与明朝好。
不敢撷花枝，为汝簪碧草。

径积何年叶，层层不可扫。
上有草数茎，也算春曾到。

密叶覆千重，游丝悬数尺。
徐行野鸟林，孤占情人石。

树零百千花，波展百千靥。
好风忙送过，恐被游鱼唼。

水曲出横枝，一花着我袖。
微恩亦知己，披草故相就。

一巢拙不办，鸤鸠鸣相逐。
阴晴各自呼，人间换寒燠。

万物颂春阳，枯干太触目。
葵藿皆向荣，那得容谤木。

幽林深且阻，路狭逢山鬼。
传语祖龙甦，明年赤帝死。

珠水挟浓愁，日夜竟东赴。
胥涛逆之来，海若坐相怒。

中夜不见星，寂寞一天宇。
彼美终不来，风叶窃相语。

流云满空谷，绵绵不可扫。
弃我向平川，嫌我太孤傲。

宿昔未出山，白云久在抱。
不曾润心苗，今来滋艾草。

秋花湿不飞，但闻冷露滴。
莫教捡将归，宵梦恐无色。

冻萼脆有声，小蕊静无数。
终不效横斜，卓立矜平素。

同霑雨露恩，千林作一碧。
谁怜秋转深，叶叶异颜色。

老鱼独去来，识影早深避。
转笑垂丝人，枯坐守残饵。

昨日杀国人，今日杀妻子。
国人或逃生，妻子难逃死。

山行如读书，行行尽佳句。
把笔欲追摹，却落无字处。

借书本一痴，还书痴亦好。
生逢清晏时，遗经忍独抱。

此膝不得屈，一屈即刻死。
壮哉佟腊斋，一语存野史。

水出高原时，山河随势改。
百感对茫茫，复恐尘生海。

昨宵相携处，磐石坐良久。
今朝觅得之，相依如故友。

纵横八万里，同此凉月色。
上下三千年，何夕是今夕。

风花斗舞姿，谁能左右袒。
一瓣落我前，便觉红灼眼。

镜天云不动，未许水鸟唼。
晴丝静湖风，一虫挂初叶。

撑拒虽云多，难以填沧海。
京观终朝成，秦帝巍巍在。

微月遗迟眠，晨鸡劳久听。
中心结如绳，此日势未定。

月色晓偏佳，虫声春渐欠。
一室水溶溶，辗转身似泛。

每逢惊寤时，多见残月色。
不因共憔悴，瞵之似胸臆。

三年虱如轮，暗里一一拣。
鹯鹰欲化鸠，料当憎我眼。

行到无路处，野花数丛放。
吐红向林梢，青山觉殊状。

残梦逐晓风，一堕不可救。
飘摇故林中，忽与舞红遘。

吾语纷纭者，清谈亦可了。
秋虫奋翅鸣，终不敌高鸟。

正昼酬清阴，微倦献绿草。
相怜多好意，聊坐答情好。

夜半月未生，幽怀颇难耐。
屋山若有光，不眠姑稍待。

窗底光未生，空中诺犹应。
枕痕反侧深，此夕孤怀证。

昨我怜君歌，今我展君墓。
墓草不似君，何会为春妒。

花落亦倦悉，纸灰无由起。
定知蝴蝶来，今夜梦魂里。

胡为赋闲居，知命何可悔。
天欲惜才人，不教与时会。

将醒犹未醒，了了知是梦。
可奈啮指时，自觉尚余痛。

终日绕座行，厌厌窘跬步。
转羡辕下驹，有气犹可负。

檐滴犹未尽，虚光已满瓦。
未必真有情，有情亦难写。

可怀掩抑情，可畏纷纭语。
忆汝初逢时，盈盈十五女。

长吟遵大路，行者皆侧目。
切莫问前程，容易误歌哭。

众女纷然来，谁与定甲乙。
屈心愧未能，哀哉媒何拙。

可笑杂花香，无端入郎鼻。
不知侬昨宵，比汝多姿媚。

子岂无他人，侬独唯子思。
昨日街头见，绿衣娘是谁。

前年共街头，半日立风雨。
去年解避人，众中不敢语。

我坐堤上石，汝立堤畔草。
知汝亦倦行，如何故相恼。

负手曲折行，中园即长路。
一石忽当前，对之似有悟。

匿人背面初，浓笑知难忍。
飞红忽扑怀，便觉春风近。

但听潮来声，但看风撼树。
但觉君在旁，但忘共君语。

解缆出虎门，美人与我别。
了不辨昏晨，新月如残月。

失我箧中珠，此心犹自镇。
失我床头书，此心亦同烬。

鹃啼何处山，颜色一夜想。
忽惊春梦堕，化作落花响。

十月冰未泮，芳津筒可涉。
畏寒思待春，春至浪千叠。

疢疾不可药，终日闻鼎沸。
何当大雷音，一震成聋聩。

苦水如珠水，万年吐不尽。
新醉迭宿醒，抚琴泪双陨。

大刀砍束风，谁曾向鬼子。
可哀作曲人，心随鼓声死。

一月不出门，门庭在万里。
我途殊未穷，绕室当破履。

风来不见波，花坠不闻响。
但知一春心，失落波之上。

草石各纵横，游人不到处。
吾正欲穷途，解领此中趣。

三月春佣人，十年雨历耳。
起来扃小窗，且乞朝眠美。

欲发一溪杨，扶之风不力。
怜余眼尚青，经雨波难碧。

春霖微似情，蕉叶大于伞。
卧听但无声，推窗天忽旦。

郎若过西洲，莫向沙头渡。
沙头多浅滩，出没有狐兔。

明月晕江头，舟人私共语。
此行无奈何，临晓定风雨。

岭南无丹杏，岭南有木棉。
各自好颜色，肯看谁烛天。

风持千万枝，信笔写天宇。
此画大无涯，唯吾心可贮。

爱此竹阴凉，不眠亦竟夕。
风摇最高枝，乍觉微露滴。

骤雨不终日，浮云极古峭。
忽开一角天，阊阖我欲叫。

溯流入山中，行行三五里。
见树不见人，吾自镜于水。

幽房不须光，将恐残月入。
恸哭未必真，谁闻私夜泣。

杜宇不南飞，何以漫岭血。
也拟折枝归，较我情怀热。

蜗牛沿败墙，五日蛮触战。
蓦地缩角回，卒遇养子燕。

寒鸦噪高枝，恶声日充耳。
若不更此鸣，众鸟亦东徙。

愁时故故鸣，眠夜不堪苦。
常思有力者，为折春螽股。

已是满溪红，一牛犹在树。
怜尔到残春，始与赏心遇。

湖浅碧愈深，草薰风可喜。
群儿不行桥，卷裤争涉水。

水肤何嫩柔，风过每战栗。
只见天光摇，不知游鱼出。

路看叶在天，堤看叶在水。
我爱隔岸看，水天叶相对。

风憎水染红，自悔吹花落。
缓缓引之行，集于湖一角。

老红零乱飞，同枝不相顾。
一瓣忽搁桠，窃喜未离树。

径深人迹稀，好鸟渐盈耳。
莫道无繁花，春犹到渌水。

游鱼不敢跳，恐击微云碎。
堪恨天上风，悠悠送将去。

云开展遥空，俄倾霞如织。
水绘湖中天，坐领黄金国。

微风亦已息，微波亦已静。
中心尚摇摇，待久终不定。

（作者系中山大学教授）

苏季子沉浮记

橘明逸

第一出　开宗

【仙吕引子·鹧鸪天】（副末上）醉里何须论短长，依云邀月看兴亡。时乖空献连横策，运显轻翻合纵章。　叹浅薄，笑炎凉，春秋几度各匆忙。浮生多少风流事，尽做梨园戏一场。

休慕今朝贵，堪知昨日贫。此言君不解，来问老年人。

老汉原是函谷关一个店家，身如草芥，名若埃尘。见惯了高低冷暖，苍狗白云。前日看得一部传奇，说的是人生起落，世事无常。今朝失意，明日扬眉。里面竟有老汉几笔文墨，叫人惊喜非常。叹赏之余，闲歌一支曲儿遣意。（内）不知搬演些什么。（答）待老汉再歌一曲便知：

【商调引子·高阳台】一带青衿，三分傲骨，文章欲说秦庭。结义征途，函关共勉前程。十篇策简冲牛斗，更琴音，尽绾多情。却缘何、负了金兰，计陷幽图。　咸阳回首烟云断，恰佳人带泪，才子凄伶。还乡辗转，高堂冷眼相轻。语寒灶冷无人顾，影孤灯、刺骨餐冰。冻苏秦、重现风流，俯仰苍生。

（内）高歌冗长，还请总括几句。（答）待老汉道来：

乘轩里五伦似儿戏，咸阳城八拜弃仁义。柳琴娘情定落拓缘，苏季子沉浮纵横记。

诸位请看，那边厢笛箫清丽，弦索悠扬，那洛阳公子，恰恰登场。

第二出　出洛

【南吕引子·临江仙】（巾生扮苏秦上）指点江山如翻掌，才高性自轻狂。漫凭利口定家邦，琴书滋浩气，星斗焕文章。

（《鹧鸪天》）一自青衿出洛州，南天几见月如钩。笑凭利口安邦业，偶散文光射斗牛。兴社稷，傲王侯，风华当是做鳌头。休谈万里霜尘远，占定人间第一流。

小生姓苏名秦，表字季子，祖居洛阳乘轩里，早年投在颍川阳城，鬼谷恩师门下。师从名士；学贯古今。下笔千言，岂是胶柱鼓瑟；书读万卷，自能纬地经天。数载学成下山，当平天下；一朝庙堂得志，堪佐诸侯。向闻，天下纷纷，惟西秦最强，便欲一说秦王。想来，区区卿相，唾手可得。

【南吕过曲·绣带引】【绣带儿】思人世、

终成过往，直留青史名扬。层峦险径锁烟云，征途远、鬓染风霜。何妨。【太师引】江山举目天际广，鲲鹏志九霄激荡。谋良策、居身庙堂，凭才艺、轻言游说君王。

前日行至在邯郸城中，与那奉阳君李兑抵足而谈。他闻道我欲说秦王，慨然相赠旅资。他言道，若谋了相位，须使赵秦二国止了干戈，勿忘这赠金之情。幸有那李兑相助，才得放胆西行。

【尾声】着布衣，谋卿相，斜阳影外旧行囊。一任时人笑我狂。

看这初春天气，叫人好生清爽。嫩草流光，杏花半放，行路之间，襟袖染香。那边一只鸟儿，啼鸣关关，一声声“不如归去”，略带哀愁，待我看来。（看介）

【黄钟宫过曲·画眉序】却原来，杜宇长啼叫声哀。道“不如归去”，漫惹人猜。不知是唤得谁归，不知是欲留谁在。纵然唤得东君去，须臾又披红黛。

【前腔】这情怀，岂是时人可安排。趁青春年少，走马兰台。且成就千古风流，休计较一时成败。不如归去何无奈，当知日时不待。

这个鸟儿，绕着我不停啼叫，看我打了他去。（打鸟介）咳，竟然飞的远了。

苦读寒窗时日多，光阴过隙易蹉跎。
少时无计行天下，老去空招笑鬓皤。

（下）

第三出　踏春

【越调引子·浪淘沙】（五旦扮柳琴娘引贴雪儿上）莲步出香闺，满眼芳菲，风携花雨过疏篱。几点新红娇蝶戏，乳燕低飞。

细雨如丝洗旧尘，轻香染袖觉时新。莺啼几瓣残红落，淡入轻烟报晓春。

奴家柳琴娘，咸阳人氏。先祖西秦旧姓，位近朝班；门庭礼乐诗文，声闻乡里。父尊他国出行，使臣劳碌；哀我萱堂见背，瘦影孤伶。徒然琴遏流云；依旧诗酬落叶。长敲残月；不展娥眉。丫鬟见闷闷不乐，叫我出门踏青。春色虽好，却怎解闲情。（贴行介）小姐，你往这边看呀：沙平眠白鹭，牛背戏顽童。偶见烟飞过，参差杏雨风。

【越调近词·锦搭絮】（旦）微风轻舞细丝飞。芳草萋萋，对对新莺自在啼。绕疏枝，尽显喃呢。碧桃争艳，嫩蕊含脂。似这般不尽韶华，空辜负东君春送回。

（贴）这边看呀，这边风光更好。（旦行，四顾介）呀。不出闺阁，怎知春光就要去了。（《春去也》）风光好，春色入屠苏。半缕清香穿柳笛，一竿行棹动平湖，烟雨湿衣无？

【前腔】双双寒鸭斗清溪。绿草春池，兰蕚才分三两枝。沐清晖，摇曳风姿。困人天气，鸣翠黄鹂。却奈何画卷无边，只影徘徊独自栖。

这春光绚丽，确是宜人。行了许久，不觉疲倦。（贴）看前面小桥流水，风动晴丝，到那里歇息如何。（旦）好，就去那厢将息。（贴）趁着春色尚好，多游玩一会，免得小姐独坐闺房，对花烦闷。（旦）那里来的烦闷，有道是春催困倦，刚好安眠。（贴偷笑介）怕是春色恼人眠不得。（旦）淘气。快快前行。（贴）走也。

（旦）参差田陌漫飞烟，（贴）柳笛声中淡管弦。
（旦）绿裹轻红逐流水，（合）无边春色倩谁怜。

（同下）

第四出　结义

（付扮汪错同小旦余氏上，云）别离故国叹艰辛，劳碌经年鬓染尘。久困功名行路远，便随妻子入西秦。

咱家洛阳布衣汪错是也。也曾读得诗书，学得谋略，叵耐运道低落，岁月蹉跎。家妻言道，有一族兄在西秦谋事，叫俺前去投奔，遂随妻西行。（小旦做叹科）自从嫁他，也未见谋得富贵，叫人好生不耐。（付）快些行走吧。（同下）

（副末扮店家上，云）酿成春夏秋冬酒，醉倒东西南北人。富贵贫穷都是客，进门一坐便为宾。

老汉本秦国人氏，在这官道旁开了一家客店，赖以糊口。这天色不早，不免到外面吆喝几声，看可有人住宿。（做喊科，下）

（生上，云）心存天下气纵横，手底包藏百万兵。利口能兴千古业，此身岂止为功名。

一路行来，甚是劳碌，眼见过了函关，来至西秦地界，不免一观西秦胜景。（唱）

【仙吕·点绛唇】行路之间，月升星转。眼见初归雁，啼尽关山。望长空云断西风晚。

【混江龙】九曲黄河飞溅，下接沧海上接天。这秦关路险，驿道行艰。虎豹潜藏龙卧涧，峰峦突兀气冲天。对此景叫人一声长叹，真个是云封漠北，气锁天南。

【油葫芦】那村舍疏篱动晚烟，昏鸦啼暮寒。渡船放歌罢了归帆。霜尘催的雕鞍倦，晚风洗尽征途远。云掩红日偏，梢挂新月悬。暮霞弄彩长庚现，乱红铺满早春天。

（云）果然西秦景致别有不同。看天色不早，不免先寻个住处。待俺边行边看。（付引小旦上，云）那边见一书生行来，不免一问。（付见生科，互见科）（付）兄台何来？（生）小弟洛阳季子苏秦，西去咸阳。（付）在下洛阳汪错，也去咸阳，就请同行如何。（生）甚好，看天色不早，前方有一客店，且去那里行宿。（付、小旦）一同前去。（行科）

（副末上，云）店小宾客多，里外紧张罗。那边又来几位，不免前去询问。客官可要住宿？（生）正是。贵号可有闲余，俺每小住一晚，明日启程。（副末）恰有闲余，客官有请。（做引生、付、小旦行科，生等坐科）（外）诸位客官少待，俺去准备饭菜。（生）有劳。（副末）客气了。（下）

（付）苏兄前往咸阳，意欲何为。（生）欲往西秦一说秦王，将那所学技艺，一报苍生，安平天下。（小旦）看你说得轻巧，如今天下纷纭，岂是片言可解。你肩不盈担，手难提篮，如何说服秦王。（生唱）

【那吒令】你看我文弱弱一袭布衫，这三寸舌非若等闲。你道我干巴巴一双瘦肩，这万言策轻解倒悬。你笑我悬乎乎一番大言，这千秋业如同笑谈。俺也曾惨淡淡翻断编，辛苦苦磨穿砚。才华何让先贤。

（付云）苏兄又如何知道，秦王是怎样思想。（生）此事呵。（唱）

【鹊踏枝】世人但分贵富寒，智愚贤。大丈夫气尽争权，小丈夫力尽敛钱。王与霸连年征战，为了些薄土荒田。

【寄生草】春雨消干旱，玄机动妙言。良谋似轻消暑气的白纱扇，相逐寒夜的红炉炭，匡扶天下的丹书卷。但须能共大王言，何愁不把那奇功建。

【后庭花】说甚秦庭道路艰，说甚朝堂名望难。虽是隐隐青衫瘦，却敌滔滔碧海宽。入秦关，笑书一卷，连横策万言。

（小旦背云）这真是好马生在腿上，好人生在嘴上，如此之人，须当结交，到了西秦，定能照应，正是这个道理。（生）素闻那秦王重士尚贤，取材天下。苏某不才，但凭这满腹才华，仰仗这连横妙策，定能说服秦王。（小旦）你二人既是同乡，又同去咸阳，不如结拜弟兄，也好有个照应。（付）哦哦，正有此意，不知贤弟意下如何。（生）如此甚好，小弟拜见兄长嫂嫂。（互拜科）（生唱）

【青哥儿】此一路孤零零无伴，不料却相

知得见。陌路相逢幸有缘，共谋天下笑齐肩，直叫人心花绽。

【尾声】但等仕途通，赢得功名显，把万丈豪情尽展，博得个史册留名万古传。江山踏遍，乾坤扭转，不负这函关结义拜金兰。

（云）本来的孤身入秦，却在这万里他乡，喜结金兰，这叫人如何不喜，如何不喜呵。但得二人齐心协力，这大事又何愁不成。（付，小旦）正是，这大事又何愁不成。

（付）男儿有志在他乡，（生）万里入秦夸策章。
（小旦）结义金兰逢陌路，（合）弟兄携手姓名扬。

（同下）

第五出　闻琴

【正宫引子·破齐阵】【破阵子头】（旦上）天外韶华轻去，枝头残萼犹存。【齐天乐】梅子初成，乳莺渐老，失了东君芳信。【破阵子尾】一任丝云闲清影，独倚雕栏惜暮春，谁同闺里人。

轻烟云影淡如纱，一缕斜风卷落花。最是流光吹不起，漫招蛱蝶向谁家。

奴家柳琴娘。自那日踏春归来，更生闷倦。想这青春易去，芳华易老，空对轩窗，顾影自怜。待我移步楼头，抚上一曲，以解情怀。（叫介）丫鬟。（内应介）（旦）焚上篆香，抱取瑶琴，待我抚来。（贴上，置香、琴介，旦坐，对琴介）

【仙吕入双调·风云会四朝元】【四朝元头】（旦）袖儿轻褪，檀香玉鼎焚。把满怀思绪，一缕幽闷，会同弦里分。幸于君共语，幸于君共语。【会河阳】（调琴介）且把音定宫商，弦别君臣。【四朝元】（抚琴介）微挑柔荑，漫传清韵。【驻云飞】徽位方移动，嗏，凤尾又轻分。（内琴音一叠，生暗上，听琴介。）【一江风】十指纤纤，欲遣残春恨。阳春独自弹，空将白雪引。【四朝元尾】（长叹介）独对着新篁翠柳，莺莺燕燕，但凭谁问。

（贴）这叮叮咚咚的，煞是好听，可惜不明其意。（旦）自伶伦定音，器乐繁杂，惟有瑶琴，却为自赏而弹。（贴）只弹给自己听，他人却如何明白。（旦叹介）知音难求。（贴）弹了半晌，且歇息片时。

【前腔】（生击赏介）好琴啊好琴，真真妙不可言。从来琴韵，难寻解意人。叹清溪何淡，秀岭何峻，全凭曲意存。这春花秋月，这春花秋月，化做了雅调叮叮，玉指频频。似挽春回，却怜芳尽。（怜惜介）何故悲思绪，嗏，消损玉楼人。音绕雕梁，曲散留余蕴。（贴对旦介）你看墙外那人，贼头贼脑，东张西望的，肯定非是好人。（旦看介）（生）只应天上闻，缘何世间品。（遥看楼头介）却原来楼头弄影，亭亭袅袅，半藏青鬓。

一路跋山涉水，晓行夜宿，终于来至咸阳。因贪恋景致，同兄嫂走散，不免边看边寻。行至此间，忽闻琴奏。驻足听来，只觉仙音邈邈，清丽宜人。（看介）但见花影隐约，却不知何人抚琴。

（贴对旦介）小姐，看贼头贼脑那人，正在偷看。瞧他手舞足蹈，甚是有趣，待我去耍他一耍。（旦）休要淘气。（贴）我去去就来。（下楼对生介）咳，这位书生，不去攻读诗书，却在这里东张西望，意欲何为。（生见礼介）小生洛阳季子苏秦，初至此间，忽闻琴声，不免陶醉。（贴）莫非你也懂琴？偷听了半晌，可知所弹是何情怀？

【前腔】（生）何须相问，俺堪称解意人。为红成零落，翠掩消损，暗中怜晚春。他欲同人诉语，欲同人诉语，却是独遣幽思，无计温存。（贴）看你摇头晃脑，说的或有道理。可知这瑶琴有何讲究？（生）乐奏瑶池，伏羲留韵。尧舜歌风雅，嗏，文武定君臣。此本伏羲氏所做，初止五弦。因奏瑶池之乐，故名瑶琴。尧舜奏《南风》，天下大治。文王被囚，而增一弦，人谓文弦。

武王伐纣，复增一弦，人谓武弦。此二弦和君臣之意，故而又名文武七弦琴。（贴）看你说的滔滔不绝，可会弹奏？休说什么君子动口。（生）这有何难，待我抚来。（席地坐介，膝上调琴介了，抚琴介，内琴音一叠。旦起，悄听介）（生）落指如风，但把金徽认。飞弦碧海吞，收声浩天隐。扬眉袖手，山山水水，曲中收尽。

（贴）好坏不知，这琴声到比小姐所弹响亮不少。（生）见笑。

【前腔】（旦遥顾生介）呀。悄抬青鬟，凝眸瞅那人。恰七音将止，一曲方尽，凤歌犹遏云。却何方游子，却何方游子，直教尽洗铅华，不染埃尘。情隐孤高，声含谦逊，风月清流品，嗏，琴瑟俏佳宾。（羞介）如此情怀，叫我朱颜窘。（看生介）胸襟透浩然，青衫露风蕴。正温文淡雅，潇潇洒洒，少年才俊。

（旦）看那人遥望这里，不住观瞧，好不羞人也，待我回房。（回顾生介）。正是："瞻彼淇奥，绿竹猗猗。有匪君子，如切如磋，如琢如磨。"（下）

（生）（顾旦下介，对贴介）敢问适才可是你家小姐抚琴。（贴）你这书生，枉读诗书，岂不知非礼勿问。（生）那里有非礼勿问，乃是"非礼勿视，非礼勿听，非礼勿言，非礼勿动"。（贴）你又看又听，还指手画脚，胡言乱语，岂不是全占了，（绕台诨介）非礼非礼，非礼啊非礼。（下）（生）那有此事啊。咳，待我先去寻找兄长，再做道理。（再三回顾介）这才是：

参差荇菜，左右采之；窈窕淑女，琴瑟友之。参差荇菜，左右芼之；窈窕淑女，钟鼓乐之。

（下）

第六出　连横

【商调过曲・吴小四】（丑扮演余权上）幼时孤，少运枯，行来中年时运无。幸好身投丞相府，往来周旋小丈夫。充食客，学滥竽。

祖居周地洛阳城，流落他乡一叶轻。八字没生卿相命，大人府里巧逢迎。

咱家余权是也，本是洛阳人氏。运道起伏，来至咸阳。蒙天照应，自身机巧，投在相府充个食客。虽非大富贵，却是小安逸。一应事儿做的精致，深得大人信任。权儿不大，管事不少，不管生张熟李，多来相求。眉眼高低，也落得些须好处。（笑介）真真名如其人，他人剩余之权，尽归了我，想来到也有趣。忙碌半晌，先行休息片刻。正是：大河有水小河流，身傍高轩有人求。（下）

【中吕引子・粉蝶儿】（生上）自过函关，行迹欲催春老，尘烟一任染青袍。至咸阳，思过往，振衣长笑。看书生，澄寰宇夸年少。

暮云新月各匆忙，烟锁长河掩日光。归鸟排空啼远道，似携清韵绕咸阳。

适才行至那厢，听人抚琴，真真高妙。此时想来，犹存余味。幸好前面不远寻到兄长，便一同前行。（付、小旦上）（生对付介）兄长，看些什么。（付）咸阳城中，车水马龙，叫人好生慨叹。（生）此间强盛无比，端得是施展才艺之时。（付）想你我乃一介布衣，闻那秦王威严非常，卿相强似虎狼，怎不叫人忐忑。（小旦）看你瞻前顾后，如何成就大事。天色将晚，先寻我家哥哥再做道理。

（行介，扣门介，丑上，互见介了）（丑）不知妹丈来至咸阳，欲行何事。（付）由来运道艰难，投奔哥哥，还望多多提携。（丑）此间谋个差事，到也不难，稍安，待我回头安排，定能温饱。（付拜谢介）（生）谢过兄长。然我二人志非在此，欲达秦庭，一说秦王。（丑笑介）那秦庭宫阙入云，朝堂威赫，规仪庄严。想你不过一介布衣，出身村野，草木之人，如何说得秦王。不如随便应个差事，到是正经道理。

【中吕过曲·好事近】（生）休笑布衣袍，说甚蓬门低小。朝堂威赫，层檐欲穿云表。当知僻野，见几多豪杰乾坤扫。那高轩肉食乏谋，把苍生空自耽了。

【前腔】可记子牙骄，溪畔何曾终老。殷商伊尹，低微却开堂庙。泥中傅说，百里奚换取羊皮袄。诸前贤山野蓬蒿，敞胸襟江天何小。

（丑）这前贤我也能数来几位，不知有甚瓜葛。（小旦）弟弟甚有才学，到不妨一试。（生）人有长幼尊卑，可先行举荐兄长。待我等谋划一二，劳烦余兄周旋，定可如意。（丑笑介）红口白牙，但数来几位前贤，怕难如意。（付）是呵，这天下纷乱，征伐四起，若无良策，恐难说秦王。

【千秋岁】（生）乱兵交，天下干戈动，鞍马久困英豪。各逞刚强，各逞刚强，浑忘了远交近攻玄妙。单守定函关道，战韩国连强赵，破纵分征讨。连横六国，共奉秦朝。

（付）贤弟此计高妙，若按此说服秦王，当见功效。（丑）听来也有道理。若欲谋此事，怕尚须商议。秦王爱才，秦相贪财，凭你灵牙利齿，怕也难成。（小旦）此一路多蒙弟弟照应，方免窘迫。说来惭愧了。（生）嫂嫂休要担心。前日那奉阳君李兑，赠我黄金千两，玉璧明珠。此行花消甚少，刚好与兄长打点。（付）万万不可。（小旦）既然弟弟如此，你若推辞，怕冷了弟兄情分。（丑）是呀，既然是弟兄，何必多加推脱。如此看来，此事到可商议商议。

【越恁好】（付）欲悲还笑，欲悲还笑，结义胜同胞。（丑）苏贤弟大有古人高风。（付）金兰义重，似管鲍、旧时交。（小旦）有弟如此，却也难求。（付）时人冷眼各观瞧，真情何少。（丑）这世态炎凉，自古如此。那时间、眼望着豪门眺，此时间、手把着龙门跳。（生）有道是兄弟同心，其利断金。

【红绣鞋】（小旦）此行水恶山高，山高。一肩风雨如刀，如刀。天漫漫，路迢迢。将喜气，洗辛劳。显风光就在今朝，今朝。

这半生劳顿，西行坎坷，如今终将出人头地也。（付）贤弟大仁大义，千古少闻。若蒙天眷顾，大事得成，定不忘贤弟恩情。（小旦）定不忘贤弟恩情。

【尾】（生）待兄换了绮罗袍，兰契同将史册标，放眼才知天地小。

（付）回首前朝逆事多，（生）充胸大志怎消磨。
（丑）金兰力把乾坤变，（小旦）换去青衫奏凯歌。

（同下）

第七出　亭会

（旦上）云送初晴印水光，青丝半绾出新妆，最是芙蕖能醉我，一支含露在池塘。

想我琴娘，生在名门，长居闺阁，学得诗书，习得礼乐，却空将大好青春，应付无边落寞，叫人好不伤怀。（唱）

【正宫·端正好】晓窗深，珠帘皱，轻风懒、缓动银钩。微曦淡淡薄帷透，偷染了芙蓉袖。

（云）自从那日楼头，听那人抚琴，竟时时挂念。思想起来，好不羞人。（做羞科）看天色晴好，不免移步楼头一观。（行科，楼头眺科，唱）

【滚绣球】草色深，花影柔，韶华依旧。任微波闲了双鸥。山色明，云影悠，天光织就。任风烟隐了孤舟。云山共锁娥眉皱，花草半含珠泪忧，清眸里淡了清愁。

（云）新雨初霁，风弄清凉，却不知情归何处，心系何人。

【倘秀才】恨朝雨似那阳关别后，恨晴柳似那轻尘悒就。客舍青青隔远楼。空对着轩堂寂，画亭幽，未来秋却先消瘦。

（云）瑶琴啊瑶琴，今日却不曾有闲情对

你也。（唱）

【脱布衫】孤琴上空忆薄羞，两眉底尽染轻愁。三分病慵抬玉手，四周遭懒观锦绣。

【小梁州】五彩云霞玉面勾，陆续难休。七弦余韵似存留，八音逗，九天外但忍了翠双眸。

（云）却不知那人，可曾挂念于我，不知那人，何时复至。（做羞科，唱）

【幺篇】瑶琴久对消闲昼，隐约中又见风流。他那里话语柔，才华秀，谦谦无垢，怎能不惹人羞。

（贴上，云）这几日小姐琴也不弹，书也不温，独自守着窗儿发呆，坐在楼头叹气。不知为些什么。趁着天晴，我且问下小姐有何安排。小姐，你看久雨初晴，我们是赏花还是弹琴。（旦）但坐闲观。（贴做四顾科）你看湖边莺燕双双，鸳鸯对对，好生热闹。（旦）喧喧闹闹，于我无干。（贴）你看闾巷行人匆匆，好生忙碌。（旦）熙熙攘攘，于我无涉。（贴）你看远处那人，贼头贼脑，定非好人。（旦）贼头贼脑，于我、于我，（做惊看科）（背云）他、他于我无情。（贴）那人却向这里一路行来。

（生上，云）谁植兰花香染衣，朱弦空叹识音稀。小楼何处听新曲，尽绾流云不许飞。

自那日听得一曲，梦萦魂牵，何曾忘怀。这几日写了十篇策论，叫兄长随意取用。听闻秦王见了，惊喜非常。大事眼见将成，叫人好不开怀。且趁晴好天气，傍花随柳，重访玉楼。来至此处，见楼头依旧人影朦胧，却不知如何才能得见。（做叹科）

（贴）小姐，你看那人，在墙外伫立徘徊，不知为了何事，待我问他一问。（旦）这，（做沉吟科）也好。（贴）那人到也有趣，不如叫他到后面花园小亭，和小姐一同弹琴如何。（旦）不要胡闹，快去快来。（贴）我去去就来。（做下楼科，对生科）这位书生，在此何事。（生）苏秦见礼。俺随意赏玩，偶行至此。（贴）既然随意赏玩，又何故在此徘徊。（生）不瞒姐姐，自那日此间听琴，许久不曾忘怀，故今日前来，欲拜仙姿。（贴学生语做诨科）欲拜仙姿。这酸文假醋的，明是想见我家小姐，何须如此作态，你且随我来。（生做大喜科）好好好，有劳姐姐引路。（贴引生做行科）

（旦做看科）呀，真真把那人引到后面小亭去了。（贴）你先这里小坐，待我去请小姐前来。（生）姐姐辛苦。（贴）这做丫鬟的，心不苦，命苦。（做行科，见旦科）我已把那人引到小亭，来请小姐前去。（旦）雪儿胡闹，此事如何使得。（贴引旦做行科）口说不允，心说赶紧。快快随我来。（旦做羞科）淘气的丫头，好生羞人也。（做至亭科，旦生互礼科，坐科）（旦唱）

【醉太平】他那里轻声带柔，我这里粉面含羞。不由得半拈罗带半低头。却难禁偷眉暗瞅。只见他青衫一领身消瘦，剑眉两道颜清秀，风流万种话温柔。形影儿露风流。

【叨叨令】虽是那霜尘染的青衫瘦，却见他笑挥倜傥才华透。虽是那身形局促花儿嗅，却见他胸藏底蕴流浑厚。偷瞧不得也么哥，偷瞧不得也么哥。怕人知，低头假把那裙儿扣。

（旦、生同云）公子、小姐。（旦羞科，生慌科）（旦云）公子请用茶。（生）谢过小姐，好茶。（贴偷笑科，云）盏儿尚未拿来，那来的好茶。（旦）痴丫头，还不快去取来。（贴）是啦。待我前去取来。（背云）我且那边玩耍去也。（旦唱）

【二煞】我这里绿云频理轻提袖，翠黛悄抬慢转头。侧对檀郎，如痴似怨。才开樱口，欲语还羞。只觉那芳心乱撞，粉面发烧，香渍微流。方移玉手，又把那佩环勾。

（偷顾生科，唱）

【二煞】他也是手足局促红云儿透，言语结巴将木凳儿抠。我又无言，你偏少语。那雪儿无影，这茶水空瓯。共守着一园新意，满目芳菲，万种情柔。 亏他空生了一张能言利口，却叫我这不尴不尬怎生休。

（贴执茶盘上，云）要的好开心也。想来他们说的口也干，舌也燥，且把茶汤送上。哎呀，你们怎久坐不语啊，俩人好生腼腆。（生）坐了半晌，恐小姐疲倦，不免改日再叙。（旦）先生却要走了么？（生）怕小姐劳累，改日再来。（旦）改日一定前来。（生）改日定要前来。（旦唱）

【三煞】他那里欲行又止频回首，我这里似送还留半掩羞。虽不是再会无期，相逢无路。 却怕这孤影独身，一日三秋。更惹来魂牵梦底，怨锁眉间，影系心头。骂一声冤家，不知道哪世里与你为下的这冤仇。

（做送生再三科，生古门回顾科，下）

（旦遥顾生去科）（贴）小姐，那苏公子已经远去了。（旦唱）

【煞尾】往日间长叹春风骤，此时候方觉花影柔。人道是知音难就，珠宝易求。怎管他来日悠悠。且把这缱绻春心醉良友。

（做羞科）若得郎如此，夫复何求。

（旦）一线心丝系纸鸢，（贴）小亭独坐未成眠。
（旦）此情寄与南天月，（合）好将琴瑟结同弦。

（同下）

第八出　相谋

【仙吕入双调·字字双】（丑扮家人上）撇嘴横眉立门梢，歪帽。主人问话快弯腰，先笑。大官来了腿抬高，通报。穷鬼登门白眼瞧，轰掉。

院子也风光，往来迎送忙。高檐能避雨，大树好乘凉。

咱家乃汪府一个院子，新贵人春风得意，甚得大王看重，不但得赐高官，还赏下一所大宅院。夫人吩咐下来，要看好府门，闲杂人等，一应免进，省得沾了穷气。我须当里外伺候，免受责罚。（虚指台下官话诨介）看甚看，看也不许你每进来，那边厢仔细观看，小心轰了出去。正是：大人得意我风光，大人吃肉我喝汤。（虚下）

【越调引子·杏花天】（小旦华装引丫鬟上）昨朝犹把高官盼，却今朝高宅雕栏。人逢喜事精神爽，命里有、与他人不关。

时来运转显精神，今日高门做贵人。有道穷通都是命，从今不再受清贫。

奴家余氏，自来至咸阳，就喜事连连。老爷巧谋善断，加上俺家哥哥上下打点，这不但得赐高官，还赏赐了宅院，真是喜人。只因有个事儿在心，不免请出老爷商议。（命介）去到后堂请老爷前来。（丫鬟）是了。有请老爷。

（付冠袍上）真真喜煞人也。多蒙内兄疏通，义弟相助，使我秦庭大出风头，思想起来，叫人好不开怀。（丫鬟拜介）（付）今日之事，多亏令兄与义弟相助也。（小旦）富贵在天，他人何干。（付）我今仕途已通，明日欲奉奏秦王，保荐义弟如何？

【越调过曲·豹子令】（小旦）那季子从来奸猾汉，（丑、丫鬟）奸猾汉。惯从忠厚暗藏奸，（丑、丫鬟）暗藏奸。（付）若非义弟相助，怕也难成。（小旦）他想凭巧力将官拣，（丑、丫鬟）一山两虎自来难，怕是镜花水月又饥寒。

（小旦）你所献秦王之策，多苏秦谋化，若秦王得知，恐追你个相欺之罪。一不做，二不休，不如用计将他逐出西秦。（付沉吟介）这样怕有不妥。

【水底鱼】方寸之间，怕将来生不安。（小旦）孰轻孰重，到时寻悔难。（付）那季子非凡，由来岂等闲。（小旦）精心盘算，将他逐出函谷关。（合）逐出函谷关。

（小旦）近日苏秦常去一女子那里，叫我

家哥哥这般如此，此事可成。（付）如此可行？（小旦）任那苏秦诡计多端，你我仔细商议，事定能成。（付）就依夫人。

（小旦）生来不怕外人评，（付）那个当权认旧盟。
（小旦）做事如非为自己，（合）天诛地灭不留情。

第九出　惊变

【越调过曲·赵皮鞋】（净扮商括引丑扮余权、众家丁上）折扇胡乱摇，霸道横行漫放刁。靠咱老父给撑腰，那个多言先踹倒。

老子，（丑示意介）（净）哦哦，文雅些，文雅些。在下，商括是也，乃秦国丞相之子。妻妾虽多，却无一人中意。那余权与我保媒，他言到，柳琴娘甚是美貌。说的我心动，便随余权前去相看美人。听闻那美人喜爱穷酸文士，不免也学他一学才好。（学文士扭捏诨介）小的们，（杂应介）（净）快快行走。（众行介）

（丑）公子，已到柳府了。（净）好，给老子砸……（丑拦介）（净）哦哦，给我叩门。（丑叩门介，贴上，开门介）何人叩门。（丑）余权见礼。（净）小生见礼。（贴）何事。（净）闻的小姐相貌俊美，特来相亲。（贴）一无三媒，二无六证，谁知你是何人，却要看谁。（净拉丑介）说媒的在此，快快带我去见美人。（丑）见礼，我就是商府大媒，特来提亲。看商公子文质彬彬，相貌堂堂，实乃人中龙凤也。（贴）我家小姐早有良缘，此事休想。（欲闭门介）。（净）可是那穷酸苏秦。（贴）此事与你何干。（关门介，下）

（丑）公子，不拿了苏秦，怕此事难成。（净对门叫介）兀那柳琴娘听了，苏秦乃赵国奸细，前来卧底，事已查明，不日拿他入狱听审。（唤丑介）按你所言，回去禀报我家爹爹，拿他下牢。我每走。（众杂应介，同下）

（旦上）门外甚是喧嚷，不知为了何事。（贴急上）大事不好，那商括同余权前来提亲，言到苏公子是赵国奸细，前来卧底，不日要抓他入狱。（旦大惊介）这便如何是好，如何是好。（贴）不如我前去禀报苏公子，叫他早做准备。（旦）快去快去。（贴应介，急下）（旦）天，这便如何是好。人在家中坐，祸从天上来。

（下）

【仙吕过曲·上马踢】（生急行上）翻山跃险坡，一路匆匆过。穿林渡浅河，见人藏又躲。力倦神疲，寻块残碑坐。（蹲坐介，痛介，倒地介）瘦腿缓拖，（云）痛杀我也鲜血斑斑，双脚都磨破。

听闻传讯，欲去兄长那里探听消息，方才出门，便见众兵丁四处搜索。躲藏几日，才知是汪错等人设计陷害于我。眼见搜索欲紧，无奈何混出咸阳，一路奔逃。（怒介）汪错啊汪错，我当兄长敬你，你却为何做下忘恩负义之事，真真气杀人也。（惊介）哎呀不好，看那边一似人影晃动，莫非是捉拿于我？趁夜色赶紧行路。正是：

人无伤虎意，虎有害人心。只为蝇头利，偏当不义人。（急行下）

第十出　还乡

（老生扮苏大公，引老旦扮李氏上，云）谁人不争利，那个不贪权。囤满心无虑，农收气自闲。

老汉苏大公是也，乃洛阳乘轩里旧户。居家五口，婆婆李氏，大儿苏梨，娶妻陶氏。二子苏秦，却不肯做庄户生活，攻些诗书，谈些战策，浪费许多钱财。想俺庄户人家，衣食足，便是福；囤有粮，心不慌。那苏秦不听训斥，欲凭些空言妄语，去讨生活，岂不蠢哉。（老旦）他去求官，若真谋来富贵，便也荣耀。风刮的紧了，雪花片片落下。我里面收拾，你去取些柴草，燃灶

御寒。（老生）便去。（各下）

（生褴褛，掩面上，云）小生苏秦是也。自出咸阳，一路奔逃。出了函关，心才放定，一路乞食而还。（做叹科）想俺苏秦，自负才华，诗书读烂，如今却落得这般模样，想来好不伤感也。（做悲科，唱）

【北越调·斗鹌鹑】想当初独出乡关，一去天涯。歌月吟风，听雨簪花。本欲个宫阙封君，兰台跨马。却落得破烂烂衣似鹑，黑漆漆颜似鸦，掩面悲哉，望门愧杀。

【北紫花儿序】羞看这头蓬乱发，臂挂行囊，手拄枝丫。冻饿的身形摇晃，手脚酸麻。天那，恨的我生生咬碎牙。冷飕飕雪花飞撒，遥望柴门，不敢还家。

（老生上，云）天色将晚，取柴御寒。（做取柴科）这柴房边怎有个花郎儿，且轰他出去，免生歹事。（做赶生科，生掩面科，云）父亲，是您孩儿回来了。（老生做惊认科）你说你是那个？（生）是您孩儿回来了。（老生做大羞科）咳，求官问禄，就求问个花郎回来，岂不羞杀人也。

【南诉衷肠】早叫你村头篱下，耕种里求冬夏。不去村南种庄稼，也学他商贾生涯。痴心妄想谋显贵，落得个沿街叫化。我抽出桑柘棒，抽打着小畜生连声骂。你有何脸面还家。

（生做拜科）父亲息怒。（老生）官职我看。（生）不曾为官。（老生）财帛我瞧。（生）无有钱财。（老生做怒）你一无官职，二无财帛，拿甚孝敬于我，不曾闻赤手空拳的孝子。（生）家贫出孝子。（老生）老汉不贫，是你贫。无钱孝子假，有钱孝子真。（生做拜科）父亲。（老生）那个是你父亲，如若在叫，打断你的双腿。（生做跪拜科）父亲。（老生做怒打科，如是再三）（老生）你唤父亲，怕折了老汉寿数。我躲了出去，任你对着行人去叫。（怒下）（生唱）

【北耍三台】气哼哼连声骂，怒冲冲凭身便打。想一回泪如雨下，听一声心似刀扎。他则道无钱都是假，又有何脸面还家。没由来结义薄仁，却怎知亲情更寡。

（老旦上，云）这霜风晓角，雪花乱飞。唤老的去取些柴草，却不见取来。待老身去看。（做惊见生介）这花郎怎跑到院内来了，出去出去。（生做悲科）母亲，是您孩儿回来了。（老旦）你是求官的苏秦回来了？（做大羞科）却连个行乞的团头，都未求来，邻里面前，好不丢人也。（生做拜科）母亲。（老旦做怒科）那个是你母亲。叫你在家，做些农事商贾，你偏去求名做官，却这般模样回来。（唱）

【南山麻秸】见花郎不由气杀，这见了乡邻，面皮何挂。（生）孩儿远游在外，时时想念母亲。（老旦）你想念母亲么？（生做悲科）正是。（老旦做伸手科）拿来。（生）什么。（老旦，唱）又拿甚堂前，去孝敬于咱。（生）这般光景，唯尽心孝敬。（老旦，唱）虚话，谁不知行孝，按钱财评价。（生复拜科）待孩儿来日功成名就，全力侍奉高堂晚年。（老旦，唱）有谁稀罕，你这事空情假，红口白牙。

（生复拜科）母亲息怒，孩儿落魄如此，实乃情非得已。（老旦做怒科）休要诡辩，那个是你母亲，如若在叫，看我掌嘴。（做欲下科）（生做跪牵老旦衣科）母亲。（老旦做夺衣、踢生倒地科，怒下。）（生倒地科，唱）

【北调笑令】不由的叫咱，扑簌簌泪交加。双手猛然胸口儿抓。苏秦也是双膝下，却为何陌路无差。思来叫人悲痛杀，泪婆娑心乱如麻。

（丑扮陶氏上，云）阴天不睡觉，外边瞎吵闹。呀，这是谁人？怎这般模样？（生做起身拜科）嫂嫂，是小弟回来了。（丑做笑科）原来是我那求官的叔叔回来了，不知可求的甚官，做的何职啊？（生）说来惭愧，无有官职。小弟腹内饥饿，身上寒冷，劳烦嫂嫂做些热汤饭于俺。（丑唱）

【南忆多娇】叔叔常自夸，才气华。想必是得官回了家。（带云）你们这为官的喝吃的是御酒珍馐龙凤茶，你且饶咱，你且饶咱，怎吃这粗粮菜瓜。

（生做拜科）嫂嫂不要取笑，小弟甚是饥寒，劳烦嫂嫂。（丑）你甚是饥寒，我甚是困倦，等我不甚困倦了，你再劳烦于我。（生做恼科）嫂嫂怎这般说话。（丑）真是要饭的摔棍子——穷脾气不小哩。囤里有粮，瓮里有水，柴房有柴，你自己有手，饿啊，自去做来。（生唱）

【北耍厮儿】你怎的情寒意寡，恶言语讥讽欺咱。可知他须臾运转真不假。（带云）到那时呵怕你羞无尽，愧交加。学甚么恶吏当衙。（丑唱）

【南江神子】听此言人吓杀，（生）知道就好。（丑唱）叫二叔休把奴来吓。（生）那个吓你。（丑唱）可知嫂嫂心生怕。（生）怕些什么。（丑唱）可知我从来怕叫花。

（生）你，你好生无礼。（丑）你知书达礼，彬彬有礼，会些个假仪虚礼，可为甚就没人搭理。都这般模样，还穷酸哩。磨牙没空闲，下雪正当眠。（下）（生唱）

【北圣药王】我这里珠泪滑，形影乏，笑亲情真个淡如纱。身冻僵，眼饿花，逼人的飞雪漫天撒，昏沉沉摔倒在平沙。（做昏倒科）

（净扮苏梨挑担、持货郎鼓上，云）忙里农桑，闲中商贾。小户人家，由来辛苦。

咱家苏梨是也。冬闲时候，在长街做个生涯。看雪花纷飞，不免先回家去。呀，此是何人，怎冻卧在此，待俺唤他。（做大惊科，抛担扶生起科）原来是二弟回来了。二弟，二弟醒来。（生做苏醒科，抱净哭科）兄长啊。（净）看此光景，不过是在外蹉跎，受了些闲气。好大男人，有甚可哭。（生做大哭科）（净）世事无常，人生起落，又有何妨。俺在这长街生涯，受尽白眼，难道就去哭死不成。无须悲伤，一切事儿，都有兄长。来日等你出头，那个还敢笑你。（生唱）

【北尾声】这万般事儿都虚话，好男儿终乘驷马。看这冷暖里认从头，管教那时人羞愧煞。

（净）先到房中，吃些暖汤热饭，再做道理。

休为一时难，泯灭鸿鹄志。当知这人生，除死无大事。

（同下）

第十一出　却婚

【仙吕过曲·大斋郎】（丑引丑旦扮王媒婆、杂抬聘礼上）（丑旦）步儿微，（丑）扇儿挥，（丑旦）两边聘礼紧相随。（丑）为图公子开颜笑，（合）再来柳府做红媒。

咱家余权是也。（丑旦）老身王媒婆。（丑）那苏秦自逃出咸阳，便没了消息，八成冻饿而死。（丑旦）想必死了。（丑）公子却日夜想那柳琴娘。这次将带来聘礼，柳琴娘，你成也是成，不成也是成。（丑旦）公子托我做柳府大媒，前去提亲，话没说几句，那琴娘竟赶我出来，真真气杀人也。（丑）那丫头更是气人，一言不合，棍棒相加。咳，惟小人与女子难养也。（丑旦）今日三媒也有，六证也在，聘礼齐全，定叫公子称心。（丑）正是如此。

（丑旦）来到柳府，待我叩门。（叩门介）雪儿姐姐开门，雪儿姐姐开门来。（贴上，开门介）怎又是你等，早就曾说，小姐自有良缘，你且死了此心。

【中吕过曲·驻马听】（丑旦）我费力张罗，全为这大好姻缘本不多。商公子权高人俊，心善情柔，位重钱多。那穷酸命里运蹉跎，官兵刀下难藏躲。这公子娇娥，正前生注定鸳鸯果。

【前腔】（贴）恁的啰唆，五次三番却为何？谁管你为官为隶，装鬼装人，成煞成魔。

他权高心善又钱多，你插花涂粉将红裹，自嫁于他，何须鼓噪来烦我。

（丑旦背云）奴家品貌无双，生来的俊俏，嫁了丞相公子，到也是大好姻缘。纵年纪大些，多涂些粉，也能遮盖。（对丑介）那柳琴娘不愿嫁商公子，不如奴家代替了如何？（丑拉丑旦介）来，这边来。（丑扭捏介）做什么，奴本良家女子，你休动他想。（丑）这里有一片水洼，你且好生照照模样。（丑旦羞恼介）

【驻云飞】（丑）你一个丫鬟，休要装疯来耍蛮。那季子为刑犯，这公子为官宦。嗦，势力摆中间，谁敢多拦。如再推辞，惹得虎威犯，怕你到那时寻悔难。

三媒具在，六证都全，一应聘礼在此，若看不出眉眼高低，恐自讨无趣也。

【前腔】（贴）你有甚张狂，助纣门前为祸殃。学个奴才相，做个帮闲样。嗦，那汪错昧天良，黑了心肠。结义之情，都换了荣华享，（带云）怕你们呵不免临头祸一场。

（丑羞怒介）口尖嘴厉，言语狠毒，好生着恼。聘礼已经送来，三日之后，便来迎娶。叫那琴娘，早些准备。（唤杂介）聘礼抬上。（杂应介）（贴）王法昭昭，岂任你等胡行。（丑笑介）三媒六证，聘礼妆奁，一应具在。休要诬陷于我。（贴）无耻之尤。（怒关门介）（丑旦）这聘礼琴娘不要，送与奴家刚好。（丑唾丑旦介）呸，送你一副棺板。（唤杂介）送他不要，刚好省了。回去禀报公子，三天后迎娶。聘礼抬了回去。（杂应介，同下）

（旦上）一自苏郎去，娥眉尽染愁。凭琴肠欲断，对月泪交流。

奴家，柳琴娘。自那苏郎别去，整日愁眉不展，思绪不宁。几日里，那商括每每上门相扰，好生厌烦。听门外喧闹，想是又来扰我，真真愁人也。

（贴急上）小姐，小姐，大事不好。（旦）何事如此惊慌，想必是那商括，又差人前来相扰。（贴）那余权带了聘礼，来到门前，言到三日后，就来迎娶。请小姐赶紧定夺。（旦惊介）王法律条，就任由他们不成。（贴）那商括横行无忌，果真用强，谁敢管他。（旦慌介）雪儿，这便如何是好。（贴）如今老爷出使赵国，不如你我乔装改扮，去寻老爷，或还能寻到公子消息。（旦）便是，你去找寻车马，我去收拾行囊，赶紧出城。（贴）是啦。（急下）

（旦）无端惹祸殃，寻父出咸阳。满腹悲思绪，何时逢玉郎。

（下）

第十二出　刺股

（生上，云）彤云平阔野，寒幕锁关津。沙笼一天暗，风压万山频。

小生苏秦是也。自回家中，未展愁眉。高堂冷眼，嫂嫂相讥，叫人好生心寒。幸兄长多有照看，言到未可一时失意，失了志向。适才夜读，被高堂赶了出来，骂我点灯熬油，颇费钱财。无奈躲至柴房，偷燃油灯，继续攻读。这天气好生逼人也。（唱）

【南吕·一枝花】却见这冷飕飕风如剔骨刀，密匝匝雪似催魂令。昏暗暗蓬窗垂玉笋，凄厉厉嘘气化霜冰。可怜这瘦骨伶仃，谈什么堂庙才华逞，邦国鸾凤鸣。空执着孤傲轻狂，落得个虚言画饼。

（做叹科）咳，思前想后，叫人好生着恼。（唱）

【梁州第七】恶狠狠金兰结义，冷漠漠伦理亲情。堪笑我如今才解时人性。（云）汪错啊汪错，你好生歹毒也。（唱）我送他黄金玉璧，拜嫂尊兄。他送我毒谋奸计，枷锁官刑。一声声报我恩情，一招招陷我伦囹。（云）爹娘，陶氏，叫人好生齿冷。（唱）他则道无钱也虚话空谈，他则笑丢人也废才穷命，他则诮无能也更寡意无情。

（做悲科，云）叫人好不伤感也。（唱）愁听着风声，雪声，休提起寻梅踏雪风流景。四壁白霜竟，独对长宵诵晚灯，正鼓打初更。（做攻书科）

（做战栗科，云）柴门破败，四壁颓残，风雪凄紧，这柴房真真冻煞人也。（唱）

【四块玉】缕缕衣袖薄，凛凛霜风冷，惨可可衰躯具酸疼，战巍巍瘦指全僵硬。茫茫雪满天，嶙嶙冰万层。冬冬冬鼓打二更。

（云）呀，怎如此寒冷，待我回房将息，待我回房。（做战栗科，欲行又止科，云）且慢也。（唱）

【牧羊关】岂为无边雪，枉费子夜灯。虽则是嘘气成冰，怎比那意狠肠毒，怎比这心寒齿冷。待我漫展兵书策，低诵圣贤经。蓬窗外钟鼓才三点，霜风里时光近四更。

（做执书倦睡科，惊醒科，云）困煞我也。天寒人困，身僵腹饥，不读了，待我将息，待我将息。（做欲行复止科，云）苏秦啊苏秦，一点寒冷困倦，都耐不得么？难道你忘记结义陷害，家人冷眼不成？你岂是这等样人？待我继续攻读。（做攻书科，倦睡惊醒科，如是再三，云）倦意袭人，双目重如千钧，这便如何是好？（做四顾科，云）有了，这里有尖锥一把，若再困倦，则刺股提神。苏秦呵，看你可敢再睡。（做攻书科，半睡科，云）双目昏花，字迹朦胧，好生困倦也。（做刺股科，痛起科，云）痛杀我也，痛杀我也。（唱）

【贺新郎】猛可可满身冷汗透衣形，血淋漓湿了麻裳，红了竹凳，霜地上滴滴鲜血梅花映。（带云）痛杀我也。痛的我吁吁哽哽，痛的我战战兢兢。股中锥似火，襟底汗如蒸。（云）这到好了，非但倦意全无，还落得大汗淋漓，连寒意也驱散了。（唱）说什么万般都是苍天定，且看我恒心能固守，管教他绝顶任攀登。

（云）锥兄啊锥兄，怕是此后，须当劳烦于你。（做痛科，攻书科，唱）

【尾声】斜阳里无暇窗外铺花径，落拓中未敢天涯寄远情，孤灯下一片心思但守定。且任他雨声，风声，独对着蓬窗诵清影。

（云）呀，看那金乌如箭，斗柄回环，不觉一载过去。锥兄啊锥兄，这许多时日，劳烦于你，请受苏秦一拜。（做拜锥科）此番苦读，茅塞顿开。这合纵妙策，当真可一说天下诸侯也。琴娘啊琴娘，不知你可依旧挂念于我。汪错啊汪错，且看你如何下场。秦王啊秦王，且看你如何争锋六国。爹娘啊陶氏，待我游说诸侯，安平天下，且看你每如何面目对我。

梅新劫后身，松劲老龙鳞。未着霜颜色，如何解得春。

（下）

第十三出　闺念

【商调引子·绕池游】（旦上）一从别后，几度消魂久，对晴空怎生回首。秋云凝岫，春山叠皱，正凭添千思万愁。

窗摇疏影自萧萧，独对斜风送寂寥。迢递何堪成别梦，长天望断一云遥。

奴家，柳琴娘。为避相扰，寻父来至邯郸城中。转眼叶近二载，那人却无半点消息，思想起来，叫人好生挂念。

【商调过曲·二郎神】罗衫旧，细伶仃纤腰转瘦，尘锁丝弦谁共守。斜阳影里，萋萋几度沙洲。忍见桑桥古渡口，又谁家临歧折柳。问沙鸥，却凭谁一身尽惹悲秋。

【前腔】凝眸，梅分弱雪，荷铺锦绣。曾记那时晴雨后，苏郎共我，清溪笑语携游。几缕琴声余韵透，共花前烹茶问酒。这风流，全化做旧愁又叠新愁。

对景伤情，那人儿却在何处也。

【集贤宾】临风久望天尽头，恨难觅行舟。说甚西窗常共守，却如今音信难投。三缄杏口，暗自中泪痕盈袖。悄立久，空辜负良辰佳偶。

（贴上）小姐，小姐大喜。（旦）何喜之有。（贴）那苏公子自返乡后，刺股苦读。后，周游天下，游说诸侯，说服六国合纵抗秦。公子一人配六国相印，已被尊为纵约长了。（旦大喜介）果真如此？（贴）非但如此，苏相公近日还乡祭祖，那奉阳君不日亲送小姐，前去洛阳与公子相见。（旦）好也。

【琥珀猫儿坠】阴霾散也，这幽怨此时休。盼着共赏斜阳西下后，好教又宜春月又宜秋。羞羞，看如许风流，但为君厮守。

【尾】问相思刻骨君知否，更九转回肠满面羞。南天上一卷丝云悬玉钩。

（贴）先不急害羞，等见了苏相公，怕你有的羞哩。（旦）淘气的丫头。

（旦）菱花久掷落尘生，（贴）迢递云烟忆远程。
（旦）自是清心天不负，（合）终成佳偶报多情。

（下）

第十四出　配印

【过曲・小引】（付引丑旦、丑上）面惊慌，（丑旦）步踉跄，（丑）连累咱家惹祸殃。（付）非是恶婆娘，如何此下场。（丑旦）是你良心丧，如何将我谤。（丑）谤谤谤。

为把苏秦谤，心机全用上。如今后悔难，落个凄惶样。

（付）非是你这婆娘，何至如此地步，你你你，成事不足，败事有余。（丑旦）但凡存一丝结义之情，你如何能听我安排？满口仁义，腹藏奸谋。（丑）秦王为那季子，将我等逐出西秦，天下之大，却何处安身。都是你等见利忘义，却连累于我。（付）只好先去穷乡僻野，躲藏一时。悔不该为了荣华，昧了良心。唉，正是：

（付）祸到临头日，（丑旦）眼前无路时。（丑）莫做亏心事，（合）免教寻悔迟。（下）

（净扮旗牌官上）周天子有旨：六国纵约长苏主君还乡祭祖，晓谕大小官员，沿途侍奉，不得有误。（下）

（杂扮乡绅地保村人执帚、锸上）大人还乡祭祖，我等扫街平土。谁知落拓穷酸，独占六国相府。记得那时，都取笑他耕不得田，行不得商，恐冻饿而死。谁知转眼做了六国宰相，正是：十年河东，十年河西。笑人被人笑，欺人反被欺。（下）

（生冠、袍、车驾科，引文武仪仗上，词云）（《鹧鸪天》）利口青衫定九州，纵横七国罢金钩。笑平烽火安黎庶，信步丹墀傲冕旒。讥落拓，叹沉浮，几经冷暖认从头。胸中守定鲲鹏志，终占青书第一流。

下官，武安君苏秦。自返洛阳，刺股苦读，研习揣摩，终得通透。仰仗这合纵妙策，说服六国诸侯，尽皆伏首，共推俺为六国纵约长，一人挂六国相印，率领兵士，与西秦连战数次，杀得西秦人等，不敢偷窥函关半步。谁想俺苏秦，也有今日也。（唱）

【黄钟・北醉花阴】六国兵戈笑执掌，举目天高地广，谈笑傲君王。扫净烟尘，黎庶皆欢畅。贫困旧苏郎，此日风流谁共享。

（云）校尉，离王城路程几许。（校尉）禀相爷，离王城还有三十里。（生）行者。（校尉）领命。（做行科）

（老生引老旦、净、丑旦上，云）老汉时运来，生个孝顺子。不觉路途遥，郊迎三十里。你每快快行走。（做急行科）前面可是我那好孩儿么？（校尉）止步。（老生）我乃你们相爷爹爹，尔等休要啰唆，快去禀报。（校尉）稍待。禀相爷，苏老爷拦住车马。（生）停车。（下车科）（老生、老旦）哎呀，我那孝顺孩儿回来了。（生）怎么，是孝顺孩儿回来了？（老生）是啊，孝顺孩儿回来了。（生）前日还家，跪拜无人理睬，却棍棒相加。今日还乡，未曾言语，

就是孝顺孩儿，到叫人好生费解。（老生，唱）

【南画眉序】今日你还乡，怎比前时旧行囊。（老旦）云锣高伞盖，旗帜飞扬。（老生）这厢里将士儿郎，那厢里马车仪仗。（老旦）三十里路迎郊外，老身却也风光。

（老生）我儿如此威风，乡绅地保尽皆惧怕，争相迎你，老汉又怎能不迎。（生唱）

【北喜迁莺】心含悲怆，众乡邻三十里迎我郊旁。堪伤，旧时情景，叫我思来欲断肠。冷看这熙熙攘攘，不经那人生起落，怎知这世态炎凉。

（丑旦匍匐拜科）拜见叔叔。（生）此是何人，因何拜我？（丑旦拜科）陶氏给叔叔见礼。（生）记得前时，不似这般模样，今日却是为何？（丑旦唱）

【南画眉序】前日你还乡，破烂衣裳旧行囊。乡邻皆冷眼，父母情凉。那时间冷语中伤，此时间另般模样，世人全看名和利，何须陶氏主张。

今日叔叔还乡，位高而多金，谁人不怕，又谁敢不敬。休说陶氏女流，纵观天下，又有几人不是如此。（生叹科）思前想后，叫人好生悲凉。（净）二弟回来了。（生急拜科）小弟见过兄长。（悲科）兄长啊。（唱）

【北出队子】不由得心情激荡，落拓中多亏有雁行。众人冷眼对凄凉，兄长亲情慰短长，怎不叫苏秦珠泪淌。

若非兄长，当时定破家而走，或许客死他乡，焉有此日。此次还乡，却喧闹如此，怎不叫人伤悲。（净）二弟何须如此。人情冷暖，不过寻常。得意人谄，失意人笑，古来如此。而今你志向得展，周天子都礼仪有加，当高兴才是。（生）只是小弟还有一桩心事，不能释怀。（小校上）禀相爷，奉阳君李兑，护送柳小姐前来王城，车马已到近前了。（生大喜科）果真如此？快快，速去接迎。（旦引仪仗车驾上，唱）

【南神仗儿】云天正朗，云天正朗，罗带飘香，珠环弄响。不由凝眸远望，霞飞粉面，娇羞无状。全将那旧彷徨，翻成这笑飞扬。

（生迎旦下车科，云）小姐。（旦）公子。（生）琴娘。（旦）苏郎。（生）这许多时日，竟清减如此，可知我时时想念于你。（唱）

【北四门子】自西秦别去何曾忘，忆欢娱儿断肠。行影儿凄，竹枕儿凉，寒夜独听更漏长。相逢魂梦儿中，才得玉影儿双。心底事凭谁去讲。

此时相见，直疑梦中，真真惊喜非常。（旦）苏郎容颜消瘦，当真辛苦于你。（唱）

【南鲍老催】那寒风冷霜，尖锥刺股读策章。思来叫我心痛伤，不由得思绪茫，黛眉颦，鲛珠淌。似悲还喜对苏郎，几番辛苦今朝享，换来这风流样。

（生）昔时许多辛酸，终换得吐气扬眉。（唱）

【北古水仙子】他他他丧天良，我我我依旧青书名姓扬。悲悲悲冷语相伤，亲情全丧，痛痛痛尖锥刺股旁。看看看一个个世态炎凉，笑笑笑众生混似戏一场。（揽旦科）你你你从今共把欢娱唱，咱咱咱从今双影儿腻西窗。

【南双声子】（众）穷酸样，穷酸样，合六国居卿相。尘世上，尘世上，休学那冷眼状。花烛亮，花烛亮，红罗帐，红罗帐，情深意切，好配鸳鸯。

【北尾声】（生）尘世谁人少风浪，（旦）又何须气短情伤，（合）放眼当知天地广。

一肩风雨出东城，说尽干戈幻纛旌。
运滞五伦悲冷灶，气吞六国笑浮名。
山川几见荒丘没，寰宇常留月色清。
陈迹半随江水去，独登绝顶看潮声。

诗意象随想

皇甫修文

意象是诗歌的最小材料单元，又是诗的基本构成要素。这是由于：在所有文体中，诗是一种最为浓缩凝练的语言艺术作品，而意象是直接与语言词汇系统相联系的，质言之，意象本身就是词。所以，托马斯·芒罗在将同一题材的多种艺术形式进行比较后指出："诗的价值并不存在于表现抽象观念的诗行或散文诗中，而在于通过意象的美妙编织，能唤起情趣和沉思。"[1]叶嘉莹则从另一角度，即创作主体必须将抽象的情致化为具体可感的东西，才能成为诗这一角度，言及意象在诗的创作中的重要作用，她说："诗歌之贵在能有可感的意象……写景的诗固然以'如在目前'的描写为好，而抒情述志的抒情则更贵在能将其抽象的情义概念，化为可即感的意象。"[2]所以无论诗的创作或批评，都不能对意象这一诗的基本构成要素置若罔闻，故此，一位台湾学者才说："在诗学研究的范域，意象研究是具有独特地位且是相当重要的一个部门，它是直接指向诗的内在本质所做的探索。"[3]

意象是诗歌最细小的元件，但细审起来，它本身又是一复杂的结构体系。

通常，意象被作为二元划分，即主体的"意"与客体的"象"。既为意象中的"象"，就不再是独立于现实的客体，而是带有先在与不断汇入的主体情致在其中。每个（或每类）意象一经前人使用，成为佳篇名句的亮点，也就具有了浓缩化的文化能量，从而有可能连同作品的文本结构、神韵以及作者彼时彼地的情感、哲思乃至该意象系统的有机整体，而惠及后世，在不同时代、不同文本中反复出现。所以，看似孤立悬置在个别文本情境中的意象，实则在其背后是一个蕴涵丰富的文化实体。每一意象内蕴在历代每位创作主体的笔下，不断增殖，后续之作不断层积，繁衍派生，又会日渐引发为一个庞大的具有相似结构的意象群落。诗人对传统文化了解的程度有多深，运用语言的能力有多高，对意象群体系统、内涵及源流的熟悉程度就有多广、多厚重。

进而细审，从历史性的发生学意义上看，某些意象常常同神话思维有联系，带有民族的原始心态孑遗，这种孑遗从人类学、美学建构整合的角度说，有时会构成一些神话因子较明显的诗的创作契机，而更多的个体意象，虽与神话原形无关，但由于历代诗人、作家的审美建构，其意义功能绝不限于较单纯直接的字面涵义。在这里，神话思维与艺术、美学思维难分难解，神话、民俗、诗歌史上名篇佳句以及连带的典实掌故杂糅交织，就像包含众多信息的储存器，等待着接受主体选择脉冲的触发。从共时性看，在一些具体的诗的文本里，虽则象因意迁，但有限的象往往难以统摄变换多端的"意"，所以人们可以见仁见智，“诗无达诂”。这种接受过程中的“燕书郢说”，又往往使诗的遗传基因发生染色体的变化，从而构成诗的创造契机。

意象仓库的异宝奇珍琳琅满目。正因为意象的诸多个体有着各自不同的多层多重意义，这才造成诗的主体在运用意象构造诗篇的选择范围极其宽广。时代、地域、禀赋、情趣、际遇的不同，对意象及其具体层面的偏爱认同亦有别，于是，形成诗人各自的独特风格，以及诗文本的独特风貌。

意象是诗人情致和性格的对应物，“诗人的独特的观察事物的角度，独特的情趣和性格，构成意境的个性。陶渊明笔下的菊，简直就是诗人自己的化身，以至一提起陶就想起菊，一提起菊就想起陶，陶和菊已融为一体。李白笔下的月，陆游笔下的梅，也莫不如此”[4]。意象在某一时代的状貌同时代心理相联系，往往会形成民族共有的审美心理。这由于“回忆是一种特殊的经验，因为它是由经过有选择的印象组成……记忆筛选了所有的材料，再把这些材料用一种有特色的事件构成的形式再现出来”[5]。某些意象的潮动既反映了时代的好尚，又激发强化了人们的从众心理，这些具有表现力的意象与趋众从俗的情感模式的不断认同，彼此又形成了主体内心的“正反馈”机制；意象的层积增升与诗人的情感需求之间，存在着某种“马太效应”。于是，一大批各具特色的、与文人心态意绪某些特定层次联系的意象，成为创作的酵母，在一定的社会思潮催促下，往往会有一批新诗人与诗章涌现。优秀诗人绝不满足于因袭旧有意象，他们或者扩大审美范畴，创造新的意象；或者在依傍前代意象的同时，赋予它所借重的艺术符号以新的内涵、新的情味；或者改变前人意象中的“象”，使其变形、增值。在优秀诗人对传统意象进行选择、改造或创造新意象以酿制诗章的过程中，往往会因之有新的诗歌文体、诗歌流派的诞生。波德莱尔把以前生活中普遍认为的

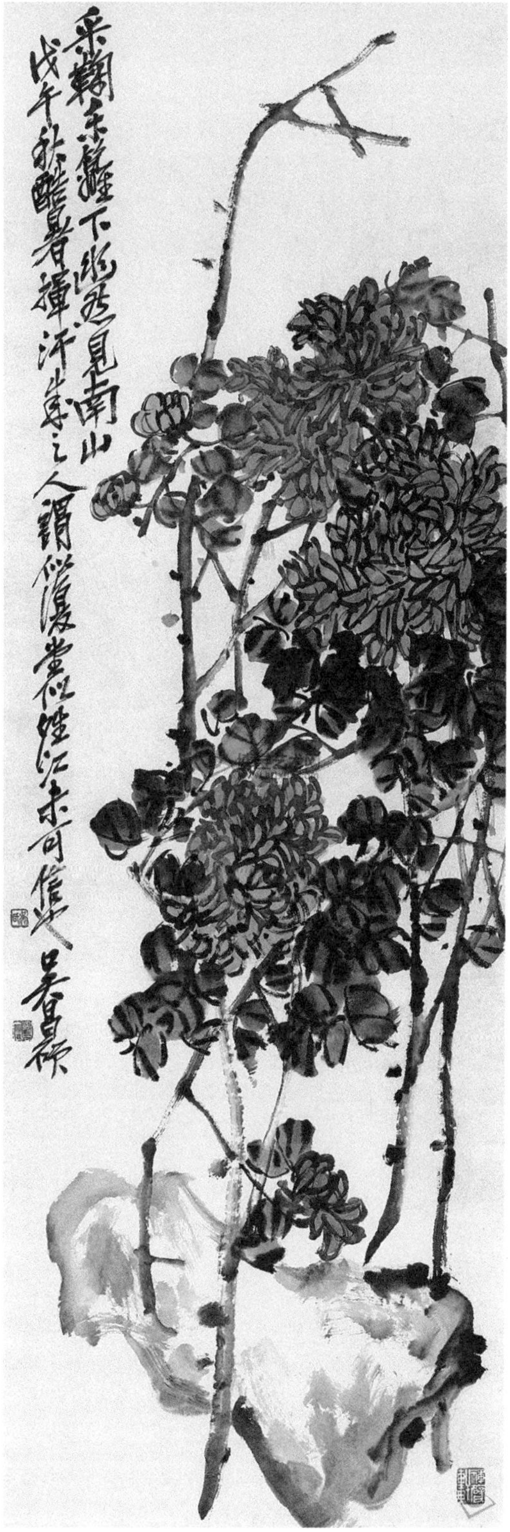

清 吴昌硕 采菊东篱下

是丑的、不能入诗的场景发展为美的意象，从而造成了对传统美学思想的一次冲击，使诗的意象美得到新的诠释。波氏作为一个伟大诗人的确立，不仅仅是对象征主义风格的完善，而且在诗歌发展史上，拓展了诗的审美范畴，他的独立的意象体系，为诗歌意象库增添了一批迥异于传统的新族群。

现代诗歌意象不仅化丑为美，而且是经过心灵重组的变形的感情对应物。其组合方式也不再像古典诗歌那样，通过眼前景色的有序排列而导向含义不尽的艺术境界。在现代诗中，意境退居幕后，甚至销声匿迹，它由意象叠加、推演、组接和奇特的观念联络而在字里行间包涵着一团团具有张力效应的意义，甚或相互抵牾、矛盾着的思想。现代诗歌不仅意在言外，而且很大一部分“象”也留在言外；古典诗歌“出象尽意”的定律被打破，“象”成了神龙见首不见尾之物，“明喻已被隐喻取代了，而隐喻又常常化为形象或象征符号”[6]。加之，暗示、套语、典故的大量使用，这就加重了阅读现代诗的困难。一个个残缺的变了形的意象摆在读者面前，乍读现代诗，犹如拆碎了的七宝楼台，不成片段，但当你漫步现代诗歌画廊，细心体味，就会惊异地发现，呈现在你面前的，乃是一座五光十色的艺术大厦，闪耀飞动的暗示，鲜明的细节，若断若续的手法，瞬间美丽意象的扑着，令人美不胜收，但当众多意象一起出现时，又呈现种种有序的组合，其间的组合连接方式是精益求精的，但你若认为所有的现代诗人都在相同的基础上，以极为相似的方式进行创作，那就大错特错了。他们秉性各异，每人都是独特的这一个。“有些人是天生的抒情诗人，有些人除拥有基本的抒情天才外，还拥有沉思和幻想。比如W•C•威廉斯和W•史蒂芬就是这样。有些是沉思型的，有些是讽刺型的，有些是机智型的。像叶芝和艾略特这些人，就明显地拥有多种卓越的天赋；而年轻的W•H•奥登就是最佳意义上的艺术能手。实际上，现代诗歌创作所涉及到的各种各样的才赋，是诗歌的深度和广度的一种明证。”[7]

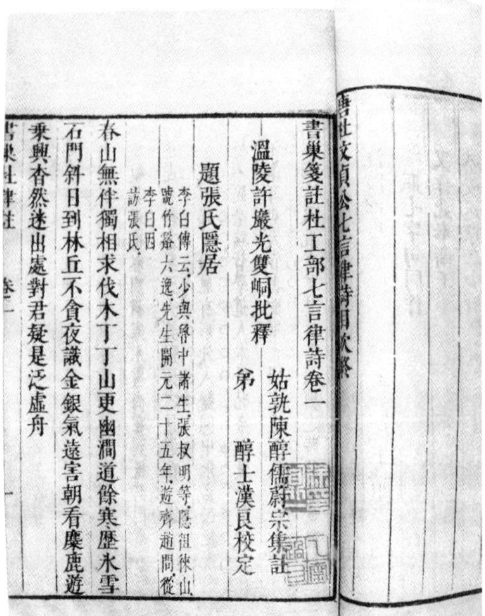
唐杜文貞公七言律詩目次終

書巢箋註杜工部七言律詩卷一

溫陵許巖光雙嵎批釋　姑孰陳醇儒蔚宗集註

弟　醇士漢良校定

題張氏隱居

李白傳云少與魯中諸生張叔明等隱徂徠山號竹谿六逸先生開元二十五年遊齊趙間從李白因訪張氏

春山無伴獨相求伐木丁丁山更幽澗道餘寒歷冰雪石門斜日到林丘不貪夜識金銀氣遠害朝看麋鹿遊乘興杳然迷出處對君疑是泛虛舟

書巢杜律註　卷一　一

《书巢杜律注》书影 清康熙元年（1662）金陵两衡堂刊本

是的，无论在深度和广度上现代诗歌都大大地超越古典诗歌。这是因为现代诗歌几乎每一意象都荟萃了一种文化观念而又新奇隐晦。现代诗歌“意象除了提供视听效果外，最重要的是它所潜藏包括的意义功能”[8]。现代诗人往往用一种探究的目光来查究他们自己的本质以及他周围世界的本质。因为掌握了多种技巧方法，诗人们现在不仅能够描绘他们周围的世界，而且能描绘出他们的内心世界，并且能够用最精巧的方式来说明这些世界的事件。正因为意象潜藏包含着“意义功能”，所以在诗文本中不少重要的意象能超出作品本身个别性意义；它们出现于某些作品中时，虽然仅是辅助性的，却因其系统本身的强大凝聚力而使作品主题变得富有多重性，至少会成为接受主体超越作品主题探究题外之旨的导引。正由于现代诗歌意象新奇隐晦，所以，它除具有一种朦胧的神秘美外，当它呈现在读者感觉的时候，与“仿佛得之”中，往往会顿悟出另一层“意义”来。

古典诗歌完成向现代诗歌演化的一些重要标记，是在表现手法上，从淡化抒情意味到注重理性气质的完成；在题材上，则从田园牧歌的抒写到对城市生活的大量描写，从暴露城市的罪恶到认知城市，理解城市，再现城市生活面貌。“整整一代人（是一个多世纪——笔者）的试验，被用来完成一项任务——使诗歌显得更自然，也因此更适合描写日常生活，并且使诗歌更口语化。从W•B•叶芝的作品里，我们几乎可以看到这种试验的全部范围，因为他将自己从青年时代浪漫主义诗人转变成后半生的现代诗人，而且他能像处理现实细节那样轻易地对待抽象的思想。”[9]现代诗的成长使城市生活——工业社会得到了诗的表现。意境是田园生活——农业社会的诗意表现。城市的拥挤、嘈杂、罪恶、奋斗、成功、危机、高频率生活难以在诗人心中升腾起高华空阔的意境美来，这是在现代诗中抒情的意境美被淡化的重要原因。俄国意象派诗人叶赛宁的自杀，除了难以承受斯大林时代的政治压力和迫害，还有一重要原因，是他目睹工业社会对农业社会田园牧歌生活，即他心中诗的意境美的破坏而产生的绝望情绪。严格说，叶赛宁仍然是一个写古典诗的田园诗人。

放在历史发展的背景中，写现代城市生活，现代诗别具一种社会历史内涵。这是现代诗的“意义内涵”超越古典诗歌的根本原因。

由于当代人的社会生活和思想比古代丰富、复杂，所以今人所作优秀律诗的叙述结构、表现手法，特别是思想意蕴，均比古典诗词丰富多彩。同是写月夜，杜甫的五律《月夜》写道：

今夜鄜州月，闺中只独看。
遥怜小儿女，未解忆长安。
香雾云鬟湿，清辉玉臂寒。
何时倚虚幌，双照泪痕干。

这首诗显然在思想层次上是较单一的，只是思亲，而鲁迅的七律：

惯于长夜过春时，挈妇将雏鬓有丝。
梦里依稀慈母泪，城头变换大王旗。
忍看朋辈成新鬼，怒向刀丛觅小诗。
吟罢低眉无写处，月光如水照缁衣。

内涵要丰富复杂得多：这里有对慈母的思念，所用手法与杜甫相同，都是从对方对自己的思念写起，而鲁迅诗中的“我”是从梦中“依稀”看到“慈母泪”的，思亲之情表现得更为深切。然而鲁迅诗的思想所指，更多更深重的是国家、社会的安危，人生理想的坚持，以及个人和朋友的际遇，从中我们可以看到作者对20世纪30年代时局（漫漫长夜、山河飘零、江山异主，“国将不国”）的忧思，眼见“朋辈成新鬼”的愤懑与无奈，在长夜漫漫、刀丛弹雨中，坚守信念的决心与韧性战斗意志，弃家逃亡的艰险与苍凉，等等，一团团的思想与感情滚动着，簇拥而来。短短五十六个字，竟包容这么丰富的意义内涵，堪与美国意象派大师庞德的经典之作《地铁站》媲美。《地铁站》全诗仅两句话：“一个个美丽面庞幽灵般地显现／湿漉漉的黑色枝条上几朵花瓣。”它之所以成为经典，就在于这两句诗用意象叠加的手法简约而深刻地概括了繁华都市与幽静乡野、工业文化和农业文化乃至东方文明和西方文明的迥异特征以及作者对此的评价。其实，庞德这首诗用的乃是中国古典诗词中一个人人熟知的旧比喻——“人面桃花”，然而作者赋予这两意象以新的内涵，放在不同的地域、文化、文明背景中重新组合，于是就成就了非同凡响的思想与艺术效应。

周彦文的七律《酒祭》（其一）则对上一世纪的欧亚两洲的社会变迁作了历史—哲学的诗意概括：

弹冠相庆虎狼声，冤狱当年遍野横。
盖世元勋成罪戾，周邦小国起峥嵘。
伤痕累累无哀痛，谬论条条尽畅行。
老鼠钟情猫老大，小鱼反倒恋长鲸。

这首诗用一系列意象集中展现了专

制政治所造成的社会灾难：这里人权丧失（“冤狱遍野”），人性殆尽（诬陷者“弹冠相庆”，步步高升，用人血染遍“红顶戴”），因而造成了社会停滞、倒退；“周邦小国起峥嵘”，成长为发达的经济文化强国；革命在变易，在专制体制运转中，“盖世元勋”沦为历史罪人。于是进而导致在思想文化领域、在世俗民风中，“谬论条条”成为“真理”，畅行无阻；广大民众“伤痕累累”，麻木不仁（“无哀痛”）；受害者、被吃者反而对施虐者感激涕零，三呼万岁。思想统治深入骨髓，触目惊心。这是一个异化了的世界。诗的思想光芒，借助诗的韵律敲击着读者的心灵。一组组意象叠印着，既作用于视觉，又震撼心灵。这首诗无论理性高度或思想深度都是古人难以企及的。

闻一多先生说，他写现代格律诗犹如“带着镣铐跳舞”，但他跳得优美自如。一位有诗的文化素养和创作经验的人写诗，犹如“庖丁解牛”，得之心而应于手，即使写严格的古代格律诗，合乎韵律的诗句，也会自然天成地涌现脑际；因为这时，他沉浸于诗的境界中，在用诗的语言思维。中国古典诗存在着一个取之不尽、用之不竭的庞大的意象库，等待着今人发掘、改造、汲取和创造性地使用。英美意象派之父庞德就是一位对中国古典诗歌意象有浓厚兴趣的外国诗作大家，他的许多意象理论和创作灵感得宜于唐诗，上举《地铁站》是否受唐诗“人面桃花相映红”启发，还有待专家追踪研究。

朦胧是一种诗的风格，又是一种诗意追求。朦胧与意蕴丰富相关，但二者并不等同。朦胧主要指一首诗的内涵可以作多种解读，意韵丰富是指一首诗的内涵可以作多层次阐释，二者共同构成了诗的言外之意。上举鲁迅、周彦文的诗都意韵丰富，但都不是朦胧诗。

诗的朦胧，有意义的含混或模糊营造，英美新批评——意象派的理论家燕卜逊所谓含混十二型，仅只道出了诗文本艺术表现的表层现象，意象的选择和组合，才是诗歌创作的本质。意象选择的首要问题是为构思中的一首诗寻找到诗人对社会历史哲学思考对象化，或表现人生际遇的象征物。这个象征物往往是该诗的中心意象，所以作者刻意经营之。庞德的《地铁站》的中心意象“人面桃花”是由两个意象叠加而成，是个复合意象，所以意蕴特别丰富。诗写作犹如下棋，中心意象固然要刻意经营，辅助意象也不容忽视，因为每一棋子均有一子俱活或者全盘皆输的不可替代的作用。《地铁站》的“幽灵”，与阴暗、死亡相联系，在诗中它有没落的寓意，与“黑色枝条”相对应，寄寓着诗人这样的评价：西方社会虽然先进，但它已不可挽回地走向没落，东方社会虽然相对落后，大多处在前资本主义的历史阶段，但它已报告了春天的信息，前途无量。有了这两个表达诗人对东西文明评价的意象，全诗立即活了起来。现代诗走向晦涩、难懂，甚乃如同天书，在于：诗人在运用隐喻、象征、歧义、暗示营造诗篇时，往往有意违反最基本的修辞常识，即“意与象通”，或者为求歧义、意义含混，意象（词语）选择过于冷僻，令人难以理解其喻意，或者诗人任意为意象灌注意义，令诗成为概念演绎，破坏了诗的形象感染性。造成诗意朦胧的，主要的不是意象意蕴的含糊、多义或词语的冷僻、陌生化，而是意象的巧妙组合。“沧海月明珠有泪，蓝田日暖玉生烟”，这两句诗中的每一意象都为大家所熟知，但它们组合起来所生的朦胧意蕴，却在千百年中没人能完全揭晓。

诗意的朦胧可以避免直白，令人思而得之，这就大大增加了阅读的兴味。所以，千百年中为众多诗人所追寻，形成各自的诗风。意象的选择和组合，在一首诗的构思和写作中，是一个选择—组合—再选择—再组合的循环往复的过程，词语的选择是在组合关系中被驱遣的。

小说的散文化，即诗化，亦即抒情化、意象化、象征化，说到底，实即意象化，因为意象兼具抒情和象征的性质。

意识流实即意象流。小说叙事从古典转为现代，一个根本性的标志，是叙述对象由客观世界的物质生活转向人的主观精神生活。完成这一转变的一个关键性的艺术手段，是将诗的意象引入小说叙述。意象的诗意组合，思想的直觉化，将意识和潜意识融为一体（在意识屏幕中，意识与潜意识是无从区分的），时空交错，打破了古典叙述的线性结构，历史、现实、神话、梦幻、追忆熔为一炉，多层次结构和多角度叙述使现代小说的叙事结构发生了“革命性”的变革，从而开辟了一个“散文体小说”的伟大“时代”[10]。

意象，“作为创作过程中的第一因素”[11]，它在意识屏幕——心理的内在现实中，比在客观外在现实中，更流动易变，模糊多义，它“总是在朝一个方向或另一方向运动，处在不断形成与变化”，“凝聚与融合”[12]中，“有多少种感觉方式，也就有多少种意象方式”[13]。意象的这些特征决定现代小说比古典小说在叙事上更多隐喻和更可作多种解读，这启示小说家将诗的朦胧性引入现代小说叙述。昆德拉说：“小说拒绝答案，拒绝结论”，小说不描写世界的确定性，“小说之所以存在的理由就在呈示世界本来的模糊性和不确定性”；“小说家发现人们这种或那种可能，画出‘存在的图’”[14]。

基于此，当代作家在追寻小说的诗意（散文化），“以小说家的方式（象征、隐喻——笔者）进行哲学思考”[15]时，常常把寻找既能隐喻作品主题、表现其对社会—历史的哲学思索，又能“从内部去‘照亮一个人物’”的“具象”[16]，即“由抽象上升为具象”（马克思语）的意象（“存在的图”），诸如卡夫卡的“城堡”，博尔赫斯的“交叉小径的花园”，等等，视为构思的关键。在这方面做得最为极端和极致的是法国新小说家，他们往往把隐喻主题的意象放在刻画人物之上。新小说派著名作家西蒙说：“对我来说，小说不是时间的故事，而是从某一点、从一个图象出发，由这个图象引起的插曲所构成的无主题故事。”[17]“这个图象”或“存在的图”即意象组合或某一意象的扩展。

不仅小说在散文化，当代戏剧也在散文化。由诗的意象的介入，发挥其表现功能——抒情性和象征性，一幕短剧往往有寻绎不尽的意味。限于篇幅，本文不再赘述。于此可见，诗的意象及其表现功能对整个文学发展的深远影响。

注释：

[1]［美］托马斯·门罗《走向科学的美学》，北京：中国文联出版公司1985年版，第346页。

[2]［加］叶嘉莹《迦陵论诗丛稿》，台北：中华书局1984年版，第240页。

[3] 李瑞腾《诗的诠释》，台北：台湾时报出版公司1982年版，第143页。

[4] 袁行霈《诗歌艺术研究》，北京：北京大学出版社1987年版，第64页。

[5]［美］苏珊·朗格《情感与形式》，北京：中国社会科学出版社1986年版，第305页。

[6] －[9]［美］路易斯·波根《怎样读当代诗》，载彭燕郊主编《现代世界诗坛》第一辑，长沙：湖南人民出版社1988年版。

[10]［英］伍尔芙《考察现代小说》，载《文学大师创作随笔——窥见魔桶内的秘密》，广州：广东经济出版社1999年版。

[11] －[13]［美］希尔瓦诺·阿雷蒂《意象》，载天津艺术研究所编《艺术研究》1990年冬季刊（总第25期）。

[14] －[15] 吴晓东《记忆的神话》，北京：新世界出版社2001年版，第19页。

[16] 董强《昆德拉的欧洲视野》，载《中国随笔年选》，广州：花城出版社2004年版。

[17]［法］西蒙《小说：无主题的故事》，见注释[10]《文学大师创作随笔——窥见魔桶内的秘密》。

（作者系北华大学教授）

试评苏东坡两首“迅急”诗

龚　刚

钱锺书在评论苏东坡的文学风格时，参照了英国维多利亚时期的诗人兼批评家马修·阿诺德（Matthew Arnold，1822—1888）对荷马诗风的评价。在他看来，苏东坡的总体风格是《荷马史诗》般的“迅急”（eminently rapid）（钱锺书《序〈苏东坡的赋〉》，载《钱锺书英文文集》，外语教学与研究出版社2005年版）。此说颇有新意，且看苏东坡的两首诗作：

六月二十七日望湖楼醉书（其一）

黑云翻墨未遮山，　白雨跳珠乱入船。
卷地风来忽吹散，　望湖楼下水如天。

百步洪（其一）

长洪斗落生跳波，轻舟南下如投梭。
水师绝叫凫雁起，乱石一线争磋磨。
有如兔走鹰隼落，骏马下注千丈坡。
断弦离柱箭脱手，飞电过隙珠翻荷。
四山眩转风掠耳，但见流沫生千涡。
崄中得乐虽一快，何意水伯夸秋河。
我生乘化日夜逝，坐觉一念逾新罗。
纷纷争夺醉梦里，岂信荆棘埋铜驼。
觉来俯仰失千劫，回视此水殊委蛇。
君看岸边苍石上，古来篙眼如蜂窠。
但应此心无所住，造物虽驶如吾何。
回船上马各归去，多言譊譊师所呵。

这两首诗的运思和行文速度都相当快捷，颇具代表性地体现了苏东坡的“迅急”文风。第一首诗为七言律绝，首句用邻韵，采“孤雁入群”格，第三句末字采“仄平仄”格，首二句相对偶，末字皆平声，亦为变格，可见作者写作此诗时的意兴盎然、豪放不羁，不愧是文豪“醉书”。全诗以寥寥四行诗句传神再现了杭州西湖在暴雨前（“黑云翻墨”）、暴雨中（“白雨跳珠”）、暴雨后（“望湖楼下水如天”）的景象，涵盖全面，层次丰富，却又衔接紧密，转换迅捷，给人以痛快淋漓、豁然开朗之感。韵脚的呼应（“山”，十五删；“船”“天”，一先），对偶的运用（“黑云翻墨未遮山，白雨跳珠乱入船”），并未稍减行文快捷。

第二首诗为七言古风，用“五哥”韵，除“蛇”字借邻韵（六麻）外，大体一韵到底。全诗表现徐州百步洪水势湍急、行船险峻的景象，并由此感悟光阴易逝，人生匆匆，唯有心无所住，心无挂碍，才能在岁月变迁中保持超然淡定心境。全诗由写景而入禅悟，文势超逸，一气呵成，读来极为畅快。清代学者汪师韩评论此诗说：“用譬喻入文，是轼所长。此篇摹写急浪轻舟，奇势迭出，笔力破余地，亦真是险中得乐也。后幅养其气以安舒，犹时见警策，收煞得住。”纪晓岚评点说：“语皆奇逸，亦有滩起涡旋之势。”汪、纪二位的评语均突出了苏诗的“势”。

“势”这个概念，既是中国古代哲学中的重要范畴，也是中国古典诗学中的重要范畴。孙子说：“激水之疾，至于漂石者，势也。”又说：“木石之性，安则静，危则动，方则止，圆则行……转圆石于千仞之山者，势也。”（《孙子兵法·势篇》）可见，在孙子看来，“势”是一种不断蓄积和增强的力量。

唐释皎然论文章之“势”说：“高手述作，如登荆、巫，觌三湘、鄢、郢之盛，萦回盘礴，千变万态（文体开阖作用之势）：或极天高峙，崒焉不群，气胜势飞，合沓相属（奇势在工）；或修江耿耿，万里无波，欻出高深重复之状（奇势雅发）；古今逸格，皆造其极矣。”（《诗式·明势》）

释皎然的这一“明势”之论区分了文章之“势”的三种表现形式，一是“萦回盘礴，千变万态”，一是“气胜势飞，合沓相属”，一是“万里无波，奇势雅发”。《百步洪》（其一）可以说是兼有前二者，既有“萦回盘礴”之奔放多变，又有“合沓相属”之峻拔高远。此诗前幅“摹写急浪轻舟、奇势迭出”，正是它的奔放多变处，读者从中可以感受到不断蓄积和增强的表现力与感染力；后幅“养其气以安舒，犹时见警策”，则是它的峻拔高远处，读者从中可以感受到由前幅的“萦回盘礴”之势转化而来的“气胜势飞”的笔力与“崒焉不群”的反思力。

与《百步洪》第一首相比，《六月二十七日望湖楼醉书》第一首虽篇幅短小，却同样体现出苏东坡擅长蓄“势”、造“势”的艺术特点。“望湖楼下水如天”之开悟，正是由前文峻急之势导出，因而给人以豁然开朗之感。钱锺书认为苏东坡的赋以外的诗文具有荷马史诗式的“迅急”文风，向之论者又尊其为豪放派词宗。笔者以为，“迅急”也好，“豪放”也罢，均和苏东坡擅长蓄“势”、造“势”的艺术特点不可分割。蓄“势”、造“势”之法有多种，从《百步洪》（其一）、《六月二十七日望湖楼醉书》（其一）两首诗作来看，迅捷的场景转换与磅礴的博喻排比是蓄“势”、造“势”的有效手段。

钱锺书在评论苏东坡诗歌艺术时指出，苏东坡“在风格上的大特色是比喻的丰富、新鲜和贴切，而且在他的诗里还看得到宋代讲究散文的人所谓‘博喻’或者西洋人所称道的沙士比亚式的比喻，一连串把五花八门的形象来表达一件事物的一个方面或一种状态。这种描写和衬托的方法仿佛是采用了旧小说里讲的‘车轮战法’，连一接二的搞得那件事物应接不暇，本相毕现，降伏在诗人的笔下。在中国散文家里，苏轼所喜欢的庄周和韩愈就都用这个手法……在中国诗歌里，《诗经》每每有

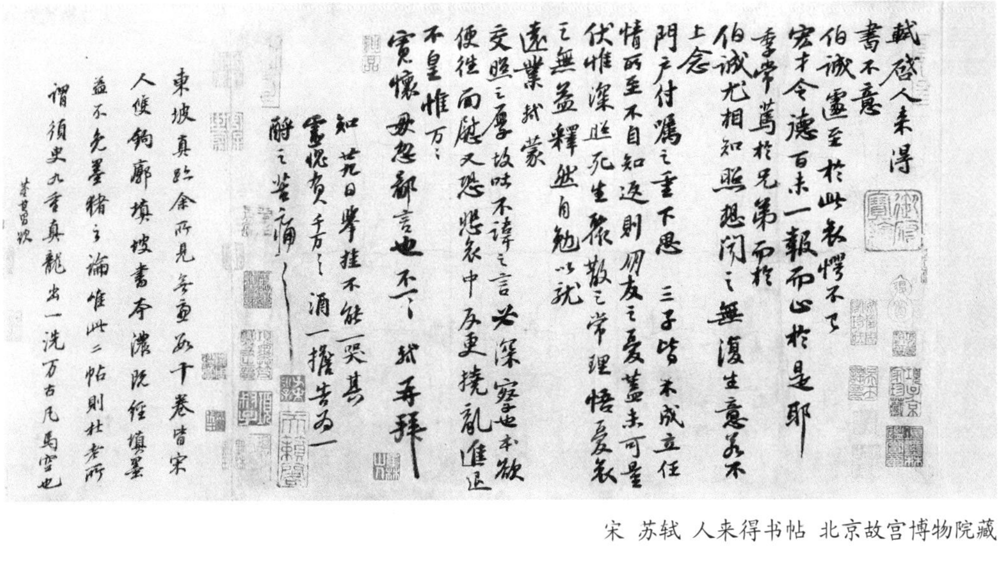

宋 苏轼 人来得书帖 北京故宫博物院藏

这种写法，像《国风》的《柏舟》连用镜、石、席三个形象来跟心情参照，《小雅》的《斯干》连说‘如跂斯翼，如矢斯棘，如鸟斯革，如翚斯飞’来形容建筑物线条的整齐挺耸。但是我们试看苏轼的《百步洪》（其一）里写水波冲泻的一段：‘有如兔走鹰隼落，骏马下注千丈坡。断弦离柱箭脱手，飞电过隙珠翻荷’，四句里七种形象，错综利落，衬得《诗经》和韩愈的例子都呆板滞钝了。其他像《石鼓歌》里用六种形象来讲‘时得一二遗八九’，《读孟郊诗》第一首里用四种形象来讲‘佳处时一遭’，都是例证”。钱锺书总结说：“上古理论家早已着重诗歌语言的形象化，很注意比喻；在这一点上，苏轼充分满足了他们的要求。”（《宋诗选注·苏轼小传》）

钱锺书可能是第一个运用 “博喻” 这个概念总结苏东坡诗歌艺术特点并以此解说《百步洪》（其一）之艺术手法的诗评家。宋洪迈，清查慎行、赵翼等人分别以“韩苏两公为文章，用譬喻处，重复联贯，至有七八转者”“联用比拟，局阵开拓，古未有此法，自先生创之”“形容水流迅驶，连用七喻，实古所未有”评价《百步洪》（其一）广取譬的修辞特点，均未借用始见于宋人文评的 “博喻”之名（参见王水照选注《苏轼选集》）。此外，钱锺书也是第一个将“博喻”法与“沙（莎）士比亚式的比喻”相模拟的中国古典文学研究者，他的“车轮战法”之喻，及对《百步洪》（其一）里写水波冲泻一段所作点评（“四句里七种形象，错综利落”），都很精到。

不过，钱锺书只注意到了“博喻”手法对于“诗歌语言的形象化”的强化作用，却没有提到“博喻”手法对语势和行文速度的影响。笔者以为，“博喻”法通常是“比喻”与“排比”这两种修辞手法的结合，钱锺书所引《诗经·小雅》里的《斯干》及《百步洪》（其一）中的相关段落，都是明证。

“排比”法以若干意义相关、结构语气相近的语句排列在一起，有助增强语势和节奏感。“博喻”法“一连串把五花八门的形象来表达一件事物的一个方面或一种状态”，思维跳跃与转换的速度本就迅捷，再以“排比”法相辅翼，更可加快行文速度。

诗中的“博喻”法还能借助押韵、对偶，进一步加强宋洪迈所谓“重复联贯”之势。如《百步洪》（其一）中的四句七喻：

有如兔走鹰隼落，骏马下注千丈坡。
断弦离柱箭脱手，飞电过隙珠翻荷。

此四句诗，“坡”“荷”同韵，末二句对仗工整。按照阿诺德的看法，押韵和对偶的运用会减缓行文速度，并使文风曲折迟缓。但从苏东坡诗中的这个片段来看，押韵、对偶并没有减缓行文速度，而是强化了行文的“重复联贯”之势，所以更见其“迅急”。从总体来看，全诗循古风，一韵到底， 气盛韵谐，亦无凝滞之感。

钱锺书评价上引诗句说：“四句里七种形象，错综利落，衬得《诗经》和韩愈的例子都呆板滞钝了。”笔者以为，苏东坡诗中对“博喻”法的灵活运用，和他在赋作中“成功柔化僵硬的骈偶形式，使生硬的对偶调和无间”，有异曲同工之妙。事实上，押韵、对偶、博喻、迭问（笔者以为，屈原《天问》式的层层设问法，可称之为“迭问”法）等修辞手法均有其通则、成例可循，但运用之妙，腾挪之巧，就端看作者的笔力、才气与变通了。

苏东坡笔力雄肆，才气四溢，又擅长灵活机变，所以能“出新意于法度之中”：当其采“博喻”法摹写急浪轻舟之时，能“错综利落”，变化多端，而不显“呆板滞钝”，胜过《诗经》和韩愈成例，正可与屈原式的 “迭问”相辉映；当其循押韵、对偶成规而为七绝、古风、词赋之际，又能笔势飞扬，圆转自如，韵脚、骈偶等“羁绊”，不但无阻天马行空之势，反为之平添姿采，这就是大文豪的大手笔！ 阿诺德所谓“迅急”，可喻苏诗之奔放雄肆，钱锺书所谓“舒缓”，可喻苏诗之优游不迫，诚可谓收放疾徐，操控有度，运用之妙，存乎一心。

（作者系澳门大学中文系博士生导师）

王时敏家族艺术研究（上）

韩　刚

本文着力于江苏娄东太原王氏家族艺术活动的文化背景，以书画研究为中心，揭示了王氏家族第十、十一、十二、十三、十四世及以下，即明末至清代的三十余位书画家的艺术历程与特色，勾画出了王氏的思想主流、书画收藏、书画传授、书画创作、艺事交流及趣闻轶事等相关情况。在研究中，又重点论述了王时敏、王原祁、王昱等著名画家在明末清初的时代与文化背景下，面对来自画学内部与外部、历史与现实的强大压力，对“复古”抑或“更新”的抉择与为家族及清政权成功创立画学新统时所采取的策略、所经历过的波澜壮阔的心路历程。

壹、引子

崇祯甲申岁（1644），明清易祚。清军长驱江南，昔日繁华之地随即残破不堪。1645年5月，南明兵部尚书史可法于扬州组织了对清军的殊死抵抗，城破后惨遭屠戮，史称“扬州十日”。随后，江阴、嘉定、昆山等城也接连被清兵洗劫，兵锋直逼太仓。郡人仓惶奔逃，有的纷纷集于王时敏家中，希望这位德高望重的缙绅拿个主意。此时的时敏虽心急如焚，但也无计可施，与同乡、朋友吴伟业等念及天崩地解，大势已去，情势紧迫，权衡之后，含泪对众人说：“余固大臣之后，死已恨晚。嘉定屠城，前车之鉴。吾宁失一人之节，以救阖城百姓。”语毕，与伟业一起抱头痛哭，“声震数里”。而此时，“清军已至，遂与父老出城迎降”。此后，王时敏等便由明朝的高官变成了清廷的顺民。[1]

王时敏（1592—1680），明末清初江苏太仓人，明室首辅王锡爵之孙，翰林院编修王衡第三子，字赞虞。十二岁更名，字逊之，号烟客，又号偶谐道人、懦斋、西田主人、归村老农，晚号西庐老人。因官至太常寺卿，又称“王太常”“王奉常”。为人资性颖异，淹雅博物，深于谋划。工诗文，好鉴藏，擅书画，喜园林、戏曲。榜书八分，为“近代第一”。擅画山水，长于临仿，以师法“元四家”之首黄公望为专门名家，“骎骎乎入痴翁之室”，乐于奖掖后进，为清初“画苑领袖”，“四王”画派之首。

王时敏家族自明代万历年间（1573—1620）其祖上起，即步入江南望族之列，至清代更是声名显赫，进士、举人累代不绝，高官厚禄者甚众，以擅艺术著称，诗、文、书、画、建筑、戏曲等，艺苑所有，几无所不能，以绘画最著。入清以后，家族画学及由王原祁开创之娄东画派，不但颇得朝廷扶持，为名副其实的国家绘画艺术的代表，而且被画史誉为继明末董其昌以来之“正宗”，风光无限。

对家族及其艺术在明清易祚时之成功转捩与在清政权中之荣耀履历，时敏发挥了承上启下的关键性作用，而直接起点即在上述“出城迎降”，更深层之原因则在时敏的德行之教与政治所迫。

那么，具体情况究竟怎样，又何以可能？

贰、王时敏家族艺术之概况

一、王时敏家族艺术之族源及流向

清初王时敏家族居今江苏省太仓市。太仓地势平坦，位于江苏省东南部，长江口南岸，东濒长江，与崇明岛隔江相望，南临上海市宝山、嘉定二区，西接昆山市，北连常熟市。太仓古称娄东，自元代开启漕粮海运以后，娄东经济文化日益繁盛，积淀丰厚，学堂、书院蔚为大观，文苑艺坛更是群星闪耀，如明清时期之王世贞、张溥、吴伟业、陆世仪、毕沅、仇英、王时敏、王鉴、王原祁、魏良辅、张野塘、徐上瀛、陆子岗等皆一时之选。清初“画苑领袖”王时敏及其家族艺术就是在这样的地域、经济与文艺语境中脱颖而出的。

王时敏家族世出山西太原，最远可上溯至周之姬姓二族之一——王子晋之子王宗恭。王子晋（前582—前546）即姬晋，字子乔，系周灵王太子，因进谏忤旨，谪居太原城郊唐坂里（今太原名胜“晋祠”内晋溪书院之主建筑子乔祠，即为纪念太子晋而建），为太原王氏始祖。公元前567年3月，生子一，名崇敬（一名宗敬、宗恭），字元镜。官至周朝司徒，食邑太原。因其为王族，时人称为“王家”，始得“王”姓。此后，不断繁衍、绵延，自秦、汉至唐，“最多显者”，宋室“南渡后居河南汴梁”[2]。

“元至正年间，红巾贼乱，割据河南”，太仓（一作娄东）王时敏家族第一世祖求一公为避乱由河南南迁[3]，居嘉定之南乡墅沟（“墅沟”后来称“寺沟”，近浏河口，属乐智乡），明弘治十年（1497），割昆山、常熟、嘉定三县地置太仓州，乐智乡属焉。王氏子孙遂为太仓州人。[4]

就嫡传而论，时敏家族二世祖为王伯臯、三世祖为王道昭、四世祖为王琩，皆世代务农、海滨渔猎。至五世祖莆田公（即王瑾，为福建莆田县丞）时始著，进而诗礼传家。六世祖为王侃，七世祖为王铣，八世祖为王涌。至王时敏曾祖父九世祖王梦祥时，已到明正德年间（1506—1522）。王梦祥“年十六试有司，以异等补州诸生，旋奉例入太学，寻授鸿胪寺序班”[5]。他领着两个儿子到南京一起参加乡试，王梦祥虽一再失利，两个儿子却逐渐脱颖而出：长子王锡爵（即王时敏祖父），二十五岁名列南京乡试第四，二十九岁高中嘉靖壬戌（1562）科会元，廷试第二，赐进士榜眼及第，累官至首辅，位极人臣。次子王鼎爵（王时敏叔祖父）则高中隆庆戊辰（1568）科进士，官至河南提学副使。王时敏之父王衡为十一世，万历辛丑（1601）进士榜眼及第，官至翰林院编修。王时敏辈为十二世，有兄弟三人，时敏行三，官至太常寺卿，擅画。王时敏有子九人，为十三世，按排行依次为挺、揆、撰、持、抃、摅、掞、抑，其中揆、撰、掞、抑等擅画。王时敏孙辈为十四世，擅画者以王原祁（揆子）、王昱最著。时敏曾孙辈为十五世，擅画者以王愫最著。时敏玄孙辈为十六世。时敏六世孙为十七世，擅画者以王宸最著。王昱、王愫、王宸与王玖（江苏常熟人，王翚曾孙）在画史上合称“小四王”。

娄东太原王氏（按：因太仓城内有太原、琅琊两个王氏家族，王时敏家族称为太原王氏）步入江南望族之列的同时，家族艺术活动也随之展开。王时敏为清初“画苑领袖”，社会身份极显耀，不但绘画成就甚高，而且八面玲珑，善于审时度势，为家族画学在明末清初画坛迅速崛起与成为清代画学正统，奠定了坚实基础。王时敏九子中不乏擅画者，但总体上看，成绩平平。于是，他把承传自己衣钵与实现自己艺术理想的希望寄托在了长孙王原祁身上，悉心培养。后来，原祁果然不负所望，不但在绘画上取得了卓越成就，开创了被视为“正宗”的娄东画派，而且培养出了颇具创新精神与能力的族弟王昱，使娄东太原王氏画学与清初政治、社会同步进入鼎盛时期。此后直至清末，家族后嗣虽甚多艺术家，但固守家法，少创新，逐渐式微。

王时敏家族以承续明清“正宗”自任，其走向“正宗”之旅程是通过家族数代人分阶段、有计划的不懈努力实现的。身处明清易代之际，善于谋划的时敏在这一旅程中极具奠基作用。在他的精心筹划下，王原祁接力祖父，于晚年将走向“正宗”的家族艺术理想彻底地变成了现实。进而，这一旅程又是与当时本为“夷狄”的满清政权孜孜以求的入继“华夏”文化道统理想之旅程高度一致的。因二者同时，理想又一致，所以他们之间又逐渐表现出由博弈走向会通、共赢之局面，而当他们的理想都得以实现的时候，正是其水乳交融之时。

二、明末清初儒学背景与王时敏家族画学思想述略

王时敏家族艺术自滥觞至鼎盛，正值国族思想大变动的明末清初，加之王氏家族从事艺术活动（以绘画为主）者全为以儒家道统自任的士大夫，因而，其艺术活动与作品中无不饱含着当时士大夫阶层的思想与情感。

士人画之创作主体为传统“四民”（士、农、工、商）社会中之“士”，宋代周敦颐《通书·志学》云：“圣希天，贤希圣，士希贤。”士怎样才能达到“圣希天”的极致境界呢？《中庸》云：“故君子尊德性而道问学。”即既要“尊德性”，又要“道问学”，两者不可或缺，且以“尊德性”为首要、为根本。“尊德性而道问学”又称心性之学或心性之教，现代新儒家认为：“而实则此心性之学，正为中国学术思想之核心”；“中国之学术文化，当以心性之学为其本源”；“此心性之学，乃中国文化之神髓所在”[6]等。足见其于中国传统学术文化之根本性与重要性，而作为分支之一的画学正是筑基于其上的。

“尊德性而道问学”为圆融之教，实则三代以后，均有所偏废。宋明以来，理学大阐，可分朱熹、陆九渊两系，而“道问学”尊德性”正可谓朱、陆之基本特点。明代王阳明将陆九渊“尊德性”倾向推向极致，提倡直证本心，有废书不观之势。正如余英时说：“正因为明代儒学偏在象山的‘尊德性’一面，故反智识主义的气氛几乎笼罩了全部明代思想史，实不仅阳明一人而已。”阳明后学（如泰州学派等）中不少人挟师学声威，不求甚解，逐渐步入空谈心性之途。在这一思潮的影响下，当时画学也具有强烈的“尊德性”色彩。

清初思想与学术文化领域有两个互相关联的显著特征：满清政权对偏重于“道问学”之程朱理学的提倡；以“道问学”为根本特征的考证学之兴盛。王时敏家族画学正是在这种背景中凸现出来的，有很强的“道问学”特色。

明清之际思想史的巨变，从整体上看，实质上是陆王心学向程朱理学的转变。此处以当时两系学者对《大学》“诚意”之“意”的不同理解来透视此变化。

刘宗周（1578—1645），字起东，别号念台，浙江山阴（今绍兴）人，因于山阴蕺山讲学，称蕺山先生，为陆王心学一系在明末的最后一位大师，创立蕺山学派，影响极大。主张《大学》中“诚意”之“意”为“心之所存”，极为新颖，为其平生思想重点所在，如其弟子黄宗羲云：“先师所以异于诸儒，正在于意。”这与当时作为官方哲学的朱熹观点——“意”为“心之所发”截然相反。因而，此论一出，立即引起轩然大波，“无不起而争之”[7]。

在朱熹所主“意为心之所发”中，“心”为本，为“未发”，为至善无恶之中和状态；“意”为末，为“已发”，有善有恶，欲成贤圣，须以工夫“审几于动念之初”，渐修返求“未发”之“心”的中和状态。而在刘宗周所主“意为心之所存”中，“意”至善无恶，“自作主张，自裁生化”，为“不虑而知之灵体”，为“心”之主宰，即发即存，即存即发，体用一如，一念“顿悟”，随即超入，成贤成圣，不费工夫。[8]

刘宗周“意”为“心之所存”为时代

新思潮之缩影，从中不难推想其时画学之大略，如明末徐渭不但明言“夫不学而天成，尚矣；其次则始于学，终于天成”[9]，而且积极实践“从来不见梅花谱，信手拈来自有神”[10]、“不求形似求生韵，根拔皆吾五指栽”[11]、“山人画竹略形似，只取叶底萧萧意”[12]的大写意花鸟画，即是集中反映；又如与刘宗周同时代的董其昌，不但有着丰富的写意画实践经验与大量作品，在理论上也十分强调“意”，如其《画旨》所云“右丞以后，作者各出意造”“余以意为之”“意兴所至，辄尔泼墨”“画以意定如此”等。

1644年明朝覆亡。1645年，清军南下浙江，刘宗周于家中绝食殉节，其后学的讲学宗旨也开始发生变化，“蕺山身后，弟子争其宗旨”[13]；“子刘子既没，宗旨复裂”[14]。宗旨变化的方向为朱熹所主“意为心之所发”。

1679年，持陆王心学立场的大臣崔蔚林被康熙帝召至宫中，君臣就《大学》中“格物”“诚意”等问题进行了一番直率对答。崔蔚林认为：“格物是格‘物’之，乃穷吾心之理也”，“朱子解作天下之事物，未免太泛，于圣学不切”。持程朱理学立场的康熙云：“朱子解‘意’字亦不差。”崔蔚林表示异议：“朱子以意为心之所发，有善有恶。臣以意为心之大神明、大主宰，至善无恶。”康熙当场未予反驳，以“性理深微，俟再细看”[15]为借口，终止了论辩。不久，经过准备，康熙驳斥崔蔚林云：“天命谓性，性即是理。人性本善，但意是心之所发，有善有恶，若不用存诚工夫，岂能一蹴而至？行远自迩，登高自卑，学问原无躐等，蔚林所言太易。”[16]由于在君臣问答中，崔蔚林直述心学主张，毫无顾忌，康熙甚为反感，加上言行不一，颇招物议等原因，崔蔚林自觉难以在朝中立足，只好告病还乡。后来，康熙更是认为：“（崔蔚林）诋先贤所释经传为差讹，自撰讲章甚属谬戾，彼之引疾乃是托词，此等人不行惩治，则汉官孰知畏惧！”[17]

王时敏为身跨明清两朝之人，其画学思想自然会表现出上述“意”为心之所“存”“发”两义。其一，在王时敏《西庐画跋》中，如“意动天机，神合自然，犹如禅者彻悟到家，一了百了，所谓一超直入如来地”“措意用笔处，往往迥出天机，超然尘表”云云，便与上引玄宰之论契合，“意为心之所存”义十分明显。这是时敏守旧的一面。其二，《西庐画跋》中所谓“不意石谷乃能追意临摹，不爽毫发”“皆刻意师古，实同鼻孔出气”云云，又为“意为心之所发”义的典型表达，这是时敏趋新的一面。其三，《西庐画跋》中还有对“意为心之所存”义的激烈批评，如“人多自出新意，谬种流传”等即是，这更表明了时敏的趋新。其四，或许，在时敏看来，“意”之上述两义并重才是最好的，如《西庐画跋》所云“元四大家画，皆宗董、巨，其不为法缚，意超象外处，总非时流所可企及”即是。可惜，他虽有此洞见，但终生不愿到此境界（详见下文）。

时敏家族成员中画道深受康熙帝奖掖者是王原祁，原祁精《春秋》学，为进士，深受程朱理学影响，其思想与康熙一致。他说：“画之有董、巨，犹吾儒之有孔、颜也……即从有画看到无画，为成性存诚宗旨”，“董巨朴漱，义精仁熟，大海回澜，总汇百渎。”[18]其中“成性存诚宗旨”即上述康熙所强调的“存诚工夫”。以董、巨配孔、颜，不但表明与玄宰“南北宗”论以禅论画有异，而且反映出由明末心禅之学向清初程朱理学转变之大势。此外，原祁常以“性”“理”论画：“笔墨一道，同乎性情”，“画虽一艺，而气合书卷，道通心性”，“今人不知画理，但取形似”，“作画以理、气、趣兼到为重”，而“性”“理”正是程朱理学的重要范畴，其关系一如康熙所云：“性即是理。”

这种情况在明末是难以想象的，如在玄宰《画旨》中即无“性”字，“理”字虽有二处，但一处为引用苏轼之言：“出新意于法度之中，寄妙理于豪放之外”，应排除在外；一处为“精于绘理，自出笔意”。可见，在玄宰这里，即便用得极少之“理”，与“意”在实质上也是相通的，与程朱理学所强调的“理即是性”大异其趣。时敏《西庐画跋》中无“理”字；“性”字仅两处：一为赞扬王翚为张以韬作《飞鹤来庭》画时，善于体察张以韬与仙鹤共通之“贞姿远性”进而加以恰当表达；一为“石谷天资灵秀，固自胎性带来，其于画学，取精去粗，深研入微，见解与时流迥别”。可见，此两“性”字有浓郁的“道问学”色彩。

王原祁并非不以“意”论画，只是观点与明末徐渭、董其昌及王时敏等已大相径庭，甚至全然走向反面了。如原祁《雨窗漫笔》开篇即云：“六法，古人论之详矣。但恐后学拘局成见，未发心裁，疑义意揣，翻成邪僻。今将经营位置、笔墨设色大意，就先奉常所传及愚见言之，以识甘苦。后有所得，当随笔录出。”此为本书的写作宗旨，对“六法”传统的强调，对“疑义意揣”者的批评可谓无以复加。在原祁画跋中，类似的表达尚多，此处不赘。

王原祁以下，在画学上成就最高者是王昱（原祁族弟），他活跃于雍正、乾隆年间，此时的时代思潮又有较大变化。先是雍正帝发现朱子学中有不利于作为“夷狄”的满清确立统治“合法性”的观念，接着乾隆帝也开始关注这一问题，但又不能完全推翻开国以来推崇程朱的根本国策，于是，乾隆想出了尊经抑朱（“经”指儒家原始经典，如《诗》《书》《礼》《易》等，“朱”主要指由朱子集注，对后世影响重大的《四书》）的办法来化解此问题，如乾隆谕旨云：“向来专重《四书》文字，而忽于经义后场。其实经文所以考其学，后场所以验其用，各有深意，无容轩轾其间”[19]，“如《四书》文虽佳，而经义影响游移者，概置不录”[20]。紧接着，士林中大量“骂朱”言论开始流行起来，如章学诚感慨云：“至今休、翕之间，少年英俊，不骂程朱，不得谓之通人。”[21] 王昱生逢其时，恐怕也是“骂朱”的“少年英俊”之一，这在其《东庄论画》中有集中反映（详于下文）。

三、王时敏家族的书画收藏

众所周知，“复古”（或“师古”“法古”等）是王时敏家族艺术的根本特征，而大量鉴藏历代大家名作以供临仿学习又是“复古”的先决条件。王氏的书画收藏自王锡爵经王衡至王时敏时逐渐达到极盛，时敏凡遇名迹，多不惜重金得之，家中所藏历代法书名画应有尽有。他的书画藏品来源如其跋《溪山行旅图》云：“余家所藏宋元名迹，得之京师十之四，得之董文敏者十之六。”[22] 晚年，由于“赋役所困”等原因，时敏所藏书画大半变卖散去，王氏书画收藏开始走向衰落。

（一）书法

目前所见王氏保存过的历代法书主要有：

东晋王羲之《曹娥碑》一卷，董其昌曾记《曹娥碑真迹》卷“在娄江王文肃公家”[23]，此卷为家族重宝，历经王锡爵、王衡、王时敏祖孙三代，珍藏时间甚长。

王羲之《寒切帖》亦为王锡爵、王衡、王时敏祖孙三代收藏之珍品。

五代杨凝式《韭花帖》卷，此卷为王时敏及其八子王掞藏。

元赵孟頫《书苏轼西湖诗》卷。

元赵孟頫《法华经》，董其昌跋《元赵孟頫书麻姑仙坛记册》有“所见王奉常家藏法华经”[24] 云云。

元赵孟頫《书集册》，共十二幅。

元赵蕃等《五人札子墨迹》卷，共五幅。

（二）绘画

王氏保存过的历代名画主要有：

张庚《国朝画征录》载，王时敏家藏有“李营丘《山阴泛雪图》，费至二十镒”。

宋李公麟《豳风图》卷。

元赵孟頫《画莲社图》卷。

元赵孟頫《水村图》卷，董其昌自题《仿赵文敏水村图意》云：“赵文敏有水村图藏于娄水王奉常家，余仿其意。”[25]

元赵雍《破窗风雨图》卷。

元黄公望《江山胜览图》卷。

元黄公望《江山万里图》卷，董其昌《黄公望富春山居》卷跋云："娄江王氏《江山万里图》可盈丈。笔意颓然，不似真迹。"

元王蒙《青卞隐居图》轴，据汪珂玉《珊瑚网》载，时敏于1632年冬购得此图。[26]

元倪瓒《南渚春晚图》轴。

《唐宋元宝绘册》（又名《唐宋元名画大观》），董其昌题笺，集唐宋元大家（如王维、巨然、李成、范宽、赵孟頫、黄公望、倪瓒、方方壶等）真迹中佳者共二十幅，以王维《雪溪图》压卷。初为董其昌"画禅室"中所藏，几经转手，"崇祯壬申（1632）冬"[27]为时敏所得。

台北故宫博物院藏王时敏临仿《小中现大》册中共载宋元名迹临仿本二十二幅，所临仿之原作中，大部分为董其昌鉴藏过，后转让给了王时敏；小部分得自他处。

（三）书画收藏之特点及流散

上述娄东太原王氏法书名画收藏有以下几个特点：

其一，以绘画为多，书法较少。

其二，王时敏以前仅见书法藏品，且为数不多；时敏时书画藏品迅速增多，绘画最多；时敏以后书画藏品甚少，收藏者主要为王掞。

其三，多为董其昌等"南北宗"论中所谓"南宗"大家名作。

其四，王时敏藏赵孟頫书画作品总数在所藏书画家中是最多的，赵孟頫书法占书法总数的百分之六十以上，而绘画仅次于黄公望。

这些特点中最值得注意的是时敏对赵孟頫作品的青睐。元初作为赵宋宗室却折节仕元的山水画大家赵孟頫，在明代"以道自任"的士大夫心目中一直是一个十分敏感的话题，即便在儒家道统观念（强调"夷夏之辨"是重要表现）已很淡泊的明末董其昌时代，玄宰在其画学著述中对赵孟頫虽多所提及，甚至给予褒扬，但在其画学道统"南北宗"论中，还是直接罢黜了赵孟頫。时移世易，在入清以后还度过了三十六年的时敏的书画收藏名单中，赵孟頫却占有举足轻重的地位，收藏时间虽多已不可详考，但这在一定程度上反映出时敏对作为"夷狄"的满清王朝之皈依，因为蒙元与满清均为异族入主中原，对折节仕元的赵孟頫之认可，在某种程度上即相当于对满清入主之认同。同理，时敏收藏名单中对"元四家"，尤其对黄公望之情有独钟也可以由此角度找到部分答案，毕竟，明代画坛师法"元四家"不如清初王时敏家族卖力。因而，时敏的"复古"不是泛指，而是特指与有选择的，即他在很大程度上是要"复古"到蒙元，充满了政治与文化隐喻。

王时敏"每得一秘轴，闭阁沉思，瞪目不语，遇有赏会，则绕床大叫，附掌跳跃，不自知其酣狂也。尝择古迹之法备气至者二十四幅为缩本，装成巨册，载在行笥，出入与俱，以时模楷，故凡布置设施，钩勒斫拂。水晕墨章，悉有根柢"[28]。可见，上述这些历代大家法书名画收藏对王时敏影响之大，之所以王时敏平生画学以"复古"为特色，在某种程度上正是因为有这些珍藏作为基础。此外，时敏随身携带古画巨册，"出入与俱，以时模楷"，这一行为本身也具有模仿、"作秀"以引人注意的性质。因为其师董其昌正是以同类行为让画苑刮目相看的，而玄宰又大约是在模仿他十分推崇的北宋大书画家米芾（"米家书画船"早已成为书画史上让人艳羡不已的典故，董氏"书画船"继之）。时敏处处以玄宰"南宗"嫡传自居，原来在一定程度上也是"秀"出来的。

王时敏晚年为王翚题《宋元名迹缩本》云：

余以一生精血裒集宋元名迹十有六帧，宝护不啻头目髓脑。年来衰病侵寻，岁荒赋急，贫不能守，先后散归之好事者家，罄无一存。襟怀索寞，犹失水之鱼，濡沫无所。[29]

由时敏晚年家中宋元名迹已"罄无一存"不难推测，富于收藏的娄东太原王氏宋元名迹以外的其他收藏恐怕也所存不多了。时敏曾对王翚多次提及变卖珍藏的情况[30]，仅转手予胶州清河氏[31]即有三次之多：清河氏第一次从王时敏手中买走董源、黄公望之画时，时敏虽“自念采集良苦，宝爱有啻性命”，十分不舍，然“以势迫”，又不得不割爱；第二次派人欲“不惜重购”关仝真迹与赵大年《湖庄清夏图》；第三次再来时，则“惟必欲得曹娥真迹”了，这可是王氏自王锡爵以来极其宝爱之巨迹啊！

叁、王时敏祖、父之艺术

王时敏祖父王锡爵、父王衡为明末典型士大夫，遵循孔门“据于德，游于艺”之教，毕生以进德修业、事功为矢志，以成德为上，以艺辅德，在艺术上虽无卓越建树，但培育了后嗣的艺术兴趣，为后嗣从事艺术活动，进而成为艺术大师，奠定了基础。

一、王锡爵

王锡爵（1534—1611，图1），生于明嘉靖十三年（1534）七月二十一日。父王梦祥，母吴淑人。出生时，恰巧一群喜雀飞集其家宅院，有若天赐，因古代“赐”与“锡”、“雀”与“爵”相通，遂名“锡爵”，字元驭，号荆石，为人“性刚负气”[32]，端严肃敬。

（一）王锡爵的生平

王锡爵进士榜眼及第登朝后，仕进之路甚为通畅。万历五年（1577）以詹事掌翰林院；万历六年（1578）升任礼部右侍郎；万历十二年（1584）冬，帝特颁手诏拜锡爵为礼部尚书兼文渊阁大学士，参机务；第二年，王梦祥卒，锡爵葬父于老家墅沟新阡后，还朝入阁；万历十八年（1590）为立皇储之事，锡爵屡上密疏，册立不得，以母老为由乞归省；万历二十一年（1593）正月，召锡爵回朝为首辅，举行太子册立大典；第二年五月，锡爵力辞，乃特准暂停阁务，携病扶亲归省；万历三十五年（1607），归乡十三年的锡爵，特加少保，余官如故。然而，已七十四岁的锡爵，屡疏辞恩，“阖门养重，竟辞不赴”[33]。

王锡爵晚年家难不断，天伦之亲几乎丧失殆尽，尤其在归乡之后。父王梦祥卒于1585年；1595年，老母吴氏因病辞世，年八十。1598年夫人朱氏去世，年六十六。王锡爵仅剩独子王衡。1603年，王锡爵长孙王鸣虞卒；仲孙亦殇；仅剩季孙王时敏一棵独苗。两世单传，锡爵晚年好不凄凉！雪上加霜的是，1609年，年仅四十七岁的王衡因头疾不治身死。于是，只剩下祖、孙形影相吊，“太原之绪不绝如线”[34]。

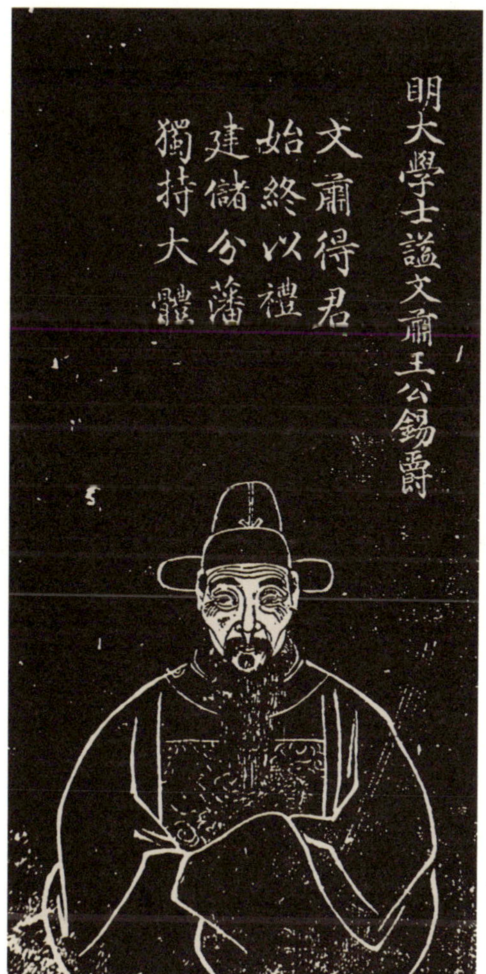

图1 王锡爵石刻像

王锡爵对独子王衡之卒，无限悲伤，于次日、头七、二七、三七、四七、寒食、五七、六七、终七、百日祭、夏至祭、周年祭连写十二篇祭文，哭云：“汝生平皎皎，无几微言动之戾；宴处萧萧，无淫哇视听之惑”[35]，“呜呼！予之可死而不死，汝之未可死而死，皆天也。天可问乎？乃问天而天不应矣；天又可怨乎？乃怨天而天愈怒矣”[36]。之后，锡爵自称“太原独夫”[37]。因悲伤过度，万历三十八年（1611），王锡爵病逝，享年七十七岁，赠太保，谥文肃，《明史》有传。

（二）王锡爵的德行

王锡爵虽高官厚禄一生，又极得皇帝青睐，但绝不因此飞扬跋扈，而是既谨慎谦逊，遵循礼法，固守臣子本分，又不畏强权、明哲保身，坚持原则，还能在其位谋其职，心系民生社稷，鞠躬尽瘁，积极进取。在出处进退、言行践履之际，充分显露出其深厚德行。

在中国传统社会，若要长治久安，须以儒家思想为主导，方能奏效。明代科举以朱熹《四书集注》义为去取，锡爵为嘉靖壬戌（1562）科殿试一甲第二名，又著有《春秋日录左氏释义评苑》（二十卷），可见他对程朱理学知之甚深。此外，他在充任经筵讲官（明代以实际为皇帝进讲儒家经义的官员为经筵讲官，一般由翰林出身之大臣兼充）时，穆宗称赞其“讲书明爽切直”，并谕“今后讲官讲书，都要如他讲”[38]，也可以看出这一点。

锡爵对程朱理学不仅能知，亦能行，其与张居正之关系便集中反映了这一点。

万历五年（1577），张居正为首辅，王锡爵“以詹事掌翰林院。张居正夺情，将廷杖吴中行、赵用贤等。锡爵要同馆十余人诣居正求解，居正不纳。锡爵独造丧次，切言之，居正径入不顾。中行等既受杖，锡爵持之大恸”[39]。意为，首辅张居正廷杖吴中行、赵用贤等乃不合情理之举，不公正，锡爵不怕得罪权贵，想方设法救之不成。由此事不难看出锡爵务求世事合情合理与宽宥、慈悲之儒者胸怀。

《明史·王锡爵传》云：“明年（1578），（锡爵）进礼部右侍郎。居正甫归治丧，九卿急请召还，锡爵独不署名。旋乞省亲去。居正以锡爵形己短，益衔之，锡爵遂不出。”[40]意为，张居正之父卒，照常制张应离职守孝，但他却想在职守孝，“甫归治丧，九卿急请召还”，当为张授意或安排，可锡爵却不买账。因而，更加受到张居正之排挤（“益衔之”），无奈，锡爵只得“乞省亲去”，“遂不出”。此事反映出锡爵不畏强权，严守朝廷礼法之无私胸怀。应该提及的是，锡爵“乞省亲去”与其子王衡之劝退也有关系。其时，颇著文才之王衡方十六岁，和《归去来辞》以寄，锡爵叹曰：“不去将为孺子笑。”

万历十二年（1584）冬，王锡爵以礼部尚书兼文渊阁大学士（即“入阁拜相”），参机务。此时张居正已去世，举朝清算之，但位高权重之锡爵却力排众非，谓张“功过不相泯”[41]，为其持平。对张居正之排挤，就一般而论，当伺机报复，以泄私愤（“举朝清算”恐有此意），但锡爵并未这样做，而是谨遵儒家理教，“以直报怨”。

作为首辅，锡爵的德行还表现在治国上。《明史·王锡爵传》云：“王锡爵……十二年（1584）冬，即家拜礼部尚书兼文渊阁大学士，参机务。还朝，请禁谄谀、抑奔竞、戒虚浮、节侈靡、辟横议、简工作。帝咸褒纳。”[42]可见，“帝咸褒纳”之建议正是针对明末士风受心学末流与狂禅思潮激荡，“骛于玄虚，流为恣肆”之现状而发的，这表明了王锡爵之程朱理学立场。《明史·王锡爵传》又云：“锡爵在阁时，尝请罢江南织造，停江西陶器，减云南贡金，出内帑振河南饥，帝皆无忤，眷礼逾前后诸辅臣。”[43]这种先秦以来的“民贵君轻”的儒家政治理想，在锡爵任上得以部分实现，为缓解明末政治、社会危机有不小作用。

王锡爵的德行不只表现在上述数端，今存《王文肃奏草》（二十三卷）、《暖阁召见纪事》（一卷）及《明史·王锡爵传》

等中有更详细的记载。

此外，锡爵的德行还体现在对乡邻的关爱上。锡爵告老回乡后，人称“王太师”。一天，邻居糕饼店的老板对他说，老太师，您做了丞相回来，荣耀极了。我呢，开了几十年的“鸿发”糕饼店，却至今不“发”。你能不能帮帮我，让我也小富一下？锡爵连声道：“可以，可以！”于是，老板恭恭敬敬地将精心特制的一盒饼送给了他。第二天，锡爵将饼分给前来拜访的乡绅、官僚尝，大家连称好吃。问在哪儿买的，锡爵答：“在隔壁鸿发糕饼店买的。”又拖上一句：“我特别喜欢吃这个饼！”此后，凡来拜访锡爵的人，都要买他喜欢吃的饼来孝敬，鸿发糕饼店顿时就“鸿发”了。太师家每天收到的饼多得吃不完，放不下，只好将老板叫来说：“快把我家中的饼搬回你店中去吧！以后人家送给我，我再回给你，你还可以多赚些钱！”从此，“太师饼”的美称便传开了。呵呵，以治国的智慧来作饼的广告，那还不是小菜一碟。[44]

后世评云：“王锡爵秉性介直，刚毅方正，束发操修，即自矜励。通籍近五十年，未尝有尺寸濡染；以高第重名，旦夕可取卿相，而进取甚怡，绝不求恩泽；亦不修怨，不与人争短长。以首辅里居十余年，待人和蔼，出入只一肩舆。”[45] 如此等等，“温、良、恭、俭、让”，活脱脱地刻画出了一个中庸至德深厚之正统醇儒形象。虽然如此，但王锡爵在明末思想史上却几乎不名一文。原因在于，思想史只以时代新思潮为重点，当时思想新潮为心禅之学，而笃实刚毅、程朱理学精深如锡爵者，虽在管理国家、组织人群、引导社会等方面发挥着根本性作用，却并非思想史上之亮点。锡爵之贡献，要从社会、历史之角度才能看出。

（三）王锡爵的文学与书法艺术

王锡爵喜藏书，家有“赐书堂”，收藏甚富。文学成绩可观，有《王文肃公文集》（五十五卷）、《荆石诗文集》等著述传世。

锡爵闲暇之时，“游于艺”，以书法为著，然不愿作书坛盟主。“赐书堂”藏历代法书（如王羲之《曹娥碑》等）、碑刻颇多（以唐碑为主）。擅行书、小楷，笔法秀颖，神采翩翩，深受行家好评。如明王世贞《艺苑卮言》云：“（锡爵）自捣不主墨池盟，笔法秀颖，依稀有翡翠兰苕状”，“元驭书法在虞、褚间，书《黄庭经》，神采风调翩翩出蹊径外”；董其昌《容台集》云：“文肃深于书，书尤深于唐碑，晚年犹悬碑刻满四壁，特不欲以书名耳”等。目前可见的王锡爵手泽，有题跋的传世书画《元赵孟頫书黄庭经》一卷[46]、《明文徵明西苑图并诗》一卷[47]、《明陈楫云岩佳胜图》一册[48]以及手书《行书曲》（图2）等。

（四）王锡爵的造园艺术

明末江南世风奢靡，世家大族造园蔚为风气，锡爵虽以节俭知名，但并未脱出此种风气的范围，建有与自己万历相国身份相当的府第、宅院及园林，主要有“太师第”“王家园”“南园”“东园”等，可见其造园艺术一斑。

“太师第”乃锡爵府第（今太仓市城厢镇新东街四十二号），迎面为一字排开的门楼，共五间，中间三间以木栅为栏，屋内东西向砌墙隔开，正中大门上方悬挂“大学士第”竖匾一块，门槛前有石鲲一双。经门楼进头门，高大的库门两旁各立石狮一个；向内，正中为王氏家族婚丧大礼和接待上宾之用的“澄观堂”；向内入二门，偏东为日常生活起居之所“燕喜堂”（董其昌书额），偏西为会友接朋、吟诗答对之所“鹤来堂”（因万历己亥立春日有素鹤来集，故名）；再向内，错落有致地分布着“画楼”“三余馆”“乐颐堂”“含誉楼”等居室以及“晚清轩”“菜斐轩”“德隅”等子女读书之所。

“太师第”前沿街放置大石墩十数个，以备插旗、灯之用。沿街向南为俗称“王宅前”的广场，广场东边有高一丈余的拴马石一块。

“太师第”后有一俗称“王家园”之

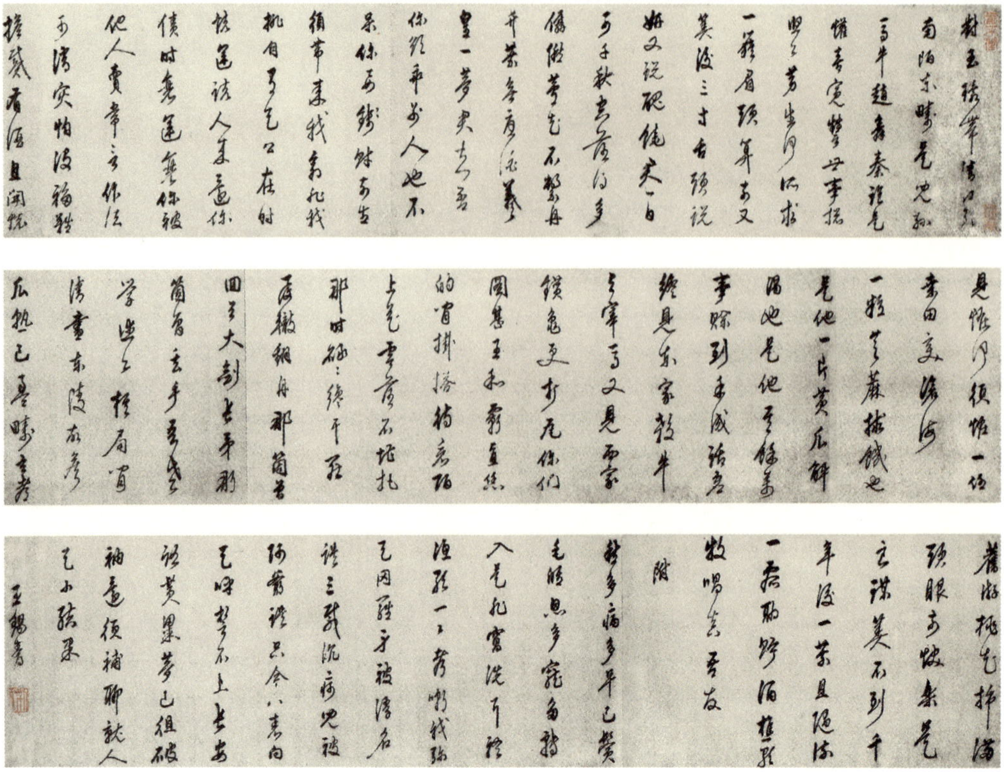

图 2 明 王锡爵 行书曲 38.5cm × 28.5cm 湖南省博物馆藏

园林。清嘉庆《直隶太仓州志》载云，“王家园”东西宽三百余尺，南北长为宽之三倍。北为菜地，地之尽头，筑有围墙。入园十余步处，“横隔大池，循桥得径，左方为亭榭，亭前累石成岛，于石隙引机作水戏。左方池稍广，前后堂楹，各具牡丹至三百余本，菊倍之，又多名花果”。

“南园”，为锡爵种梅处，在太仓城南潮音庵北。园西有“王文肃公祠”，明万历三十八年（1610）敕建，十年后建成，内设门楼、德馨堂、大殿、享堂等建筑物，宏大壮丽。

“东园”，为锡爵种芍药处，在今太仓城东门外致和塘与护城河交会处之东南转角一带，占地数十亩。[49]

（五）王锡爵的戏曲修养

王锡爵戏曲修养很高，尤喜昆曲。明末江南望族有蓄养戏班子的风气，锡爵家戏班由昆曲创始人魏良辅之嫡传弟子赵瞻云及魏之女婿、著名戏曲音乐家张野塘指导，极显档次。汤显祖《牡丹亭》问世后，即由锡爵家的戏班子首演，“曲尽其妙”。关乎此，还有一则优美故事相传哩。《牡丹亭》剧本写于明万历二十六年（1598），作者汤显祖为江西临江人，万历十一年（1583）进士，与太仓州昆山县片玉坊徐应聘同榜，当时他们的主考官（旧称“座师”）即为王锡爵。因而，显祖凡到太仓，均要上门拜谒“座师”。可这次虽到过太仓几天，却不谒而去。锡爵感到很奇怪，于是派人打听缘由，方知显祖正寓居徐应聘家“拂石轩”中潜心创作《牡丹亭》传奇。嗜好戏曲的锡爵便派人暗通了显祖的随从，每天偷抄剧本送至太仓。当汤携写完的《牡丹亭》给锡爵看时，太师笑着说：“我早已见到了！”[50]

综上述，锡爵擅诗、文、书法、园林、戏曲、收藏等，虽在各方面成就皆不显赫，但他对艺术的兴趣却为后嗣出现艺术大师营造了必要的氛围。

王鼎爵（1536—1585），字家驭，锡爵弟，时敏叔祖。气度和缓，与人交周笃。少依父兄读书，极为勤奋，必鸡鸣始就枕，本体弱，至呕血不止。嘉靖二十八年（1549）补博士弟子员，又入赀（旧时纳钱财取得官爵功名之谓）补太学生。嘉靖四十一年（1562）中举，隆庆二年（1568）会试第五名，廷试二甲第九名，选刑部主事（正六品）；隆庆六年（1572）迁礼部主事；万历五年（1577）改南验封郎中（正五品）；万历十三年（1585）卒于河南提学副使（正四品）任上。著有《恒素堂集》。夫人庄氏，先三年而卒，年四十七岁。子亦早卒。

王锡爵有子一人王衡，女三人。长女嫁太学生周秉忠；二女讳焘，贞节得仙，白日升举，世称“昙阳子”；三女嫁吴某。

二、王衡

王衡（1562—1609），锡爵子，时敏父，字辰玉，号缑山。嘉靖四十一年（1562）九月初九生。为人聪敏、颖悟、直率、笃实，志行高洁。

（一）王衡的生平与德行

王衡少年时，曾于支硎山读书，五行俱下，颇著文名，同乡父辈王世贞见其诗文，直叹：“才子、才子！”

万历十六年（1588），王衡于南京参加乡试，名列第一。郎官高桂与饶伸二人上疏谓其因父亲居高位有作弊嫌疑，于是诏午门外复核，王衡伸卷立就，策论精彩，仍置第一，人人叹服，诏许会试。然而，饶伸依然上疏弹劾不已，帝怒谴之，后饶伸被下狱除名，贬谪边疆。经此风波，王衡为避嫌，谢绝参加会试。此即《明史》所载“为举首才，自称因被论，遂不复会试”[51]。此后，在其父王锡爵位居内阁之十年间，王衡连续三次放弃参加会试之机会，直至锡爵致仕已四年后的1598年，才在母亲朱氏之鼓励与催促下参加会试，但因病未能终场。1601年，再次参加会试，大获成功，为万历辛丑科会试第二，廷试也名列第二，赐进士榜眼及第，授翰林院编修，天下折服，称为“真翰林”。1609年，王衡因头疾不治，先其父而卒，年四十七岁。

王衡英年早逝，仕进、功业之路虽不及其父荣显，但从名扬一世的“父子榜眼”、两代编修中，不难想见，王衡当与其父一样，程朱理学精深（著有《春秋纂注》四卷），而上述人生履历、行事，又显示出与其父一样，颇能做到在追求中庸至德中的“知行合一”。

（二）王衡的文艺

王衡文艺高妙，工诗、文、乐府、词、书、画、戏曲等，陈继儒评云：“辰玉诗沉雄鲜爽，学韩、杜；文章精辩宏衍，尚荀卿、刘中垒；书法出入颜鲁公、苏学士；游戏而为乐府、诗序，即宋元当行家无以过也。”[52] 著有《王文肃公年谱》、《缑山先生集》（二十七卷）、《秦汉人文选玉》（六卷）、《归田词》、《纪游集》（一卷）等

图3 明 王衡 行草五绝轴 131cm × 31cm 北京故宫博物院藏

诗、文、词与乐府集。明末袁中道于万历乙卯（1615）冬云：“王辰玉书法老而带媚，真可宝也。”[53] 留存至今之王衡书法作品有：现藏北京故宫博物院的《行草五绝》轴（图 3）、南京博物院的《行草五律诗》（扇面，图 4）等。王衡自少年时于支硎山读书起，就与绘画缘深，在其父的安排下，与后来成为著名书画家的陈继儒一起读书，相互濡染，十分相得，为终身契友。王衡还擅杂剧，名著当代，创作有《郁轮袍》《没奈何》《再生缘》等剧本，为后嗣子孙从事戏曲创作埋下了伏笔，准备了基因。

王衡有三子[54]，长子时翼（鸣虞）、二子时敷（赓虞）、三子时敏（赞虞）。

王时翼（1587—1603），时敏长兄，字又溟、稺皋，号糸一。“南雍秋试后得咯血之疾”[55]，万历三十一年十月卒，年十七岁。擅画，山水取法李唐，苍古雄浑；亦善人物，类宋旭、崔子忠，遒劲多姿。画迹已不存。

王时敷，时敏次兄，生年失考，万历二十三年（1595）痘殇，当不满八岁。

肆、王时敏的绘画艺术

王时敏（图 5），生于明万历二十年（1592）八月十三日，生母周氏。在明清易祚之际家族及其画学转捩中“明修栈道，暗渡陈仓”而“重起炉灶”，在引领家族画学走向清代画学“正宗”的旅程中发挥了根本性作用。

一、王时敏的生平

王时敏出生时，祖父王锡爵已五十九岁，暮年得孙，十分钟爱，祖、孙同房寝息，形影不离，直到十七岁娶妻后，“始居别室”。时敏四岁时，次兄赓虞卒，出继叔祖（鼎爵）为嗣孙。十二岁时因长兄鸣虞卒，“仍归宗”。自少及长，相邸豪门，玉食锦衣，寝馈诗书，深受家族文艺熏染。崇祯初年，父王衡病故。时敏极为悲痛，患上咯血症，绵历年余，几亡。第二年，祖父王锡爵又去世。两年间，连遭大故，痛何如之！

万历四十二年（1614），时敏进京拜受因祖父德业而荫赠之尚宝司司丞（为正六品禁廷侍从）一职，掌管宝玺、符牌、印章，办其所用。官职虽不很荣显，但权限颇大，王时敏曾“奉使齐、豫、楚，闽藩封”。1624 年，升尚宝卿（正五品）。第二年，奉使江西建昌。1628 年，出使山东益州。1636 年，升太常寺少卿（正四品），仍主管尚宝司事。1639 年，奉使楚南，历十月，由于水土不服等原因，疟痢交攻，加之本来体弱多病，归来时已消瘦骨立。

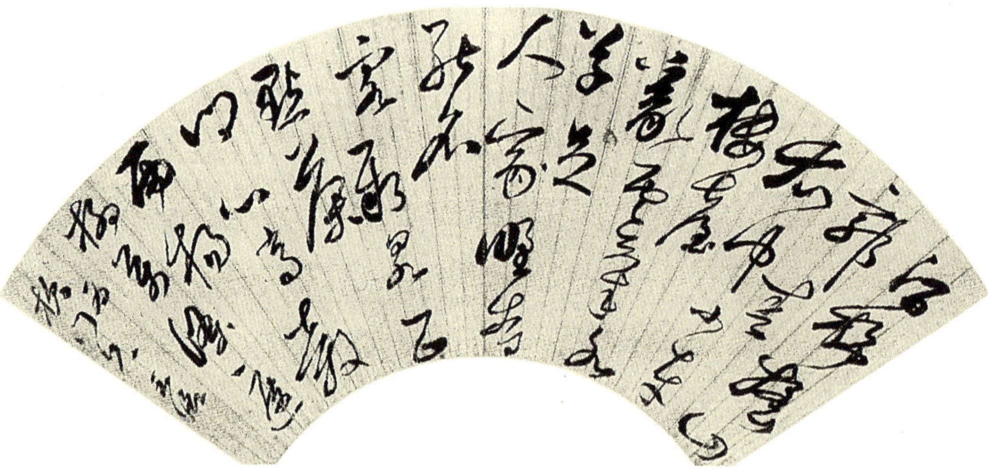

图 4 明 王衡 行书五律诗 17.3cm × 52.5cm 南京博物院藏

崇祯十三年（1640）春，以病请归。奉旨回籍调理，病痊赴补。之后，不再出山。顺治二年（1645），时敏“与父老出城迎降”后，在清朝新王朝治下，以唤友呼朋、吟诗作书、寓意“六法”、培育子孙读书仕进为生活的主要内容。

二、王时敏的德行

娄东太原王氏以精通“尊王攘夷”为大义的《春秋》学著称，时敏之祖父王锡爵、父王衡、八子王掞、长孙王原祁等均以《春秋》学应举，以之起家，独时敏除外。

时敏二十三岁时，生母周氏对他说：“吾家三朝袍笏，两世丝纶，儿念家声，岂忍虚就门荫。但儿独身当户。又素羸弱，门内门外事辐辏填委，何暇攻苦下帷？”[56] 在周氏如此这般之劝说下，时敏放弃了科举，接受了随祖父德业而来之恩荫，走上了仕宦之路。显然，在放弃科举之同时，他也放弃了深研程朱理学尤其是以“尊王攘夷”为主旨的《春秋》学之机会，与其祖、父、子、孙相比，在起步处，便露出在心性德行上之亏欠迹象。

图 5 清 曾鲸 王时敏像 64cm × 52.3cm
天津市艺术博物馆藏

为官十年后的天启四年（1624）秋，王时敏奉诏出使中州事毕，于归家途中作《自警文》[57] 自励。文中充满了对官场勾心斗角与稍不小心即朝不保夕之戒慎恐惧。针对自己“素病口直，胸中若有一事，如含瓦砾，必欲吐之而后已”；“性太疏脱，每与人交，一言意合，便推心促膝，肝胆尽倾”；“衷无城府，一以坦率待人，自谓与世无忤，徒以喜愠无恒，锋芒太露”；“心气粗浮，遇事多不思维，意之所到，辄便为之”；“嗔性予所最重，此从始生带来”等等与生俱来之禀性，一一作了深刻反省，认为“自后，宜尽改前习，务养得冲和浑厚，常如婴儿，于人既无猜嫌，于己又得安适，不亦善乎！”时敏要改正自身缺点，一点儿问题也没有，问题在于：其中前三项（“口直”“性太疏脱”与“坦率待人”）在很大程度上非但并非性情上的缺点，甚至应该说是优点，值得提倡，而时敏却要“尽改”之。时敏对为官之道的这种选择尽管有当时政治环境黑暗、官场险恶等原因之逼迫，但毕竟有伤大雅，并非真正的“冲和浑厚”之道，而“于人既无猜嫌，于己又得安适”云云则更显示出活脱脱明哲保身、油滑处事的“乡愿”形象，哪能是真正的“不亦善乎”呢？

由时敏《自警文》不难看出，他与生俱来之豪爽、直率禀性与其祖父王锡爵、父王衡是极为一致的，又同处于明末险恶的政治环境中，祖、父均卷入政治斗争，但皆能称性而行，以直报怨，最终化险为夷，以致流芳后世，而时敏却宁愿扭曲自己之天生性情，去迎合当时并不如意的官场环境，祖孙三代之德行竟如此不同，不能不让人扼腕！当然，所有这些在集中反映时敏德行亏欠的同时，也反映出他十分善于谋划。

时敏德行上的亏欠与老于谋划，在与张采关于家奴结怨而后设计报复一事上更有集中表现。事情是这样的：太仓人张采（为“复社”[58]重要成员之一）欲收时敏女婿吴世睿的家奴张晓做弟子，开始时，吴家不许，后经张采多方斡旋，吴世睿迫于压力，才勉强答应为张晓削去隶籍。时敏家有童仆千余，历来家法甚严，此事让他感到很没面子，因而怀怨张采。后张采又与陆文声结怨，陆不堪忍辱，于是收集张采勾结上司、把持武断等证据、材料，入京欲疏奏朝廷。在京城，陆文声将来意告诉了对张采早怀怨恨的同乡王时敏，时敏给陆出主意说：“相君（温体仁）仇复社，参之正当其机，但相君严重，不轻见人，而主局者惟德清(蔡奕琛)为政，宜就商之。”陆文声依计见蔡奕琛，蔡即携奏疏示温体仁。温体仁既不知张采是谁，又素无嫌怨，于是说：“谁为张采？不过三家村兔园学究耳！乌足渎圣听？今朝廷所急者张溥耳，能并弹治溥，当授官如启新也”，“奕琛出为文声述相君语，令削草更进”[59]。按照温体仁的授意，崇祯九年（1636）三月，陆文声将疏稿改定为参奏“两张”（张溥、张采）及“复社”党羽，理由是“为赋繁难”“结党交恣行”[60]。崇祯十年（1637）八月，温体仁因与司礼监曹化淳有隙，遭曹告发，奉旨放归。时敏在政治上失去了可以依靠的后台，知道已经难以再在朝廷立足，因而崇祯十三年（1640）春，“具疏遣老仆王宰入都缴节，从此不复出山”[61]。

时敏在德行上最让人诟病处是本文“引子”所述与吴梅村等“出城迎降”之事。时敏的祖父王锡爵为明室首辅，父王衡为明翰林院编修，自己既为“大臣之后”，又深得明室恩荣，国家有事，不但不思舍生取义，杀身成仁，却“出城迎降”，近不孝于父、祖，远不忠于君王、国家，无论理由如何，毕竟大节有亏，在宋明理学家那里，失节不忠可是犯了“夷夏大防”，是首恶，是无论如何也不会得到原谅的，这大概要归因于年轻时疏于心性德行之教，尤其疏于深研本为家族专擅、以“尊王攘夷”为主旨的《春秋》学。

入清以后，纷乱、彷徨的心绪一直困扰着王时敏，如他在《西田感兴诗》十钞序中写道：“岂其离群索居，妄希高蹈，庶几处阴息影，用毕余生。何图世路巑岏，时态狞恶，既困诛求于刻木，复警毒螫于含沙……卒岁无计，苌楚徒嗟，每当抑郁无憀，不胜低徊永叹。”《西田感兴诗》亦云：“栖迟何必叹途穷，寂寞荒江作隐翁。”而之所以“离群索居”“抑郁无憀”“穷途末路”，又多半是由“失节”带来的，如七十岁生日时，当前来祝寿的朋友誉时敏“文采风流，映照一世”时，他却谦虚地说：“偷生七十愧遗民”，对自己并非真正意义上的“遗民”而问心有愧作了交代。

可能正是这种内心自责让王时敏不愿也不敢出仕新朝，加上为赋役所困等其他原因,他的晚年是在贫病中度过的,以致“典衣鬻器”，“老病日增，贫亦日盛”之时，纵使“直如性命所寄”之“名贤妙绘”，也“究于缓急无济”，只得变卖以救急，“徒使妙迹永弃”，而后又“追悔不及”。

王时敏解脱纷乱、彷徨的内心困扰之唯一办法是求助于山水画，如顺治九年（1652）自题《仿宋元山水图册》云“比年愁累纷遝，益兴笔砚”[62]；康熙元年（1662）自题《仿古山水图册》云“每当烦懑交并，无可奈何，辄一弄笔以自遣”[63]；吴伟业《画中九友歌》云“（时敏）解衣盘礴堪忘忧”[64]等。而在这种焦虑、纠结的心境下，要画好山水画几乎是不可能的。因而，时敏画艺患得患失，时断时续。如其题《仿宋元山水册》（1670）云“余年来穷老善病，欢悰寥寥，笔砚久庋高阁”[65]，1671年题所作《秋峦双瀑图》轴云“笔砚久荒”。其子王撰云“先君以世务牵制，晚年愁冗纷集，兼多向平之累，与会所至，时一渲染，未遑朝夕从事于斯”[66]等。

然则，王时敏的内心何以会纠结于“失节”梦魇中而难以自拔呢？究其原因，主要有三：

其一，时敏毕竟是程朱理学深厚的明室“大臣之后”，自小受家学（以《春秋》学为专擅）熏染，纵然未能科举提名，还不至于对失节不忠之大错视若无睹，心安理得。

其二，“出城迎降”，铸成“失节”大错之后，当南明福王朱由崧政权征召时，时敏没有去，看来，他是决心要与新王朝站在一起了，但清朝政权却对他置若罔闻，“始终没得到清廷的征召”[67]。主要原因大致为：

一是时敏于明室所得恩荣源自祖父恩荫，而不是凭真本事出身科举。

二是祖、父以“尊王攘夷”为宗旨的《春秋》学起家，当时本属“夷狄”的清朝政权对此可能心有余悸。

三还是因为德行上的亏欠。清初皇帝为了入继明统之合法与社会的长治久安，采取的一项基本策略即是提倡忠孝，无论是对过去的明室还是现在的清廷，只要一心一意效忠，都给予褒扬（包括那些坚决反清复明的人），而对那些不能知恩图报的人则给予坚决打击。如薛尔望为明末昆明府庠生，顺治十五年（1658），尔望眼看“复明”无望，就带着妻杨氏，儿之翰，儿媳孟氏，女儿梦云、静云，婢女兰馨全家与所养的猫、狗一起跳入昆明北郊龙泉观黑龙潭（今黑龙潭公园）殉节。赴死之前，于壁上题字：“愿为殉节之鬼，不愿为苟全之人。”康熙年间云南按察使许宏勋题联云：“寒潭千载雪，玉骨一堆香。”康熙五十九年（1720），昆明知县朱若功上表朝廷，请求祭祀薛尔望之忠义，获准。与薛尔望形成鲜明对比的是吕留良（1629—1683），留良为明末清初著名思想家，入清以后由于禁不住诱惑等原因，做了诸生，后来实在难以忍受“失节”梦魇，又弃诸生而去，“怡然自快”。雍正帝对留良弃诸生而去的行为大加贬斥云：“按其岁月，留良身为本朝诸生十余年之久矣。乃始幡然易虑，忽号为明之遗民。千古悖逆反复之人，有如是之怪诞无耻，可嗤可鄙者乎？”[68]雍正十年（1732），受湖南儒生曾静反清一案牵连，已死四十九年的留良被雍正钦定为“大逆”罪名，惨遭开棺戮尸枭示之刑，其子孙、亲戚、弟子广受株连，无一幸免。在这种背景下，清朝政府对时敏置若罔闻应该是自然的，然而这无疑会给他带去巨大的心理压力。

其三，王时敏五十三岁时明清易祚，在清朝政权下又度过了三十六年的漫长岁月，晚年贫困又如雪上加霜，这些更加重了他的上述内心纠结。入清之后，时敏的政治身份发生了巨变，不再受到朝廷在政治、捐税等方面的佑护、优待，也缺少身处明朝世家豪门的那种荣誉感。清初税收按人丁数收取，时敏家人丁众多，要承担的赋役自然不轻，甚至难以承受。如康熙元年（1662）自题《仿古山水图册》云“余年来为赋役所困，尘坌满眼，愁郁填胸”；《王烟客集·自述》云“不耐无限之诛求，皮尽水枯，徒有空质而已。余不得已，弃产补偿”；《清晖阁赠贻尺牍》载其云“比来窘悴益甚，质贷路绝”[69]等。

三、王时敏的画艺师学

王时敏正式的画学启蒙老师是董其昌。

董其昌（1555—1637），字玄宰，号思白、香光居士等，谥文敏。华亭（今上海市松江）人，明末著名书画家、书画理论家。玄宰小王锡爵二十一岁，大王衡六岁，大王时敏三十八岁，与娄东太原王氏祖孙三代均有交情。

恽寿平《瓯香馆集》云：“娄东王奉常烟客，自髫时便游娱绘事，乃祖文肃公属董文敏随意作树石以为临摹粉本。”[70]可见，董其昌与王氏家族的交情始于王时敏童年时，一是因玄宰的绘画才能，二是因位高权重的锡爵想让孙子王时敏习画的愿望。

万历三十一年（1603），董其昌邀请陈继儒、王衡于舟中同饮，王衡作《秋日玄宰邀饮舟中，同仲醇游畸墅》[71]诗。

祖孙三代比较而言，玄宰与时敏交游留存至今之记录最多，在上引材料中，恽寿平接下来叙述道：

凡辋川、洪谷、北苑、南宫、华原、营丘，树法石骨，皴擦钩染，皆有一二语拈提，根极理要。观其随笔率略处，别有一种贵秀逸宕之韵，不可掩者。且体备众家，服习所珍，昔人最重粉本，有以也夫。[72]

如此看来，董对时敏采取的是传统的粉本教学法。从粉本所涉及的对象来看，全为董所推崇的“南宗”大家。从老师对学生的习画要求看，有两个层面：一是技法（“树法石骨，皴擦钩染”），一是意趣（“随笔率略处，别有一种贵秀逸宕之韵”）。由表及里，由浅入深，由形式到意趣，循序渐进，真可谓天衣无缝，真不愧为山水画大师！此外，不难看出，玄宰在其中贯注了自己“崇南贬北”、维护山水“画学道统”的价值判断。

玄宰按上述办法对时敏之教诲可不只这一次，现存董为王所作画册较早者尚有二册可述：一为《唐宋人诗意图册》（十六页），画法、意趣由模仿、变化董源、米芾、赵孟頫、黄公望、倪云林等“南宗”大家而来，在最后一页上，董其昌识云：“丁巳二月写此十六幅似逊之世丈览教”（丁巳为1617年，时敏二十六岁）。二为董绘赠时敏之《小景山水册》（八开），也以仿宋元山水画风为主，在最后一页上，董其昌识云：“乙丑九月自宝华山庄还，舟中写小景八幅似逊之老亲家请正”（乙丑为1625年，时敏三十四岁）。

玄宰对时敏的教诲还表现在促使时敏仿自己画作上。

1625年4月，董其昌作《仿北苑山水》轴，6月王时敏亦作《仿董北苑山水图》轴，后者在构成、笔法等方面都可以看出与前者有相通处，后者上题云：“逊之仿吾家北苑，里于子久、叔明，而笔墨浑古，尽洗吴中习气，此图尤合作者。董其昌题。”

1627年2月，三十六岁的时敏作《仿倪瓒山水图》轴，上有玄宰题跋。肖燕翼认为，该画“从山水画法至简单的款识书法，都能看出董其昌书法松秀自然的艺术特点，看得出他早期曾经临摹过董氏书画”[73]。

1629年，时敏三十八岁，作《仿董北苑山水图》轴[74]，在构图、笔法等方面均与玄宰《仿董北苑溪山樾馆图》轴[75]有相通处，不难见出二者的师法关系。玄宰于其上跋云：“画法贵气韵生动，观逊之此图，笔墨清润，皴擦古澹，直得北苑神髓，即宋四大家不能过也。”

时敏还常随玄宰鉴赏历代名迹，以提高眼界与修养，如1624年仲夏，时敏与董其昌在长安吴廷寓所同观董源《夏口待渡图》卷[76]；又，时敏题跋有云：“丁卯（1627）春，云间董宗伯过余鹤来堂，相与审定家藏古今法书名画，流连旬日。”[77]

按照玄宰的上述教法，可见他是要把时敏作为嫡传弟子的，而后来的时敏也正是沿着这条路在成长。那么，玄宰（早时敏四十五年而卒）在有生之年内是否认为时敏已经得到真传？

崇祯六年（1633）初夏，时敏作《拟云林春林山影图》轴[78]，第二年董其昌于其上跋云：“云林小景几作无李论，逊之亦披索殆尽，谁知笔端出现清闷主者，若再来骋妍竞春如此，珍重珍重。甲戌（1634）初冬，其昌。”此则董其昌晚年题跋中包含多方面的意蕴：一是董、王之间的师徒关系从时敏童年时起一直持续到玄宰晚年，董一直在为时敏画业保驾护航，可谓情深义厚；二是一声“珍重珍重”中包含有董对时敏现已取得之艺业成绩（即“仿”云林逼真）的肯定；三是“珍重珍重”中包含董对时敏画业大成之无限期待；四是这声“珍重珍重”中应当带有对时敏此时画业成就不如己意之不满。

三年后（1636），玄宰卒。时敏失去

图 6 清 王时敏 山水扇面 17.7cm × 51.8cm

了画学上的导师。于玄宰生前对自己画学师古成绩的褒扬，时敏颇具自知之明，顺治十年（1653）自题画云："余作此图垂三十年，甜软稚弱，何异于小儿涂墙。当日陈、董两公题辞，皆以一峰笔法见许，过情特浓。岂昌黎所谓诱之而欲其至于是耶……癸巳重观，不胜颜汗，特书数语志愧。"[79] 按，其中"陈"为陈继儒。

时敏除了向玄宰学习外，还以古人为师。时敏"师古"的手段多样，主要有"临""仿"等。"临""仿"是含义不一样的两种办法，"临"指对照原本描绘；"仿"指模仿、仿效。"临"要求接近原作，较具客观性；"仿"则主观性较强。在时敏的"师古"作品中，"临"者很少，历代流传者仅见崇祯十六年（1643）《临大痴浮岚烟嶂图》轴、康熙三年（1664）《临大痴良常山馆图》轴等。时敏的"仿"作极多，所"仿"对象绝大多数为"南宗"大家，尤以"仿"黄公望最多，占了总数的一半以上。其次为"仿"倪瓒。再次为"仿"董源。尤其是时敏晚年的一些"仿"作精品，"仿"某家不为一家所囿，不但有黄公望、王蒙的笔法，还有倪瓒的韵味，颇具集大成性质。除单幅"仿"作外，时敏还有很多"仿"宋元各家山水合璧卷、拟古山水图册等，这些图册动辄七页、八页、九页、十页、十二页、三十页不等，以十页、十二页者居多，颇具规模。如顺治九年（1652）所作《拟古山水图册》，共十二页，分别"仿"董北苑、大痴、黄鹤山樵、赵令穰、赵文敏、小米、赵伯驹、巨然、黄子久、吴仲圭、倪高士、梅道人等，他对传统画学的取精用弘由此可见一斑。

值得注意的是，时敏与其师玄宰虽都强调师法古代"南宗"大家，却有很大不同，比如在师法对象上，玄宰主要归宗五代宋之董、巨、二米，时敏则主要归宗于元末黄公望。

四、王时敏的画学交友与"复古"立场

时敏交往的著名画家很多，若大致以三十年一辈来划分，可以分前辈、同辈与晚辈来看。

（一）前辈

时敏交往的前辈画家（即时敏出生前十五年以前出生）主要有陈继儒、曾鲸、恽向、卞文瑜等，时间主要在明末。如：1625 年时敏作《山水》扇面（图 6），陈继儒题五言诗于其上[80]；1616 年 5 月，曾鲸为时敏画像，图中时敏头戴折巾，手拿

图 7 清 王时敏 山水图 南京博物馆藏

拂尘，于蒲团之上盘坐，端庄清秀，静雅安适，风致飘然，时敏却认为画得不像。1626年中秋，时敏曾为恽向作《溪亭山色图》轴；1650 年 9 月时敏请卞文瑜为其刚建成的“绿画阁”绘壁并作歌以记之[81]等等。这些画家大致与时敏的老师董玄宰为一辈，他们处于明末以“尊德性”为特色的心禅思潮中，在画学主张与实践中强调顿悟、反对“道问学”，注重创新。如肖像画家曾鲸将传统粉彩渲染技法与西洋画表现手法结合，“如镜取影，俨然如生”，即是其创新精神的集中反映。与这些画家交往时，由于受玄宰“师古”主张的影响，时敏虽也临仿古人名作，但其“复古”主张不如入清以后明显，也难见他将“复古”立场带入与前辈的交往中。非但如此，在明末的官宦生涯中，时敏常来往于全国各地，饱览沿途风光，根据亲身经历所画《武夷接笋峰图》《富春山图》《雨夜止宿图》《庐山图》等，还颇具“师造化”特色，这应与前辈画家的影响有关。

（二）同辈

时敏交往的同辈画家（即时敏出生前、后十五年之内出生）主要有鲁得之、杨文聪、杨补、王鉴、金俊明、程邃、陈廉、盛茂烨等，时间多在明末清初。如：1662年8月，时敏题鲁得之《墨竹图》轴；1638年6月，时敏与杨文聪等四人合作《山水》卷；1638年初秋，时敏《题自画卷赠杨补》[82]；1661年秋，时敏作《松壑高士图》以贺金俊明六十寿辰[83]；1671年8月，程邃作《山水》轴以贺时敏八十大寿[84]；1624年，陈廉为时敏作《山水图》卷[85]；1634年9月，时敏为盛茂烨作《山水》扇页[86]等等。

在同辈画家中，时敏与王鉴的交往最频繁，交情最深。他俩均居太仓城内，同姓不同宗。绘画交往自1637年夏初（时王鉴辞廉州知府职归乡，时敏过访[87]）至终身未尝间断，相关事实很多。如：1638年时敏为王鉴《仿黄公望山水》轴题跋[88]；1664年9月，含素以佳菊见赠，时敏作《山水图》轴（图7）以谢，王鉴题跋[89]等。时敏推崇王鉴画学云："独步海内"[90]、"当今画家不得不推为第一"[91]、"即使子久复生，神妙亦不过如此，真古今绝艺也"、"真生平之杰作也，见之不胜叹服"[92]；王鉴则赞扬时敏："画得子久，前惟董文敏，近独奉常烟翁……真不负此笔墨矣"[93]、"先生法眼，非此不足以当其赏鉴，山水通灵得所归矣"[94]等。互相推崇、称赞如此。时敏有时甚至不惜牺牲自己名声以抬高王鉴，如其题王鉴画云："展玩不觉下拜，遂欲焚砚矣"[95]、"今见此杰作，珠玉在侧，益惭形秽，遂欲焚弃笔砚矣。叹绝！愧绝！"[96]

时敏交往的同辈画家绝大多数不但不强调"复古"，很多人甚至还十分强调"师造化""更新"，如程邃曾题画云："仆性好丘壑，故镌刻之暇，随意挥洒，以泄胸中意态，非敢云能事者也。"[97]时敏与他们的最大不同在于强调"复古"不遗余力，其交往最为密切者为以"复古"著称的王鉴，即是显证，但王鉴的"复古"与时敏相比，不啻"小巫见大巫"，表现在两个方面：一是王鉴对传统的选择比时敏更宽泛，时敏以师法黄公望专门名家，兼及"南宗"其他各家；王鉴则不但师法"南宗"，还兼取"北宗"，"凡四朝名绘，见辄临摹，务肖其神而后已"，而被视为"北宗"的青绿山水风格正是王鉴绘画的特色之一。二是王鉴在师法传统的同时，也较注重"师造化"。如薛永年说，王鉴与时敏相比，更"讲求丘壑的变化，体量感的显示与空间纵深的表达，有多于王时敏的再现因素，富于整体感"[98]。

总之，时敏是以无以复加地强调"复古"鹤立于同辈画家中的。

（三）晚辈

时敏交往的晚辈画家（即时敏出生后十五年以后出生）主要有笪重光、王翚、吴历、恽寿平、杨晋、金侃、王武等，时间在入清以后。尤以与王翚的交往最著，"复古"立场表现得最为强烈。其次是吴历、恽寿平。

王翚（1632—1717），字石谷，号耕烟散人、清晖老人等。江苏常熟人。擅画山水，师从王鉴，又从游于王时敏，强调"师古"，不拘一家，集唐宋以来诸家之大成，熔南北宗为一炉，曾云："以元人笔墨，运宋人丘壑，而泽以唐人气韵，乃为大成。"画风华滋浑厚，气势勃发。时敏爱才若渴集中地体现在与王翚的关系上。1660年，经王鉴引荐，王时敏一见到王翚，即大惊曰："此烟客师也，乃师烟客耶！"[99]邀至西田别墅，尽发所藏与之临仿，翚渐悟画艺奥秘，加之时敏极力提携，迅速声名鹊起。时敏与王翚之画学交往史载甚详，如：1672年王时敏题王翚《临巨然烟浮远岫图》[100]；1674年王翚为时敏作《仿古山水册》（十二页）[101]；1672年夏日时敏邀王翚过娄东西田渡夏，尽出所藏名迹，相与较论鉴别[102]等。时敏对王翚画艺推崇备至，谓王翚："罗古人于尺幅，萃众美于笔下者，五百年来从未之见，惟我石谷一人而已。"[103]可以说，如果没有伯乐时敏，就没有千里马王翚，王翚的成功，除了他的天才与勤奋外，在很大程度上既是被时敏教出来的，也是被他捧出来的。

除王翚外，晚辈画家中，时敏交往较频繁、深切者是吴历。吴历（1632—1718）字渔山，号墨井道人，江苏常熟人，与王翚一起受业于王鉴，受教于王时敏。擅画山水，心追手摹宋元大家，醉心王蒙、吴镇。时敏不但出自家所藏供吴历临摹，且常为之画、题，现存时敏《题自画为吴渔山》[104]《题吴渔山雪图》[105]《跋吴渔山仿云林笔》[106]等画跋多条可证。时敏对吴历的临摹功夫推崇备至："间架草树用笔设色，一一乱真……不可思议者也……虽欲不独步，得乎！"[107]时敏卒后，吴历作挽诗八首以悼，有"哪敢高声哭墓门""愁绝人间齿德稀"[108]之句，情深如此，让人慨叹！

时敏与恽寿平之间的交往颇为奇特：虽神交已久，终生却只在病危弥留之际见过一次，所谓"闻声相思十有余年，未偿一见之愿"[109]也。恽寿平（1633－1690），初名格，字寿平，号南田。江苏武进人。初善山水，后改攻花鸟，学者甚众，称"恽派"。1680年6月，寿平、王翚相约同至太仓谒时敏，不想到达那天，还未及见面，时敏突然病倒。三日后，才在病榻前匆匆见了平生第一面也是最后的一面。时敏终于见到长期神往的寿平，大喜过望，拉着寿平的手昏厥过去。时敏卒后，寿平作悱恻动人的《哭王奉常烟客先生》挽诗十八首以悼，有"爱客谁将古道议，风流还忆信陵门"[110]之句；又有《题奉常山水》云："共说痴翁是后身，长绡零乱墨华新；蚁观一世操觚客，虎视千秋绘苑人。"注云"先生于宋元诸家，无不精研兼擅，尤于痴翁称出蓝妙手"[111]；如此等等，对时敏之为人、为艺评价甚高。

在时敏交往的晚辈画家中，虽不乏以"复古"为特色者，但大多数较具"更新"精神，交往时，时敏多以前辈长者提携、鼓励后学的姿态出现，这有利于他贯彻自己的"复古"立场。不但凡"复古"者必给予赞扬，且与赞同、实践其"复古"立场者交往最为频繁，交情最厚，时敏的《西庐画跋》几乎全是赞美王翚如何"复古"的，即是明证。

王翚、吴历、恽寿平画学虽强调"师古"，但也较具"师造化""更新"的特点，如恽寿平记载说，庚戌（1670）夏六月，曾与王翚乘兴登剑门，"高啸剑门绝壁之下，各为图记之，写游时所见"[112]；又据张庚记载，王翚送别著名画家笪重光（侍御）时，曾指着隔岸秋林对笪说"此参差疏密，丹碧掩映，天然图画也，即为侍御写之"[113]；薛永年说"王翚……突破了'南北宗论'的局限，不为流派所惑，广收博取，荟萃精华。尤其在于他注意观察真山水，表达身经目历的感受"[114]；秦祖永说"（吴历）高怀绝俗，独往独来，不肯一笔寄人篱下。观其气韵沉郁，魄力雄杰，自足俯视诸家，另树一帜"[115]；蔡星仪说"（恽寿平）在艺术上……能'脱落时径、洗发新趣'，'不为先匠所拘'的勇敢精神是值得学习的"[116]。而作为"国朝画苑领袖"的时敏似乎很难看见这些后辈画学中的"师造化""更新"成分，几乎从不加以强调。

（四）王时敏的画学交友与"复古"立场的特点及言外意

由上述不难看出：

其一，论者多谓时敏入清以后为归于林泉、隐于笔墨之"遗民派"，但从上述大量与当时画坛名家之交友不难看出，不但归隐非真，还颇为积极入世，"曝光"率极高，程度极强。

其二，时敏的画学交友多数发生在入清以后，在具体的交往过程中，他总是以十分谦逊的姿态出现，不停地赞美，有时甚至以损毁自己声誉来抬高、突出对方，显然，这是与其在明室为官时养成的八面玲珑、精于谋划的性情一致的。

其三，如此多的与其交往的画苑著名画家，为其立足于清初画坛，成为"画苑领袖"奠定了坚实基础，在画苑内部为其引领家族画学走向清代"正宗"准备了必要条件。

其四，与之交往者在时敏心目中，是有轻重缓急之别的。以王鉴、王翚、吴历、恽寿平为最重要，时敏利用自己的画苑地位对此四人极力赞誉、提携，有时甚至不惜作过情之誉，这些人又“投桃报李”地反过来大力推崇时敏。你来我往，双方的影响如滚雪球般越滚越大，趋炎附势者亦随之而来。此四人加上时敏本人、其孙王原祁合称清初“六家”或“‘四王’、吴、恽”，不但为当时画坛翘楚，而且影响深远，下开娄东、虞山画派，为清代近三百年画史正宗、主流。这一切如追根溯源其总设计师，则非时敏莫属。

其五，时敏《西庐画跋》云：“生平所交画友数辈，亦多未脱时趋，意谓风尚如此，不图疲暮之年得遇石谷，且亲见其磐礴如古人忽现眼前，讵非大幸，然尤恨相遇之晚，不能不致叹壮岁之缘悭也。”[117]意为：生平所交往的数辈画家中，时敏除对极力贯彻其“复古”立场的王翚十分满意外，对其他“多未脱时趋”之自出新意者颇为不满。因而，不难见出时敏之“画苑领袖”是以其强烈的、一以贯之的画学“复古”立场奠基的，此立场即是：以自己为中心、以“复古”为旗帜，推动顺应满清新王朝主流意识形态的画学新思潮之形成，这是他入清以后绘画活动之主线。他不但身体力行“复古”，而且聚集同道，大力宣扬，当时画苑中无人能及。时敏对曾鲸、杨晋的褒贬就很能说明这一问题。曾、杨均为杰出的肖像画家，且皆为时敏写过真。时敏认为曾鲸画得不像自己，却赞叹杨晋所画云：“见者无不骇叹，诧为酷肖，即余揽镜自照，恍若相对共语，呀然一笑。”[118]除所画肖像本身之艺术水平外，显然也与其“复古”画学立场有关，因为与曾鲸吸收西洋画法之“时流”一派相比，杨晋用的是传统肖像画法，注重“笑言情性”，以形写神。

进而，与时敏交往深笃的同道（如王鉴等）不但理解他的这一立场，而且积极帮助他贯彻实施，包括给他物色实践“复古”立场之合适人选。如张庚《国朝画征录》记载，王翚正是以“复古”天赋知遇于王鉴的，王鉴又是顺其天赋而“因材施教”的，推荐给时敏后，时敏赞叹与悉心培养的仍是王翚的“复古”才华与能力。[119]后来，王翚果然没有辜负时敏的苦心，不但自己成长为以“师古”专门名家的“画圣”，而且开创了以“道问学”为特色的、代表清代画坛“正宗”的虞山画派，彻底地实践了时敏的“复古”立场。吴历也是王鉴的弟子，后来从学于时敏。王翚、恽寿平则为平生至交，时敏之所以对恽“爱赏特甚”，最初即是因为石谷的夸赞。

五、王时敏的应酬画与“复古”立场

时敏还以画结交，应酬社会上的三教九流，平生所作应酬画极多，所应酬者绝大多数非画苑画家，而是达官、文人、名流、子侄、亲戚、法师，其中既有长辈、同辈，还有晚辈。这些人的身份大多数现已难以考明，能稍加考知者有吴伟业、杜于皇[120]等人。此外，在《王奉常书画题跋》中有很多题跋透露出这方面的信息，如《题雪山卷赠侯六真大司农》[121]（“大司农”即“户部尚书”别称）、《题自画赠张按台》[122]（“按台”为明清两代省级最高司法机关“提刑按察使司”别称，长官称“按察使”或“按台”等）、《题自画寄赠王敬哉学士》[123]（“王敬哉”即王崇简，入清后官至礼部尚书）、《题自画赠简谦居学台》[124]（“学台”为清代各省所设提督学政之尊称，为一省教育事业的最高长官）、《题自画赠徐建庵太史》[125]（“太史”为清代翰林院修撰、编修与检讨之别称）、《题自画册赠陈学山大司空》[126]（“大司空”为“工部尚书”别称）、《题自画赠阮亭司寇》[127]（“阮亭”即王士祯，官至“刑部尚书”，别称“司寇”）等。这些信息足以表明：其一，入清以后，时敏非真正避世之“遗民”，而是社会名流；其二，应酬画为其显耀的社会身份奠定了坚实基础，而显耀的社会身份又为引领家族画学走向清代画学“正宗”准备了舆论，功莫大焉；其三，时敏的应酬画中“仿古”作品极多[128]，为让画苑之外的更多人了解其“复古”画学立场立下了汗马功劳。

注释：

[1] 详细情况请参见陈传席《“四王”散考》，载朵云编辑部编《清初四王画派研究论文集》，上海：上海书画出版社 1993 年版。凡本文用《清初四王画派研究论文集》，皆为此版，不再赘录。

[2]（清）王宝仁《奉常公年谱》，据《北京图书馆藏珍本年谱丛刊》第 66 册，第 329 页。凡本文用《奉常公年谱》皆据此版，以下不赘录。

[3]（清）王宝仁《奉常公年谱》，第 329 页。

[4]（明）王衡《王文肃公年谱》，据《北京图书馆藏珍本年谱丛刊》第 52 册，第 1 页。凡本文用《王文肃公年谱》皆据此版，以下不赘录。

[5]（清）王宝仁《奉常公年谱》，第 330 页。

[6] 唐君毅、徐复观、牟宗三《为中国文化敬告世界人士宣言》之“六、中国心性之学的意义”。

[7]《黄宗羲全集》第一册《思旧录》，杭州：浙江古籍出版社 1985—1994 年版，第 338 页。凡本文用《黄宗羲全集》，皆为此版，以下不赘录。

[8]《黄宗羲全集》第十册《先师蕺山先生文集序》，第 51 页。

[9]（明）徐渭《徐文长佚草》卷二《跋张东海草书千文卷后》，据《徐渭集》（全四册），北京：中华书局 1983 年版，第 1091 页。凡本文用《徐渭集》，皆为此版，以下不赘录。

[10]（明）徐渭《徐文长三集》卷十一《七言绝句• 题画梅（二）》，据《徐渭集》，第 387 页。

[11]（明）徐渭《徐文长三集》卷五《画百花卷与史甥，题曰漱老谑墨》，据《徐渭集》，第 154 页。

[12]（明）徐渭《徐文长三集》卷五《七言古诗•写竹赠李长公歌（仰城）》，据《徐渭集》，第 134 页。

[13]（清）孙静庵《明遗民录》，杭州：浙江古籍出版社 1985 年版，第 93 页。

[14]《黄宗羲全集》第十册，第 306 页。

[15]《康熙起居注》，康熙十八年十月十六日，北京：中华书局1984 年版，第446 页。凡本文用《康熙起居注》，皆为此版，以下不赘录。

[16]《康熙起居注》，康熙十八年十月二十六日，第 452 页。

[17]《康熙起居注》，康熙二十三年二月初三日，第 1134 页。

[18]（清）王原祁绘、聂崇正编《王原祁精品集》（著录三六），北京：人民美术出版社 2000 年版，第 342 页。凡本文用《王原祁精品集》，皆为此版，以下不赘录。

[19]《高宗纯皇帝实录》卷二二一，乾隆九年甲子七月己亥，据《清实录》第一一册，北京：中华书局 1985 年版，第 846 页。

[20]《高宗纯皇帝实录》卷二二二，乾隆九年甲子八月丁未，第 862 页。

[21]（清）章学诚著、仓修良编注《文史通义新编新注》外篇三《又与朱少白书》，杭州：浙江古籍出版社 2005 年版，第 783 页。

[22]《石渠宝笈续编》乾清宫藏五《范宽行旅图》（一轴），据《续修四库全书》第 1069 册，子部艺术类，第 635 页。

[23]《十百斋书画录》卯集《董其昌书法纪略册》，据《中国书画全书》第七册，上海：上海书画出版社 2000 年版，第 653 页。凡本文用《中国书画全书》，皆为此版，以下不赘录。

[24]《石渠宝笈》卷三贮乾清宫三，据文渊阁《四库全书》第 824 册，子部一三〇艺术类，第 84 页。

[25]（清）卞永誉《式古堂书画汇考》卷二十八，据《中国书画全书》第六册，第 639 页。

[26]（明）汪砢玉《珊瑚网名画题跋》卷十九《唐宋元宝绘册》，据《中国书画全书》第五册，第 1166 页。

[27]（明）汪砢玉《珊瑚网名画题跋》卷十九《唐宋元宝绘册》，据《中国书画全书》第五册，第 1166 页。

[28]（清）张庚《国朝画征录》，据《中国书画全书》第十册，第 425 页。

[29]（清）王时敏《王奉常书画题跋》，据《中国书画全书》第七册，第 931 页。

[30]（清）恽寿平辑《清晖阁赠贻尺牍》卷上，辛亥八月顺德邓氏仿毕竹痴刊本重印本。凡本文用《清晖阁赠贻尺牍》皆据此版，以下不再赘录。

[31] 陈辞、陈传席编著《王时敏》（上）说："胶州清河氏，就是清初大收藏家、金石书画鉴定家孙承泽。"石家庄：河北教育出版社 2009 年版，第 36 页。凡本文用《王时敏》，皆为此版，以下不赘录。

[32]（清）张廷玉等《明史》（百衲本）列传第一百六《王锡爵传》，据百衲本《二十五史》(8)，杭州：浙江古籍出版社 1998 年版，第 574 页。凡本文用《二十五史》，皆为此版，以下不赘录。

[33]（清）张廷玉等《明史》（百衲本）列传第一百六《王锡爵传》，第 575 页。

[34]（明）于慎行《朱夫人传》，据《奉常公年谱》万历三十一年条，第 340 页。

[35]（明）王锡爵《王文肃公文草》卷十二《夏至祭文》，据《四库全书存目丛书》集第 136 册，集部别集类，第 447 页。

[36]（明）王锡爵《王文肃公文草》卷十二《百日祭文》，第 446—447 页。

[37]（明）王锡爵《王文肃公文草》卷十二《百日祭文》，第 442 页。

[38]（明）王衡撰、王时敏补辑《王文肃公年谱》隆庆元年条，第 11 页。

[39]（清）张廷玉等《明史》（百衲本）列传第一百六《王锡爵传》，第 574 页。

[40]（清）张廷玉等《明史》（百衲本）列传第一百六《王锡爵传》，第 574 页。

[41]（明）王锡爵《王文肃公文草》卷十四《王文肃公哀荣录》，据《四库全书存目丛书》集第 136 册，集部别集类，第 482 页。

[42]（清）张廷玉等《明史》（百衲本）列传第一百六《王锡爵传》，第 574 页。

[43]（清）张廷玉等《明史》（百衲本）列传第一百六《王锡爵传》，第 575 页。

[44] 太仓市政协文史委员会编《王时敏与娄东画派》，杭州：浙江人民美术出版社 1994 年版，第 94—95 页。凡本文用《王时敏与娄东画派》，皆为此版，以下不赘录。

[45] 太仓市政协文史委员会编《王时敏与娄东画派》，第 6 页。

[46]《秘殿珠林》卷十六贮乾清宫十六，据文渊阁《四库全书》第 823 册，子部一二九艺术类，第 665—666 页。

[47]《石渠宝笈》卷三十六贮御书房九，据文渊阁《四库全书》第 825 册，子部一三一艺术类，第 447 页。

[48]《石渠宝笈》卷四十一贮学诗堂，据文渊阁《四库全书》第 825 册，子部一三一艺术类，第 562 页。

[49] 有关王锡爵府第、宅院及园林之内容参考太仓市政协文史委员会编《王时敏与娄东画派》一书《邸园览胜》部分。

[50] 太仓市政协文史委员会编《王时敏与娄东画派》，第 97—98 页。

[51]（清）张廷玉等《明史》（百衲本）列传第一百六《王锡爵传》，第 575 页。

[52]（明）王衡《缑山先生集》卷首陈继儒《王太史辰玉集序》，据《四库全书存目丛书》集第 178 册，集部别集类，第 556 页。

[53]（明）袁中道《珂雪斋集》附《坷雪斋游居柿录》卷十"万历四十三年乙卯"日记第 167 条，上海：上海古籍出版社 1989 年版，第 1355 页。

[54] 一说王时敏兄弟有六人或八人，但除时敏外，皆生而不育（见王宝仁《奉常公年谱》万历三十一年条）。

[55]（清）王宝仁《奉常公年谱》，第 339 页。

[56]（清）王宝仁《奉常公年谱》万历四十二年条，第 347 页。

[57]（清）王时敏《王烟客先生集》（六册一函）遗训部分《自警文》，上海苏新书社、苏州振新书社民国五年铅活字印本，第 17—19 页；《奉常公年谱》天启四年条，第 356 页。

[58]"复社"，为明末继东林党后的又一个规模更大的政治性文人社党。崇祯二年（1629）成立于吴江（今属江苏），系由云间几社、浙西闻社、江北南社、江西则社等十几个社团联合而成。主持者为时称"娄东二张"的张溥、张采。"复社"之初衷在于制举与复古学，经崇祯二年的尹山大会，崇祯三年的金陵大会和崇祯六年的虎丘大会，逐渐发展成横跨江、浙、晋、楚、闽诸省，"声气遍天下"的民间社党。

[59]（清）陆世仪《复社纪略》卷四，据国学

保存会辑《国粹丛书》第三集，上海铅印本1875年版。

[60]陆文声一案几经周折，延至崇祯十四年（1641），“溥已卒而事犹未竟”。

[61]（清）王宝仁《西庐先生年谱》，见《续修四库全书》第1085册，子部艺术类《过云楼书画记·画类六》副附录，第263页。

[62]陈辞、陈传席编著《王时敏》（上），第126页。

[63]陈辞、陈传席编著《王时敏》（下），第79页。

[64]（清）吴伟业《画中九友歌》，转引自太仓市政协文史委员会编《王时敏与娄东画派》，第73页。

[65]（清）王时敏绘、肖燕翼编《王时敏精品集》（著录二四），北京：人民美术出版社2005年版，第5页。凡本文用《王时敏精品集》皆据此本，以下不再赘录。

[66]（清）庞元济《虚斋名画录》卷十四王鉴自跋《七帖图首合册》，据《中国书画全书》第十二册，第567页。

[67]陈传席《“四王”散考》，第408页。

[68]（清）雍正编著《大义觉迷录》卷四。该书主张清朝政权的正统性与“华夷一家”，鼓吹“夷狄之有君，不如诸夏之亡也”，强调“中国而夷狄也，则夷狄之；夷狄而中国也，则中国之”，试图消减汉族士人所坚持的“夷夏之防”。

[69]（清）恽寿平辑《清晖阁赠贻尺牍》卷上，第11页，辛亥（1911）八月顺德邓氏仿毕竹痴刊本重印本。

[70]（清）恽寿平《瓯香馆集》（三）卷十二《画跋》，第208页。据王云五主编《丛书集成初》本，以下凡用《瓯香馆集》皆用此版，不再赘录。

[71]（明）王衡《缑山先生集》卷五，《四库全书存目丛书》集部178别集类，第677页。

[72]（清）恽寿平《瓯香馆集》（三）卷十二《画跋》，第208页。

[73]肖燕翼《王时敏及其绘画》，据（清）王时敏绘、肖燕翼编《王时敏精品集》，第1页。

[74]《中国美术全集·绘画篇10·清代绘画中》图版1，上海：上海人民美术出版社1989年版。

[75]Wai-Kam HO, The Century Of TungChi-chang.1555-1636，Nelson-Atkins MuseumOf Art,Kansas City，p247。

[76]（清）陆时化《吴越所见书画录》卷六，据《中国书画全书》第八册，第1163页。

[77]陈辞、陈传席编著《王时敏》（上），第154页。

[78]（清）王时敏《王烟客先生集·画史》，第7页。

[79]陈辞、陈传席编著《王时敏》（上），第149页。

[80]（清）王时敏绘、肖燕翼编《王时敏精品集》（著录三四），第7页。

[81]（清）王宝仁《奉常公年谱》万历四十二年条，第397页。

[82]（清）王时敏《王奉常书画题跋》，据《中国书画全书》第七册，第916页。

[83]郭味渠《宋元明清书画家年表》1661年，北京：人民美术出版社1982年第2版，第258页。

[84]中国古代书画鉴定组编《中国古代书画图目》第六册，第75页，北京：文物出版社2000年第3版。凡本文用《中国古代书画图目》，皆据此版，以下不赘录。

[85]刘九庵《宋元明清书画家传世作品年表》，上海：上海书画出版社1997年版，第321页。

[86]中国古代书画鉴定组编《中国古代书画图目》第三册，第56页。

[87]郭味蕖《宋元明清书画家年表》1637年，第225页，按：郭表此条未注明出处，时敏过访王鉴当可信，但题“染香”当在1660年。

[88][日]铃木敬编《中国绘画总合目录》第3册，东京大学出版会1982年版。

[89]（清）王时敏绘、肖燕翼编《王时敏精品集》（著录一九），第4页。

[90]（清）王时敏《题王鉴〈秋山图〉轴》，题于崇祯十年（1637）。据吴聿明编著《四王画论辑注》，杭州：浙江人民美术出版社1994年版，第141页。凡本文用《四王画论辑注》，皆为此版，以下不赘录。

[91]（清）王时敏《题王鉴〈仿黄公望山水〉轴》（1638），据《四王画论辑注》，第142页。

[92]（清）王时敏《题王鉴〈仿赵孟頫山水〉轴》（1676），据《四王画论辑注》，第145页。

[93]（清）王鉴《题时敏山水》（1664），据《四王画论辑注》，第 150 页。

[94]（清）王鉴《题王时敏赠乃昭山水》（1666），据《四王画论辑注》，第 151 页。

[95]（清）王时敏《题王鉴〈仿黄公望山水〉轴》（1638），据《四王画论辑注》，第 142 页。

[96]（清）王时敏《题王鉴〈仿大痴笔意山水〉轴》（1660），据《四王画论辑注》，第 143 页。

[97]（清）陈撰《玉几山房画外录》，据黄宾虹、邓实编《美术丛书》第一册，南京：江苏古籍出版社 1986 年版，第 48 页。

[98] 薛永年《论“四王”》，据《清初四王画派研究论文集》，第 89 页。

[99]（清）张庚《国朝画征录•王翚》，据《中国书画全书》第十册，第 433 页。

[100]（清）王时敏《王奉常书画题跋》，据《中国书画全书》第七册，第 928 页。

[101] 徐邦达编《改订历代流传绘画编年表》，北京：人民美术出版社 1994 年版，第 178 页。凡本文用《改订历代流传绘画编年表》，皆为此版，以下不再赘录。

[102]（清）王翚《小中现大》册（上海博物馆藏）后自跋云：“余辱奉常忘年下交。忆壬子岁，邀过西田结夏，尽发所藏诸名迹，相与较论鉴别，两心契合。因出此册命图，余逊谢不遑，遂次第对摹真本。”据《中国古代书画图目》第四册，第 400 页。

[103]（清）王时敏《西庐画跋》，据《四王画论辑注》，第 15 页。

[104]（清）王时敏《王奉常书画题跋》，据《中国书画全书》第七册，第 921 页。

[105]（清）王时敏《王奉常书画题跋》，据《中国书画全书》第七册，第 925 页。

[106]（清）王时敏《王奉常书画题跋》，据《中国书画全书》第七册，第 928 页。

[107]（清）王时敏《王奉常书画题跋•题吴渔山临宋元画缩本》，据《中国书画全书》第七册，第 934 页。

[108]（清）吴历著、章文钦笺注《吴渔山集笺注》，北京：中华书局 2007 年版，第 109 页。

[109]（清）恽寿平《瓯香馆集》卷六《哭王奉常烟客先生》，据王云五主编《丛书集成初编》本，第 98 页。

[110]（清）恽寿平《瓯香馆集》卷六《哭王奉常烟客先生》，据王云五主编《丛书集成初编》本，第 99 页。

[111]（清）恽寿平《瓯香馆集》卷七《题王奉常山水》，据王云五主编《丛书集成初编》本，第 103 页。

[112]（清） 恽寿平《南田画跋》之《画虞山剑门口题》，据《中国书画全书》第七册，第 976 页。

[113]（清）张庚《国朝画征录•恽寿平》，据《中国书画全书》第十册，第 433 页。

[114] 薛永年《论“四王”》，据《清初四王画派研究论文集》，第 95 页。

[115]（清）秦祖永《桐荫论画》，据《续修四库全书》第 1085 册，子部艺术类，第 292 页。

[116]（清）蔡星仪《恽寿平研究》，天津：天津人民美术出版社 2000 年版，第 75 页。

[117]（清）王时敏《西庐画跋》，据《四王画论辑注》，第 15 页。

[118]（清）王时敏《王奉常书画题跋》，据《中国书画全书》第七册，第 930 页。

[119]（清）张庚《国朝画征录•王翚》，据《中国书画全书》第十册，第 433 页。

[120]（清）王时敏《土奉常书画题跋》，据《中国书画全书》第七册，第 933—934 页。

[121]（清）王时敏《王奉常书画题跋》，据《中国书画全书》第七册，第 915 页。

[122]（清）王时敏《王奉常书画题跋》，据《中国书画全书》第七册，第 918 页。

[123]（清）王时敏《王奉常书画题跋》，据《中国书画全书》第七册，第 919 页。

[124]（清）王时敏《王奉常书画题跋》，据《中国书画全书》第七册，第 927 页。

[125]（清）王时敏《王奉常书画题跋》，据《中国书画全书》第七册，第 931 页。

[126]（清）王时敏《王奉常书画题跋》，据《中国书画全书》第七册，第 932 页。

[127]（清）王时敏《王奉常书画题跋》，据《中国书画全书》第七册，第 934 页。

[128] 参见徐邦达编《改订历代流传绘画编年表》。

（作者系四川大学艺术学院副教授）

八大山人与禅宗

胡迎建

八大山人（1626—1705），谱名朱统𨰃，名朱耷，自署号有雪个，又号人屋、驴屋驴、书年、驴汉、八大山人等。明亡后，二十六岁的他，遁入奉新山中。后往进贤县介冈灯社出家，拜弘敏为师，法名传綮，号刃庵，成为曹洞宗青原下第二十八代传人。随之往奉新县新兴乡芦田创建耕香院。不数年，“竖拂称宗师”[1]。（邵长衡《八大山人传》）为僧26年方还俗，但此后的艺术生涯，仍受禅宗影响极大。他是中国17世纪伟大的书画家。他深受儒释道影响。诗文奇奥幽涩，书法遒健秀润；绘画精妙，尤擅长花鸟、山水画，生动奇特，继承宋元以来诗书画印合一的传统，将大写意的文人画提高到一个新的高度，成为一代宗师。

清 八大山人 花鸟

八大山人曾谦恭地说：“说禅我弗解，学画那得有。”[2]（《题画奉答樵谷太守之附正》）其实他的禅学修养很深，主要体现在：一，他的诗、偈语中时有对禅宗特征的认识；二，从诗文中可见他对江西禅寺、寺僧的了解；三，诗中运用禅语表达他的艺术观点；四，他的画风与禅宗的关系。无论是诗还是画，受禅宗影响甚深。总体特征呈现风趣诙谐，有时怪诞。特别是诗，早期在临川之作还比较通畅自然，但后来的诗特别是题画诗，简约而艰涩，有的类似哑谜，以致至今未有谁能将其诗文全部作出注解以出版，还有不少诗未被人研究过。所以拙作有时候也试图碰一碰哑谜般的诗，或有臆测成分，然而研究的目的就在于一步步得出其作品的真相。

八大山人的友人饶宇朴曾为他画有《个山小像》，他在画上作三段诗偈《自题个山小像》[3]。第一段云：“生在曹洞临济有，穿过曹洞临济有。曹洞临济两俱非，羸羸然若丧家之狗。还识得此人么？罗汉道底。”禅宗下分五宗，即曹洞、临济、法眼、沩仰、云门宗，曹洞宗、临济宗是其中影响最大的两派，且此两派的产生地点都与江西有关。曹洞宗得名于宜黄县的曹山、宜丰县的洞山。创始人良价住洞山，弟子本寂住曹山，合创曹洞宗。临济宗创始人义玄，是希运禅师弟子，希运住宜丰黄檗山。从自题诗来看，八大服膺的是曹洞宗、临济宗，然此两宗俱有不是之处，出入两家之门，令他“羸羸然若丧家之狗”，也许这正是他还俗的原因，题这段文字时恰在他还俗的前一年。康熙十六年，临川知县胡玉堂延请至临川县，在那里发狂病，步行走回南昌。尝戴布帽穿长袍，足登破鞋，穿行于市，围观者哗笑。后来由其侄儿收留于家，良久狂病方愈。对其际遇与情怀，康熙年间曾与八大同住山寺剪灯夜谈的邵长蘅在《八大山人传》中写到：“山人胸次汩浡郁结，别有不能自解之故，如巨石窒泉，如湿絮之遏火，无可如何。乃忽狂忽瘖，隐约玩世。”[4]《自题个山小像》第三段云：“黄檗慈悲且带嗔，云居恶辣翻成喜。李公天下石麒麟，何曾邈得到你？若不得个破笠头遮却，丛林一时嗔喜何能已？”从此段偈语来看，八大对临济宗风“黄檗慈悲”与曹洞宗风“云居恶辣”俱有较深认识。云居寺开山祖道膺是洞山良价弟子，是曹洞宗第二代传人。临济与曹洞宗的禅法有所不同。临济宗风的特点是纯素任真，明白直截，动辄棒喝。而曹洞宗禅法是所谓“偏正回互”，有“五位君臣”旨诀，君为正位，臣为偏位，正代表理，偏代表事。《五位君臣偈》以正与偏的五种组合分别代表理与事的五种不同关系，由此构成一个由隐语组成的复杂说理系统。其特点是晦涩曲折。任渊《后山诗注目录序》中说：“读后山诗，大似参曹洞禅，不犯正位，切忌死语，非冥搜旁引，莫窥其用意深处。”说的是诗，其实也正是曹洞禅法的风格。八大的诗确有不少也是非常晦涩，令人摸不着头脑，这或者是受曹洞宗影响最大，况且他自己就是曹洞宗青原下的二十八代传人。八大还认为，“黄檗慈悲”令人“嗔”，而“云居恶辣”反令他一度“喜”

清 八大山人 双鹰

爱。一“嗔”一“喜”，幸好有破笠遮头，令人不知他的爱嗔。“李公”两句是说，即便有宋代的李公麟那样的大画家，也画不了你的肖像。这个像中的你，指的是八大山人自己。

八大山人对云居山也有所了解，在《题画芋》诗中说：“欧阜明月湖，鬼载盈仓箱。”[5]说的是云居山上盛产山芋，芋头形似鬼物。云居山在永修县西，鄱阳湖西岸。古人称其“冠世绝境，天上云居”。山常屯云，云蒸霞蔚，名云居，又名欧阜，传说秦时楚将欧岌在此修炼升仙而得名。山间有明月湖，形如圆月。香港大学饶宗颐先生在《八大山人〈世说解〉》一文中说：

“欧阜句，未详。明月湖，在武昌县南。”[6]不明欧阜即云居山，明月湖也张冠李戴了。八大还有一诗写到云居山芋：“云居鬼蕷岣嵝蕷，僧寺疏山与蜀岩。却上画图人脍炙，未同江海说长镵。”[7]（《题画芋》）可见他对云居山的了解。

“无一无分别，无二无二号。吸尽西江来，他能为汝道。”（《题画西瓜》[8]）前二句说的是万物皆从无中来，无生一，一生二，无与一没有区别，无与二也无区别。后二句用的是马祖故事，“他”即指马祖。马祖禅师法号道一，四川什邡人，从南岳怀让禅师处得法后，往江西聚徒说法，创建禅寺，禅宗至此而大盛。据释道原撰《景德传灯录》（收入《五灯会元》卷三）“居士庞蕴”[9]条中记载，唐贞元初年，庞蕴谒见马祖禅师时问道：“不与万法为侣者是什么人？”马祖说道：“待汝一口吸尽西江水，即向汝道。”庞蕴听罢，顿时领会了其中禅旨。庞蕴问的意思是说：唯一绝对的境界到底是个什么东西。马祖回答意思是说：将西江水这个能涵容人世

清　八大山人　花鸟册之一

间一切相对之物一口吞掉，超越利害、得失、大小、是非这一相对世界，就会领悟那绝对的世界，也即禅宗所讲的驾驭在一切相对事物之上的“无”的境界。

“石鼓俄传山寺堂，石门曾见蠡湖旁。涛垂十丈惊人定，钟戴莲花出马当。老地各天彭泽宰，能南秀北广文郎。直须性习兼禅道，亦可鸿名凫莫翔。”[10]（《辛秋陶广文湖口兼致洁士年翁四韵》）此诗是写给湖口县一位姓陶的友人，大概此人担任了广文郎一类的官职。“石鼓”应就是指石钟山，石门也就是湖口，其旁峙石钟山。石钟山巅上状若戴莲花，此花或出自马当山。马当山在彭泽县东北。“彭泽宰”，指的是这位友人的祖先陶渊明，曾官彭泽县令。“能南秀北广文郎”，结合最后二句，大概是说，这位友人对禅宗的南宗慧能、北宗的神秀均能参悟，更能以心性兼习禅道，终如鸿高翔，而不似那凫般的笨拙。

八大还有一首《赠心壁和尚》诗，见于《庐山秀峰寺志》，惜此诗未收入《八大山人全集》，当为佚诗，诗云：

清 八大山人 花鸟册之二

云携匡山岫，顾我山人堂。
清谈畏分手，徘徊明月光。
踌躇未忍别，此去游何方。
为道江左右，无多陈米仓。[11]

心壁即释超渊，名心壁，字超渊，云南昆明人。初在南昌，后应南康知府之请主持开先寺，重新殿宇，广置赡田，立《丛林共住规约》十条。曾万里归家探亲，众多诗人为之赋诗赞其孝行。

他本人也博学能诗，江西巡抚郎廷极称其格调在大历、元和间。康熙四十六年(1707)，他前往淮安迎驾，因他“奏对清朗，道统非凡”，康熙亲书“秀峰寺”三大字，由巡抚郎廷极护送至开先寺，寺于是改名。心壁渊后往苏州住持。从此诗意看，是他来南昌看望八大，并携带了一幅“庐山画”。两人谈得十分投机，以致“畏分手”，“未忍别”，徘徊月下。第六句问心壁将往何处，回答是将往江左（即今江苏），也有可能去救灾，因为他说那里“无多陈米仓”。此诗语浅情真，在八大诗里不多见。与之有关的还有一首《题〈洗钵图〉》诗云：

云影天光图画里，石泉流水有无声。
钵盂几个重添柄，笑倒庐山禅弟兄。[12]

顾嗣立《秀野草堂集》卷四：“庐山超心壁新得瓦钵，乃陈鸣远手制，石门吴孟举所赠也。高淡游为绘《洗钵图》，并属诸好事者赋诗。”高简字淡游，江苏苏州人。有《雨窗晓起写〈洗钵图〉赠壁公禅师还庐山并题》：“延陵先生真好事，开先主人意不孤。余亦凌晨发清兴，一天春雨写成图。”在当时为《洗钵图》题诗者不少。后来宋至在秀峰龙潭旁青玉峡东石壁上还刻有“壁公洗钵处”，至今仍存。

从此诗来看，画中有龙潭中的石泉流水，心壁渊正在以水洗钵盂。在八大看来，这是为心壁添了几个笑柄，让庐山寺中的禅兄弟为之笑倒。或者言下之意，佛家以四大皆空，何必洗钵。

“梅雨打绳金，梅子落珠林。珠林受辛酸，绳金歇征鞍。萋萋望秠秄，谁家瓜田里。大禅一粒粟，可吸四海水。”[13]（《题画山水》）这是题在一幅《远眺绳金塔》画上的诗。梅雨季节雨水过多，珠林辛酸，绳金塔处可以歇息征鞍，人们萋然望着颗粒无多的秠秄，但八大安慰道：只要有一粒粟，即可吸尽四海水，这便是佛禅的法力。末两句化自《华严经》：“一粒粟藏三千大千世界。”

清 八大山人 花鸟册之三

“十二风流曲曲新，闻香谁是问香人。若从此处寻花悟，缘起无端坠六尘。”[14]（《问香楼》）这首诗是说，人多爱闻香，更有谁能问，香从何处来。若能从此处悟，则香缘起于无中生有，而香一旦产生，则坠于尘世。六尘谓色、声、香、味、触、法，依于六根所接。尘即染污之义，以能染污情识之故。

又《河上花歌》中说："算来一百八颗念头穿，大金刚，小琼玖。争似画图中实相。无相一颗莲花子，吁嗟世界莲花里。"[15]"念头穿"即佛珠，大金刚、小琼玖。都不似画图中的外在映相，然又都不过是无相，是空。实相无相，出自《五灯会元》卷一：世尊释迦牟尼在灵山会上拈花示众，迦叶尊者破颜微笑。世尊说："吾有正法眼藏，涅槃妙心，实相无相，微妙法门，不立文字，教外别传，付嘱摩诃迦叶。"[16]一切诸法的真实体相即实相。实，谓真实不虚；相，谓事物的本性或相状，是佛教所说的绝对真理。佛教认为，宇宙间一切事物都是因缘组成，变化无常，无永恒的、固定不变的自体，即为"空"，乃为宇宙万有的真性，亦即诸法实相。《思益经》卷一称："诸法从缘生，自无有定性，若知此因缘，则达法实性。"无相，佛教用语，绝真理之众相名无相。《大涅槃经》卷四十："无相之相，名为实相。"《大乘义章》二：言无相者，释有两义。一，就理彰名。理绝众相，故名无相。二，就涅槃法相释。涅槃之法离十相（《涅槃经》三十：色相、声相、香相、味相、触相、生住坏相、男相、女相、是名十相），故曰无相。《大论》曰："般若波罗蜜，是无相相。"佛家以万物为空，离开众相，故偌大一座须弥山，可纳于芥子中。《维摩经·不思议品》曰："若菩萨住是解脱者，以须弥之高广，内芥子中，无所增减。"所以一颗莲花子可纳万物，整个世界都在法华莲花中。这是八大在谈佛理。

八大山人艺术渊源于禅、道、心学。"禅分南北宗，画者东西影"（《题画奉答樵谷太守之附正》[17]），后一句可说他关于绘画的一个纲领性学说，即画中所画的"东西"——形象。绘画是空间艺术，需要表现一定的空间形态，须呈现具体物象，但他认为，画中出现的东西不过是"影子"，是不真实的。如同唐朝禅师南泉指庭前牡丹，对弟子说："时人见此一株花如梦相似。"在禅宗看

清 八大山人 山水册之一

来，世界中的具体存在，都是幻相而非实相。禅宗对绘画的影响，表现在它的反律思维，违背习惯性的思维方式。八大的画正是多通过变化无定的表象说明，人们所执着的世界，其实是幻觉不真的，所以他的画多怪诞、变形。

文人画家把笔墨美放在形象美之上，追求的是"气韵""趣味"，主要是指画面的笔墨效果而非造型效果。八大山人早已经认识到这一点，其《题画玲珑石》诗云：

击碎须弥腰，折却楞伽尾。

浑无斧凿痕，不是惊鬼神。[18]

诗句中"须弥"和"楞伽"皆佛家宝地。《三藏法数》载，须弥为"十山王"之一，"此山为纯宝所成。"山在"南瞻部洲，处大海中，上高八万四千由旬（一由旬为四十里）"，又说"四天王居山腰四面，忉利天在山顶"[19]。《三藏法数》还载楞伽山是凡人"不可往，唯神通方能到也。"[20]楞伽为锡兰岛本名，岛上有山，海拔五千由旬，亦即"佛说楞伽经之所在地"。八大自认为，他画的奇石似乎是从须弥山的腰击碎所得，又似折取了楞伽岛之尾，屏去雕琢，不做作，笔墨自然，形象生动，不求"惊鬼神"而达到"无斧凿痕"的妙处。强调的是外表和内里都要具有拙、朴

清 八大山人 山水册之二

果是无似、不似，却追求到了一种无穷之兴趣。又如："春山颇多处，其雨过安宅。眼见二大老，不使一笔实。"[23]（《无题》）

杨岘在八大画上题记云："雪个写花卉，信手数笔，不知其起讫，而神味已到。"[24] 八大随意信手几笔，便有了一种神似之味，恰得禅宗不立文字之妙诠。龙科宝《八大山人画记》中还具体记载了八大山人得意于神似之态："熊国定先生为我置酒招之，至东湖闲轩，笑谓之曰：'湖中新莲与西山宅边古松，皆吾静观而得其神者，愿公神似之。'山人跃起，调墨良久，且旋且画，画及半，搁笔审视，复画。画毕痛饮笑呼，自谓其能事已尽，熊君抵掌称其果神似。"[25] 八大自认为他已尽其能事，博得熊君称其为"神似"，忘我忘形，静心息虑以全副心灵与感觉去领悟审美客体的生机、元气，不受景物的外在形体所拘限的审美主体与客体的融和统一。所以八大山人能把东湖闲轩湖中的新莲与西山宅边的古松同时移置于画中，而不拘于它们本来的形态位置。他"调墨良久"，在心中酝酿成艺术意象，然后再落笔"且旋且画"，其间搁笔审视，进行审美的判断和思考，因而这画幅中西山东湖间之松、莲，已非原来的自然物，而是经过了八大山人心灵的加工和制作，是他在静观体察中所感受到的莲和松的生气与精神，这就是所谓"神似"。

禅宗分南宗、北宗，禅宗对中国画的影响，主要是南宗禅。南宗禅在老庄哲学和玄学思想的影响下，重在悟，崇敬自然适意、无拘无束的生活方式，追求轻松自由的内心感觉，探求淡泊空灵的心境。文人士大夫学禅参禅悟道，追求的正是自然

美。这说明了他此时已经具有对运用艺术语言须有分寸感的认识和追求。到了晚年，绘画所臻化境，自然就进入了这种自然浑成的境界。

董其昌提出南北宗论："禅家有南北宗，唐时始分，画之南北二宗，亦唐时分也。"（《容台别集·画旨》）所标举的南宗画在体认艺术之道方面主顿悟，南宗禅对文人画影响甚大，文人画不求逼真，而在似与不似之间，更重神似。另一类即北宗画是取"渐悟"的途径。而明清以来文人学者画家往往主"顿悟"，此说来源于禅宗，禅宗顿悟法门正是其接引后进悟道的最直接的途径。八大在艺术上既注重对于道的领悟，那么他在艺术表现手法上，就不是简单描摹物象，而是求简约，求不似之似，更求神似。他的《题鱼鸟图》诗云："目尽南天日又斜，时人莫向此图夸。是鱼是雀兼鸲鹆，午饭晨钟共若耶。"[21] 画的似鱼却又似雀，此时到午饭时却响起了晨钟。又其"三五银筝兴不穷，芙蓉江上醉秋风。于今遨抹浑无似，落草盘桓西社东"（《题画》[22]）。草草涂抹的结

适意、清净淡泊的人生哲学和生活情趣。不刻意追求，顺其自然。文人画即与南宗禅有着相感应的关系。八大表述其静悟时的某些情形：

静几明窗，焚香掩卷，每当会心处，欣然独笑。客来相与，脱去形迹，烹苦茗，赏章文，久之，霞光零乱，月在高梧，而客在前溪矣。随呼童闭户，收蒲团静坐片时，更觉悠然神远。[26]

这里所谓“会心处”“脱去形迹”“悠然神远”，正是其透过事物现象而对本质规律之“道”的体认领悟。作画时寄以远神。又《题画山水送名珍年兄》诗云：“斋阁值三更，写得春山影。微云点缀之，天月偶然净。”[27] 诗的大意是：在三更时的书斋画阁里，描绘春山的景色。以微云点缀，才衬出月亮分外地明净。寓意在第三四句上。用“微云”去衬托天月。在“伴月”之时想到“微云”，寄以“远神”。

八大绘画贵在自处，即自成一家，其《题石涛疏竹幽兰图》诗云：

南北开宗无法说，画图一向泼云烟。

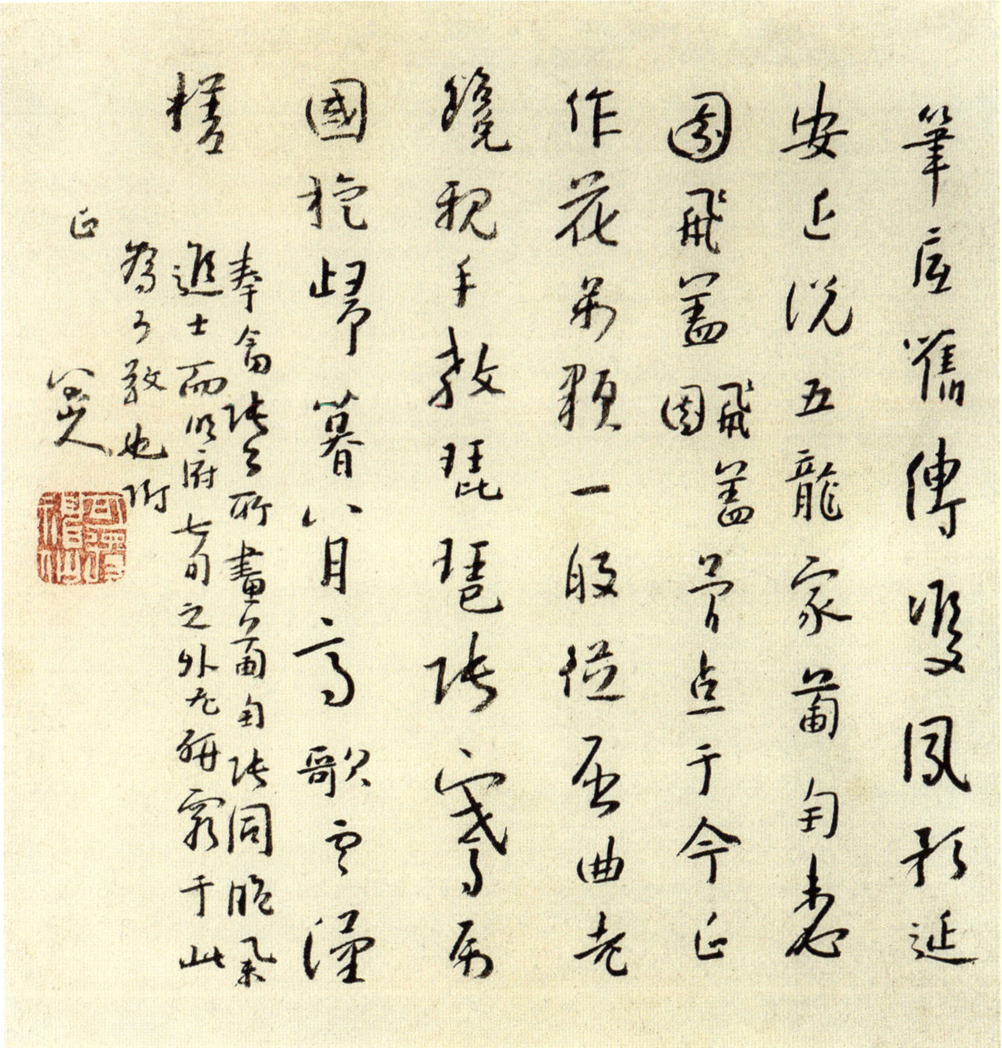

清 八大山人 书法

如何七十光年纪，梦得兰花淮水边。

禅与画皆分南北，而石尊者画兰，则自成一家也。[28]

八大既说“禅与画皆分南北”，又说“南北宗开无法说，画图一向拨云烟”。可见他认为正是由于南北宗论而开了“无法而法”之说，拨散了画界的云雾。但无论学南宗还是师北宗，可贵者在于能自成一家。八大山人推崇石涛自成一家，鲜明地表明了自己绘画的追求同样是不事依傍。八大后期之画脱略摹仿之径，出神入化进入“无法’的地步，不仅在内容上不涉理路，而且在形式技法上也极力避开理路。画中形象笔墨融而为一，渗透着禅一般的神韵。

八大并非是佛教的大彻大悟者，否则他不会还俗，但禅宗使八大开悟，在作诗绘画上大提升了他的艺术境界，同时，这位画圣所作的富有禅意、禅境的诗画，也大大丰富了禅学宝库。

注释：

[1] 王朝闻主编《八大山人全集》第五册附编，南昌：江西美术出版社 2000 年版，第 1333 页。凡本文用《八大山人全集》，皆为此版，不再赘录。

[2] 王朝闻主编《八大山人全集》第四册，第 951 页。

[3] 王朝闻主编《八大山人全集》第一册，第 1 页。

[4] 王朝闻主编《八大山人全集》第五册附编，第 1333 页。

[5] 王朝闻主编《八大山人全集》第四册，第 946 页。

[6] 王朝闻主编《八大山人全集》第四册，第 1256 页。

[7] 王朝闻主编《八大山人全集》第四册，第 945 页。

[8] 王朝闻主编《八大山人全集》第四册，第 941 页。

[9]（宋）释普济《五灯会元》，北京：中华书局 1984 年版，第 186 页。

[10] 八大山人纪念馆编《八大山人研究》，南昌：江西人民出版社 1986 年版，第 56 页。

[11]（清）范昌治编《庐山秀峰寺志》，清康熙六十一年刻本，第 413 页。

[12] 王朝闻主编《八大山人全集》第四册，第 954 页。

[13] 王朝闻主编《八大山人全集》第四册，第 953 页。

[14] 王朝闻主编《八大山人全集》第四册，第 941 页。

[15] 王朝闻主编《八大山人全集》第四册，第 952 页。

[16]（宋）释普济《五灯会元》。

[17] 王朝闻主编《八大山人全集》第四册，第 951 页。

[18] 王朝闻主编《八大山人全集》第四册，第 941 页。

[19]（明）释一如编、丁福保校订《三藏法数》，杭州：浙江古籍出版社 1991 年版。

[20] 王朝闻主编《八大山人全集》第四册，第 951 页。

[21] 王朝闻主编《八大山人全集》第四册，第 949 页。

[22] 王朝闻主编《八大山人全集》第四册，第 942 页。

[23] 王朝闻主编《八大山人全集》第四册，第 942 页。

[24] 王朝闻主编《八大山人全集》第四册，第 773 页。

[25] 王朝闻主编《八大山人全集》第五册附编，第 1334 页。

[26] 王朝闻主编《八大山人全集》第四册，第 762 页。

[27] 王朝闻主编《八大山人全集》第四册，第 950 页。

[28] 王朝闻主编《八大山人全集》第四册，第 951 页。

（作者系江西省社会科学院研究员，赣鄱文化研究所所长，首都师大中国诗歌研究中心兼职研究员）

杭川画家纪略

杨一家

上杭（又称杭川），位于福建西南部，多山间盆地，山阜相属，岭谷相间，谓“八山一水一分田”。因是闽越之地，林木滋茂，山清水秀，人杰地灵。杭川历来文风鼎盛，从元至清，有 912 人获科举功名，1 人获武状元，50 人中进士。昔丘荷公集明清两代数百诗人墨客之佳作 6135 篇，编纂《杭川新风雅集》八册。杭川清代著名画家华喦，诗书画俱佳，享誉海内外；近代画家宋赉臣、李少奇、罗晓帆、丘沺、宋省予，画技超群，享誉八闽。杭川“诗画之乡”之誉，因此得名。

华　喦

华喦，原名德嵩，字秋岳，号新罗山人、白沙道人、离垢居士，康熙二十一年（1682）出生于上杭县郊洋镇华家亭。幼年曾上蒙馆，不久因父逝而辍学。少年习画，相传曾为土地庙、龙王庙画过壁画，康熙四十二年（1703）家族重修宗祠时，他不顾豪绅阻挠，于祠堂画下四面壁画（余在 1992 年曾去宗祠，祠堂已破烂不堪，壁犹存，难辨其迹）。而后离乡，前往杭州。

在杭州，华喦结识了徐逢吉、蒋雪樵、吴石仓、厉鹗等文人，在他们的影响下，开始“低眉压目苦读书”，欲求读书企仕，以冀将来有所作为。约 36 岁时赴燕京，经召试，列为优等，受县丞职。此八品微职，华喦深感失落，且在京亦遭冷遇，戴熙《习苦斋画絮》言：“华秋岳自奇其画，游京师无问者。一日有售赝画来，其裹华笔也。华见而太息出都。”“冠盖满京华，斯人独憔悴者。”华喦终于怀着失落之心离京，途经天津至热河，约 1719 年回杭州。“游罢诸名山，

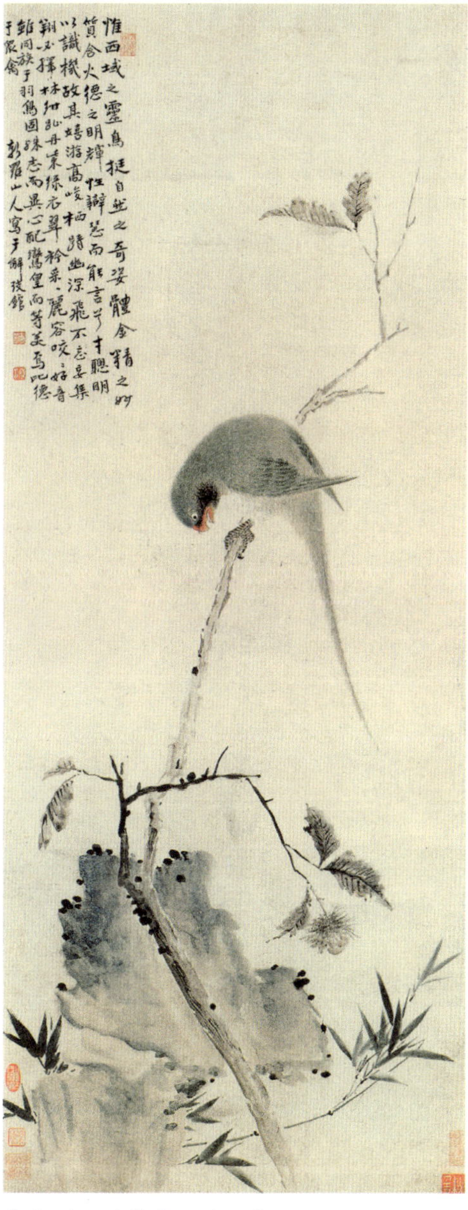

华喦　竹石鹦鹉图　纸本设色　130.5cm × 53cm
上海博物院藏

归舟载风雨。”遭此经历后，华嵒对未来之生路重新定位：“自结香茅成小隐”“有时遣兴诗复画”。以诗画自乐，安贫乐道，售画谋生。

为求较大的商品画市场，雍正二年（1724），华嵒赴扬州，始于扬州、杭州两地往来售画。在扬州，他结识了布衣生员果堂，果堂对其关心备至，为华嵒至交，果堂家成了其在扬州立身之地。扬州是盐商聚集处，经济发达，在此谋生画家众多，华嵒在售画中，认识了诸如郑燮、金农、高翔、李复堂等职业画家，并常有诗书应答。华嵒晚年体弱多病，其66岁时，继室蒋妍病故，更是心力交瘁，然尚有二子一女需要抚养，不得已还须售画以度日：“奈何饥寒驱人，未克养拙，复出谋衣食。”不顾年老，仍赴扬州。然华嵒不善经营，经济出入不甚理想：“砚田既薄刈，精粒荒鲜收。体泽苦非润，肤槁岂复柔。”直至75岁“眼昏手颤，举动维艰”，仍然研墨作画，耕耘不止：“新罗小老七十五，僵尘雪窗烘冻笔。”晚年生活极其清苦、潦倒。“一身贫骨似饥鸿”的华嵒，于乾隆二十一年（1756）在贫病中辞世，享年75岁。

先贤华嵒虽终身清贫，然其始终保持狷介自洁之品格，“无慕人荣华，无损自神智”“老庄悟无为，守真以养年”“益我从玄志，逍遥乐余生”“浮云视富贵，守拙何伤贫”，其身在浮尘，心已亦道亦释，心体安然，视富贵如浮云，其品其性，何等高洁，若出水菡萏，不染浮尘。华嵒去世后留下充满鲜明个性之诗书画，对后世中国画发展产生了深远而积极的影响。张庚《国朝画征录》言：“善人物、山水、花鸟、草虫，皆能脱出时习，而力追古法，不求妍媚，成为近日空谷之音。”道光年间江淮顾师竹在《离垢集》序中评：“新罗山人名躁海内百余年矣，赏鉴家谓与吾郡南田匹。”同治年间蒋宝龄《墨林今话》云：“继南田殆无愧色。”《江都续志》言：“扬州自乾隆后，画家多取新罗山人，号新罗派。”秦祖永在《桐阴论画》言：“笔意纵逸骀宕，粉碎虚空，种种神趣，无不领取毫端，独开生面，真绝技也。”黄宾虹《章法论》言：“有清以来，吴门华亭、金陵、浙江诸派，不克自振，而惟新罗之花鸟，方小师之山水，罗两峰之人物，可为鼎足而立。”由此可见华嵒花鸟画在清代画坛中的重要地位，堪称画坛巨擘，开启了乾嘉以后花鸟画法之新风。

华嵒花鸟画，乾嘉后声誉日隆，受其画风影响的有改琦、费丹旭、虚谷、赵之谦、任伯年、吴昌硕等。其花鸟画构思奇峭，充满动感，姿态造型生动活泼，格调高古，清雅至极。其技融南田没骨法与青藤、白阳之写意于一体，别出机杼兼工带写之小写意，用笔遒劲而圆润，绵里藏针，轻盈秀逸，藏拙于巧，轻勾细擦，柔中寓刚。用色以赭石、花青为主调，时用朱磦、石绿、石青、白粉等，与水墨交融，墨色相映，浓而不腻，艳而不俗，淡雅明丽，雍容典雅，超凡脱俗。吴昌硕评其画曰：“用意处直追宋元，其同时瘿瓢、复堂诸公无此劲气。”

其山水画亦宗南田，以及石涛、王蒙，兼融而为己用。题材大多表现文人寓泉石山林之幽居之景，或写重岚叠嶂、山谷飞泉、古木寒林、清溪野亭、江诸碛滩，构图或大或小，表现形式多样，或工细繁杂，或简约概括，或水墨浅降，或没骨重彩，无一不通，皴法以披麻、折带为主，笔法紧凝，深得王蒙苍润之神髓。贺天健言：“他能笔致圆劲、韧练、浓而不结、淡而不薄，就是从王氏金钢杵上得来的，墨法上的韵味与温润亦是从王氏墨法上学来的。”其简约处，或几株枯木，一抹远山；或几笔墨点，一尊佛塔，有冷逸清疏之境。其画没骨重彩，亦是彩墨结合，艳而不俗，有装饰意趣。其山水，张庚《国朝画征录》言：“山水未免过于求脱，反有失处。”然蒋宝龄《墨林今话》言：“为山水过于求脱，瓜田《画征录》论颇非之，然其率略处，正复难及。”余以为华嵒以求脱之力而与众异，乃成新罗之法，而成其散淡、冷峻、萧疏之画风。

华嵒人物画，多表现历史故事、仕女、

文人名士、儿童，题材亦与其“离垢”思想相吻合。以技而言，其一方面吸收陈老莲之技法，如《西园雅集》之人物为例，以细线白描，流畅圆润，衣线重叠，造型夸张而有装饰性；另一方面又吸收“吴带当风”之线，衣带作飘扬状，如《松下高士图》；还有一类用笔简洁、概括，作简笔，如《童戏图册》等。其人物画多以山水相衬，人物与情景相融，既是人物画，又为山水画，若《刘讵游山图》《天山积雪》等，显示华喦超人之创造才能；且其画多高古雅致，娴静而含蓄，亦自成家法，吴湖帆评华喦人物：“在十洲、老莲外，极具机杼，堪称鼎足。”

华喦穷困一生，然其读书、作画，丝毫未怠，博览群书，广博求技，精益求精。曾言：“虽画艺也，艺成则贱，必先有以立乎其贵者，乃贱之不得。是在读书以博其识，修己以端其品，吾画如是而已。”其艺终能集大成者，斯言是释。其学儒家经典，养其浩然之气，修身齐家，不与俗人争名利。依仁游艺，穆穆皎皎，傲然处世。其研老庄，以虚静之心养身，修佛学以禅定，随缘处世之态养心。其书法，源于钟繇与王羲之，用笔秀丽而流畅，时又跌宕起伏而富有变化，文气十足，与其诗画相融。诗有《离垢集》一部，徐逢吉评曰：“如晴空紫气，层崖积雪，玉瑟弹秋，太阿出水，足称神品。”又说，“文质相兼而又能超畦畛之外。”曹鸣銮评：“画笔世所贵，诗情尤足奇。全从天籁出，尽得骚人遗。”

纵观华喦之花鸟、山水、人物，宾虹曾言：“所绘以花鸟为最佳，人物次之，山水又次之，山水有笔墨，惟意境少变化，人物似较罗两峰松秀而功力不逮，山水亦不及方小师，惟花鸟过之，有古拙意，人不易到，近时多有学其简易，轻飘淡薄，失之远矣。”华喦山水、人物、花鸟画风格一致，皆体现其“离垢”之思想，厉鹗言：“我爱秋岳子，萧寥烟鹤姿。”“萧寥烟鹤姿”正是华喦仙风道骨之写照，其作品均表现出高格、冷逸、萧疏之风格，以画格而言，便不分山水、人物、花鸟之高下了。

宋赉臣

宋赉臣，又名赞周，1881 年出生于上杭县临江镇。自幼学画，12 岁便投师湘籍画师雷鹤生学画，三年后又转师于上杭

宋赉臣 问樵图 95cm × 45cm

画家廖海村。擅画人物、山水，亦工花鸟、走兽。25岁便漫游于漳泉、苏杭、湘赣、南海等地写生鬻画。30岁后在上杭创办“东阳轩画馆”作画授徒。40岁后常年于闽赣各地举办画展，胡文虎先生曾聘其为“胡氏家庙”作壁画。抗日战争期间偕其子省予多次参与“抗日劳军巡回画义展”，捐资救国，奔走于闽粤之间。曾交结高剑父、丰子恺、张大千等画家。

赉臣擅画人物，运笔流畅，以书入画，或纵横挥斫，或兔起鹘落，用笔遒劲有力，刚柔相济而富有神韵。且人物动态，或正或侧，众多人物之举止左右、前后布排合理。人物面部表情传神而富有情趣。从人物形象造型、衣纹、衣饰上看，他师法清代宫廷画师上官周，及“扬州八怪”之黄慎。如其所言：“我是闽人，除法自然外，上官周、黄慎之长我力图兼而融之。”他画人物画，取材丰富，不仅画历史人物如岳飞、文天祥、张骞、苏武，也曾取材生活在社会底层之贫民，他关心社会，心地善良。曾作《瞽者乞食图》《三驼相遇图》等。

一幅人物画作品，不仅要正确、生动表现人物之形象，而且还要画上与人物相匹配之景致。譬如各种树木之长势、穿插，前后大小，房屋亭榭的比例以及生活用具等。在赉臣笔下，同样游刃有余。布景繁复有致，层次分明，画面能情景交融，富有故事情节感。看得出他有着很强的造型能力，且其塑造形象之笔墨，酣畅而精妙，体现出其丰厚的艺术素养。余曾收藏过其一幅山水小品《家山烟雨图》，以米点山水法画远山，迷蒙而华滋，近处一孤蓬，内有老者，悠闲垂钓，笔墨老辣、精到，水墨氤氲，不设色，画面古雅，脱俗而超凡，令余惊叹，爱不忍释，是一件难得之精品。省予先生曾评其父山水画：“多不着色，淡雅高古。学养、技艺及故邦华新罗画风，皆见于笔端。”丰子恺先生评赉臣山水画：“云烟为友，万壑在胸，措意构形，莫不臻妙。”并在其《桃花源图》题：“但愿长如此，躬耕非所叹。”

赉臣能诗，所作诗词，格调冲淡，清逸而不染尘色。喜作行草，潇洒奔放而不失法度。能武，喜作少林拳。

赉臣有着较全面的艺术修养，山水、人物、花鸟都有涉猎，且均能笔精墨妙而古雅清新。在其创办“东阳轩画馆”之际，我县画家罗晓帆、丘沺、宋省予、李少奇均受其启蒙和影响。

他的传世作品甚少，大都流传于东南亚一带。其诗书画俱佳，是一个极富才华的画家，享年77岁。

罗晓帆

罗晓帆，名炅，字旭英，清光绪二十年（1894）生于上杭县临江镇上中街。1921年至上海美术专业学校学习，选习西画和音乐，2年后返回上杭，受聘于上杭县立中学，任国画、劳作、音乐教师达7年。后至汕头设画馆，以售画谋生，曾与丘沺联合举办画展，后至汕头私立聿怀中学任美术教员。抗战爆发后返乡，任上杭中学教师达13年，1958年与宋省予创上杭艺术专科学校。1983年10月去世，享年90岁。生前为中国美术家协会会员、福建省文史馆馆员，其作品《天竺》《百花齐放》《西风瘦马》等，被选送参加在泰国曼谷举办的京华银行第六次中华古今书画展，1962年在福州举办罗晓帆、宋省予、顾一尘作品联展。

观晓帆画作，一股浓郁的生活气息扑面而来。他擅画花鸟，所作雀、鸡、鸭、鸽、鹰、猴、鹿、鸟、猫，都可谓栩栩如生，生动而鲜活。晓帆作画，造型比例准确，他注重物象的细节刻画，对植物枝干的长短穿插，花、叶的形态组合，动物羽毛的厚薄、梳理，在他笔下均能轻松挥洒，且笔笔分明，落落有致，宛若天成，使得物象具有很强的体积感和光影效果。此得益于其早年在上海专科学校学习时，练得扎实的造型功力。余曾见其不少早年素描作品，有静物、人像写生，线条加明暗，具有很强的立体感。

罗晓帆 松鹤 26cm × 34cm

他的水彩作品，有风景和静物，亦为线条加色彩，随类敷彩，富有装饰性。

晓帆用笔，刚劲而雄健，肯定而准确。虚实得当，处处见笔。中锋侧锋，运用自如。其运墨清丽秀润，墨色分明，有时运色为墨，色墨相间，干净利索，沉着痛快，清晰明朗。其构图布局，起伏转承，合理得当。疏密留白，意境殊胜。大幅小作，均能精心布构，繁而不乱，简而不空，巧成佳构。

晓帆花鸟，物象鲜活，韵致可人，堪称神妙。其曾言：“前人之作，只可借鉴，而不可泥之，更不应落其窠臼。”晓帆之作，早年吸收南田、新罗之法，又参有海上画派任氏之技，后期主要以生活为蓝本，以写生之法，获取物象的形态特征，把传统技巧与写生获取的感性认识加以融会、变化、运用，故其作能清新明丽，富有生活情调。与古画相较，少了古人的出世之态，冷逸而孤傲，多了入世之心，热烈而昂扬，具有明显的新时代气息。

纵观其幅幅精心之作，画题丰富，婉媚多姿，清丽可人，堪称大家手笔。其留下作品共有千幅之多，散落于当地及东南亚一带。

丘 沺

丘沺，字百穷，号花草主人，1900 年生于上杭县临江镇。自幼习画，1919 年县立中学毕业后，曾在上杭、梅县、汕头、五华等地任中学美术教员。闲暇之时，遍游闽、浙、粤、港、澳诸地，曾结交徐悲鸿、高剑父、高振之、孙裴谷及罗丹、虞愚、卢湘帆等书画名士。

花鸟作品早期受海上画派任伯年、赵之谦的影响，后致力于华喦之研究，其兼融并蓄，终成清新、洒脱之画风。用笔喜用羊毫长锋，线条绵长而挺劲，笔锋灵动，一波三折。绵里藏针，笔锋秀劲。耐人寻味，真美内藏。傅彩清和，意趣高远。构图奇峭，不落窠臼。晚年有写生之作，亲和而富有生机。观其画作，有隐士气、仙佛气，堪称逸品。

观其行草，有怀素、黄庭坚之韵，行云流水而不失法度，所写对联“铁肩担道义，辣手著文章”，融隶、魏、篆、金石于一体，浑厚、凝重、磅礴之气扑面而来。能诗，有“昂头向天问，纵酒读离骚。江汉波涛涌，云霄日月高”之句。胸襟高迈，有君子之风。能金石，余曾参与拓其数印，有殷契之韵，布白合理，藏拙于巧。

山水画以平远高远为之，取法云林。石骨树法，别具一格，疏林清旷，气象萧疏，境界不俗，有贵秀逸宕之韵。丁仃谓：“其山水无一不透出清溪的清气，静谷的清气，竹涧的清气，山岚的清气和画家自身的清气，并显示他自身的传统功力。”

丘沺 花鸟 68cm × 34cm

余倾心于丘氏花鸟画，其画以书法长线融于画中，格调高古，清丽而与俗离。菊花、牡丹画法独具一格，前无古人，繁而不乱，艳而不俗。其自谓花草主人，有深意也。其以闲花野草为伍，得幽闲之性，每日浸淹笔墨终得其神。观花草主人之遗照，有清逸之态，名至实也。惜其英年早逝，享年 55 岁。余原有 3 张小品，不时揣摹，受益良多。惜其作品传世甚少，约有百件。其人其作宣传甚少，世人多有不识。丁仃谓其“如同一颗埋藏已久的珠”。丘沺诗书画印俱佳，且韵致超迈，格高奇峭，于闽同代比肩者可谓麟角。在其留下仅有的诗书画印中透出飘逸之气，犹如高山之菊梅，凌霜傲雪，隽永幽香。

宋省予

宋省予，原名连庆，字廉卿，号红杏主人。1909 年生于上杭县城关。7 岁随父习画，11 岁入县立中学读书，15 岁毕业后在县城树人小学任教，并先后在广东梅县美专、蕉岭创兆、潮安镇海等 6 所学校任美术教员，抗战后返杭。1957 年在梅县创办美术学习班，1958 年与县画家罗晓帆共创上杭艺术专科学校，1959 年被聘为福建师大教师，1966 年 7 月受“文革”迫害弃世，终年 57 岁。

省予从小跟随父亲宋赉臣习画习字、熟读诗书，家学渊源，故其诗书画在少年时便打下坚实基础。15 岁后为生计走向教学鬻画的生活。早年受父亲及当地画家丘沺的影响，后倾心于海派画家任伯年之画风。21 岁时遇厦门任教的张书旂，省予便吸收其灵动之笔墨及用粉之技，为其所用，融入其原有之画法，较张氏之作更为苍润而挺劲，酣畅而奔放，浑厚而不失清丽。

省予画风亦得益于其书法之功。省予

擅长金文、篆书，临写魏碑，其篆书雄浑而朴拙，苍劲而豪迈；其行草如行云流水，隔行不断。挥洒自如，充满才情。以书入画，书画相融，相得益彰。譬如其画紫藤，藤之穿插纵横之美，全是篆书之行笔，细藤之攀沿，又是行草之法，处处见笔，沉着酣畅，富有韵律和节奏，可谓无声之诗。

其作画设色艳而不俗，以色为墨，或以墨为色，重笔墨的节奏与韵律，墨色辉映，色墨相融，无不显示其超凡的传统功力。他的作品热烈奔放，充满激情。此与其超迈之才情相融，雅俗共赏。

梅、兰、竹、菊是他常表现的主题，笔墨洒脱，淋漓尽致，且布局得当，空灵而富有情趣，能体现四君子孤傲之情，充满文气。尤其是竹子画法，笔墨纷披，纵横书写，飘逸而雄秀，迥异前贤而显生活。他自题《墨竹》诗：“不袭今人与古人，自家有法显风神。一枝一叶常观察，胸竹何如眼竹真。”此诗道出其艺术观点：以造化为粉本，开自己新家法。另外虎、牛、鹰、八哥、翠鸟、鹤、鸡等动物亦是其常表现的题材，笔笔以书写出，且造型准确而传神，笔力潇洒，行气如虹，一气呵成，其才气之俊逸，令人叹服。省予先生最有个人特色的莫过于鹤的画法。从双钩、白描画法逐步概括演化成写意。一点一勾一擦，数笔寥寥，浓淡相间，姿态各异而形神兼备。此亦前无成法而开宋氏面目。

宋省予 力争上游 45cm × 35cm

省予能酒，往往纵酒作画。作品无论大小，酒后便挥洒自如，一挥而就。有诗为证：“年来写竹贮墨多，酒酣兴至任挥毫。几笔疏密欹斜处，犹有风从纸上过。”

省予通博古人，擅诗词，多作题画诗，有《红杏集》诗文集。所作诗词，清新可人，透出淡泊处世之情怀。画与诗所融，引人入胜。

1997年3月余赴福建省画院参加了“宋省予先生遗作展”及其艺术研讨会，展览共展出省予先生遗作近百幅，对画中所体现出的至纯至厚之笔墨功力和鲜活的生机，余深为之感动和钦佩。高剑父赞曰：“一门书画，笔精墨妙。”洵其斯言！

省予先生中年之作，笔墨愈显老辣沉着。惜其艺术臻于精纯之时，英年早逝，令人扼腕。然其留下的精美书画所折射出的高超的艺术技巧、艺术才华，以及深厚的国学素养，足以显示出书画大家气象。

（作者系《艺衡》副主编）

文怀沙书法作品选

文怀沙，号燕叟，斋名燕堂。1910年生于北京，祖籍湖南。现为世界汉诗协会终身会长、上海大学文学院名誉院长、西北大学“唐文化国际研究中心”名誉主席等。主要著作有《屈原〈九歌〉今绎》《屈原〈九章〉今绎》《屈原〈离骚〉今绎》《中华根与本——宝学概论》等，主编《四部文明》。

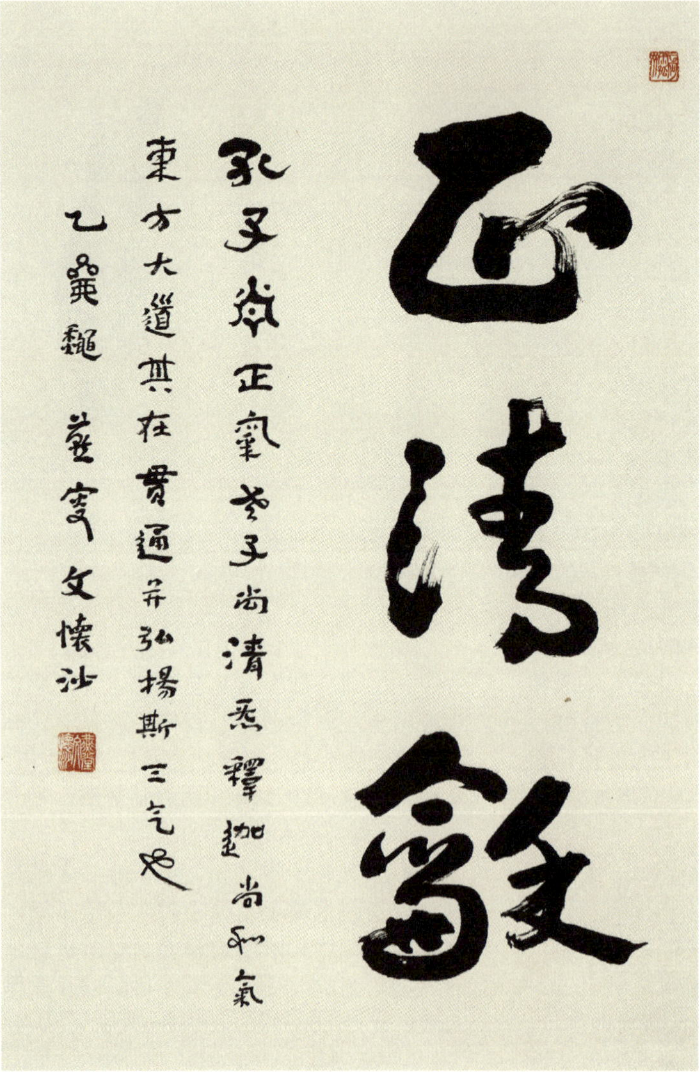

文怀沙 正清和 100cm × 68cm 2005

释 文：

正清和。

款 识：孔子尚正气，老子尚清气，释迦尚和气，东方大道其在贯通并弘扬斯三气也。乙卯秋。燕叟文怀沙。

钤 印：云何寂孤斋（朱文方印）、燕堂文怀沙（白文方印）

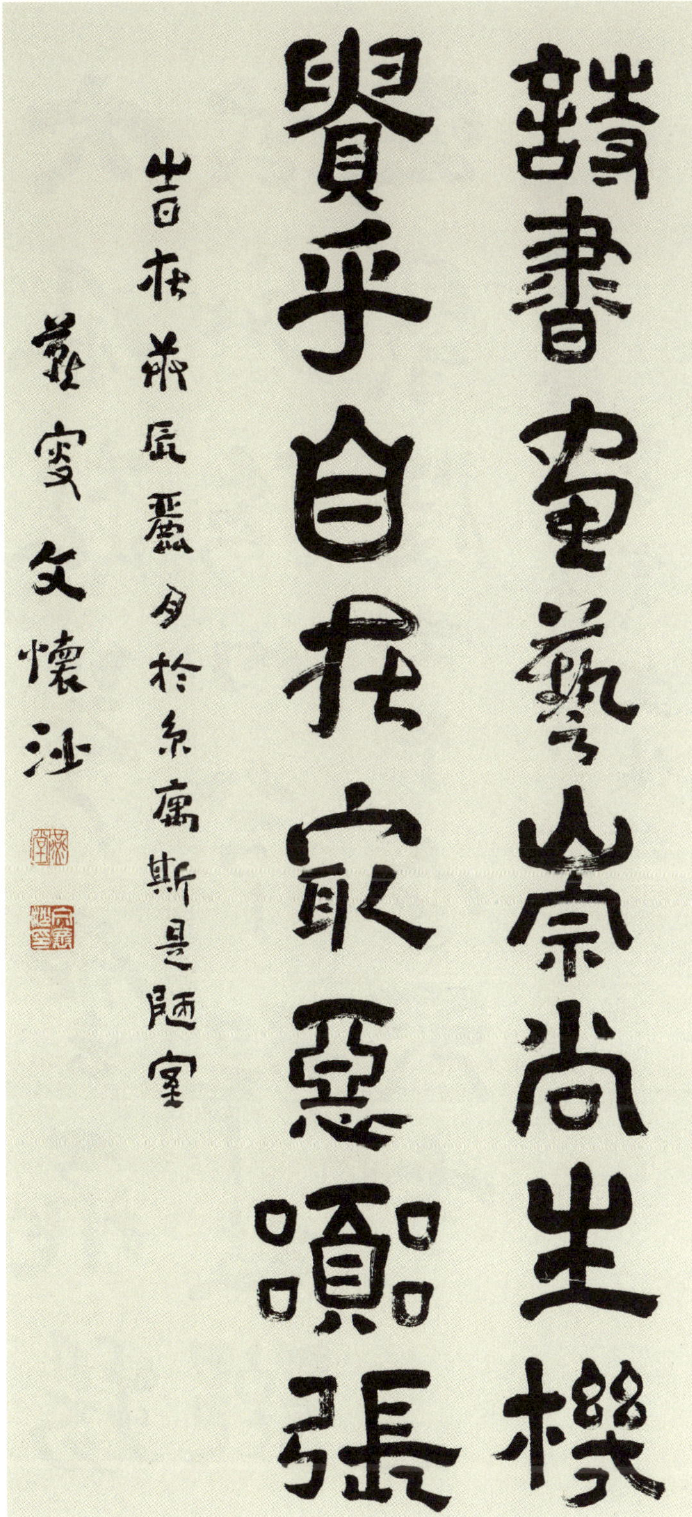

文怀沙 诗书画艺 135cm × 65cm 2010

释 文：

诗书画艺崇尚生机，贵乎自在最恶嚣张。

款 识：时在庚辰丽月于京寓，斯是陋室。燕叟文怀沙。

钤 印：燕堂（朱文方印）、文怀沙印（朱文方印）

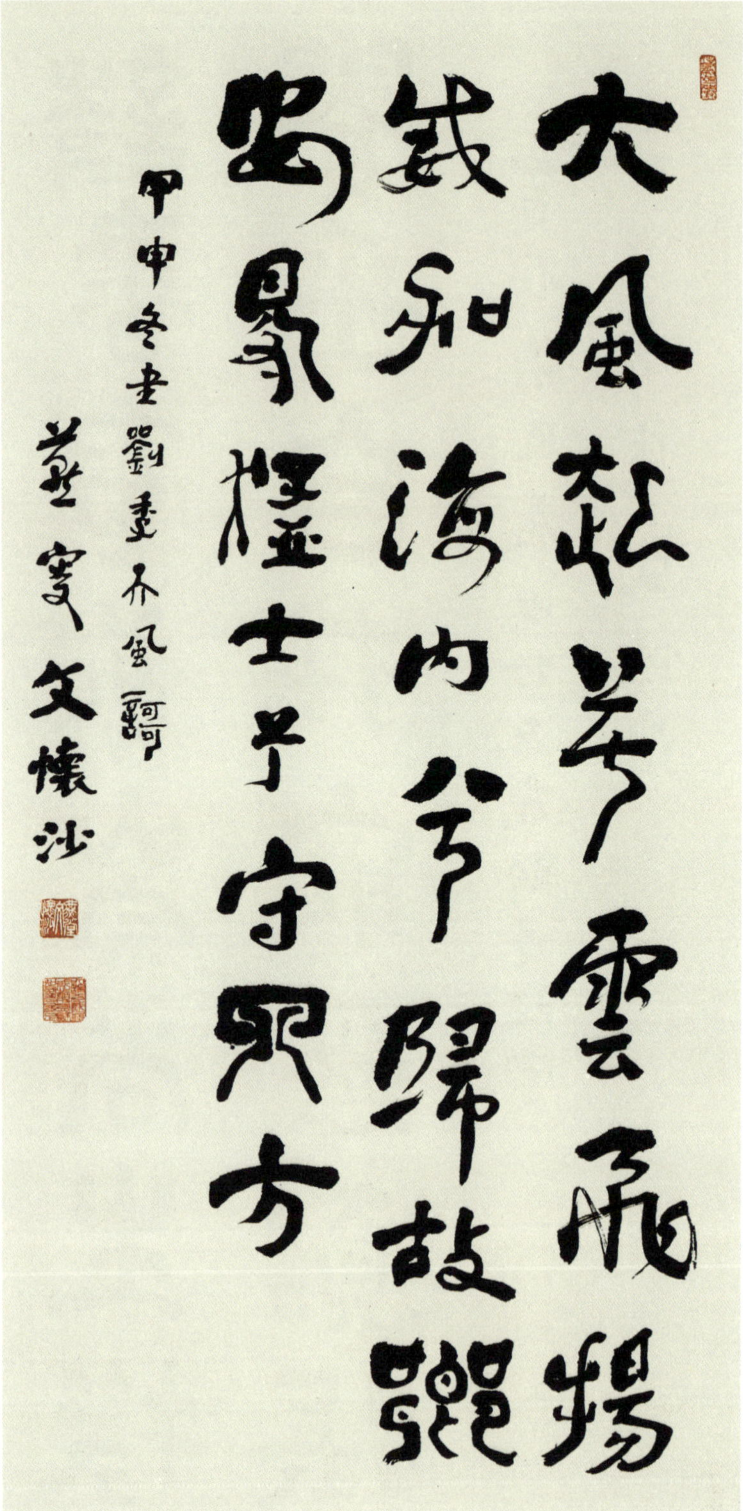

文怀沙 大风歌 137cm × 68cm 2004

释 文：

大风起兮云飞扬，威加海内兮归故乡，安得猛士兮守四方。

款 识：甲申冬书刘季《大风歌》。燕叟文怀沙。

钤 印：燕堂文怀沙（白文方印）、犹有微情一往深（朱文方印）

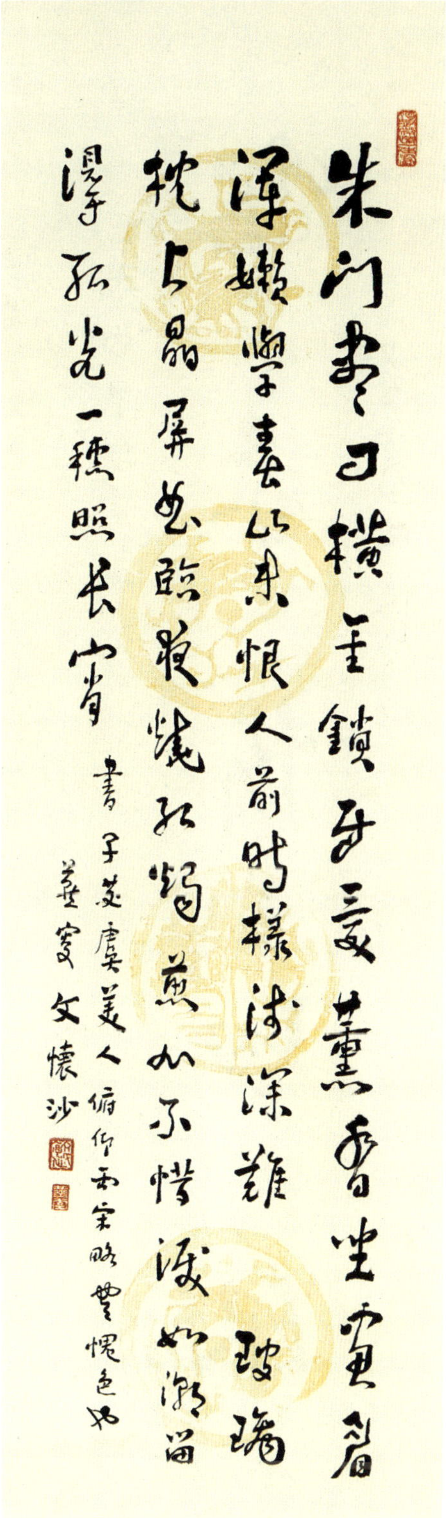

文怀沙 虞美人 107cm × 34cm

释 文：

朱门尽日横金锁，自爱熏香坐。画眉浑懒学春山，未恨人前时样深浅难。 玻璃枕上晶屏曲，临夜烧红烛。煎心不惜泪如潮，留得孤光一穗照长宵。

款 识：书子苾《虞美人》，俯仰两宋略无愧色也。燕叟文怀沙。

钤 印：文氏道心（朱文方印）、燕堂（白文方印）

文怀沙 任它独我 136cm × 34cm × 2 2010

释 文：

任它恨未销，独我情何限。

款 识：读李重光词有感，书此联恨不能起，子苾词人问之，岂在云何寂孤斋。庚寅中秋节在望。燕叟文怀沙。

钤 印：犹有微情一往深（白文长方印）、燕堂文怀沙（白文方印）

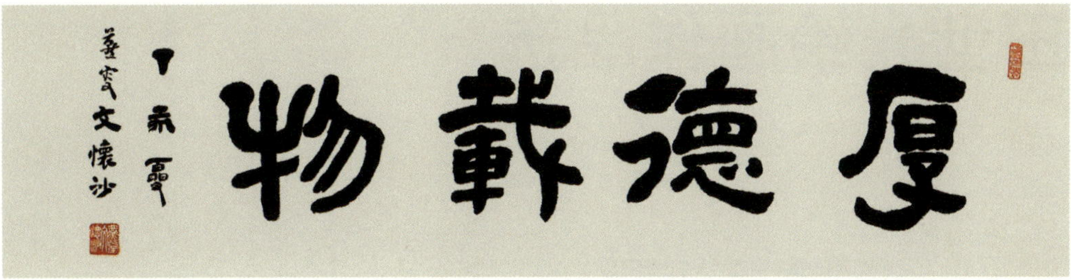

文怀沙 厚德载物 33cm × 123cm 2007

释 文：

厚德载物。

款 识：丁亥夏。燕叟文怀沙。

钤 印：燕堂文怀沙（白文方印）

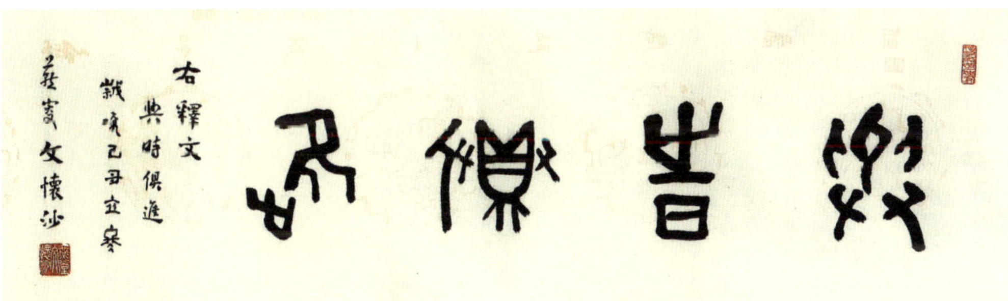

文怀沙 与日俱进 138cm × 34cm 2009

释 文：

与时俱进。

款 识：右释文，与时俱进，岁次己丑立寒。燕叟文怀沙。

钤 印：犹有微情一往深（朱文长方印）燕堂文怀沙（白文方印）

田世光绘画作品选

田世光 双猿图 138cm × 68cm

田世光 (1916 — 1999)，号公炜，北京人。师承张大千、赵梦朱、吴镜汀、于非闇、齐白石诸先生。早年拜张大千门下，为大风堂弟子之一 。

田世光 花鸟 138cm × 68cm

【收藏苑】

俞曲园尺牍

俞樾（1821—1907），字荫甫，晚号曲园居士、曲园老人。浙江德清人。清道光三十年进士。官翰林院编修、河南学政。以事罢官后侨居苏州。终身从事著述和讲学，先后主讲苏州紫阳书院、上海求志书院、杭州诂经精舍。俞曲园先生博通经学、易学、文学。著《春在堂全书》四百九十卷。

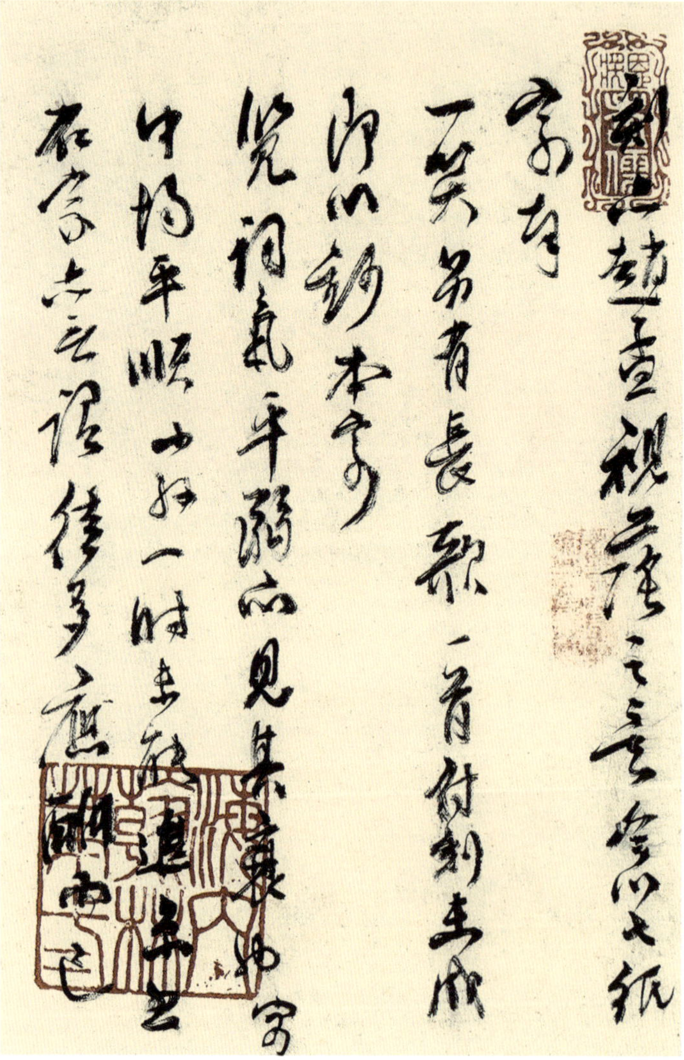

俞樾 手札之一 24.5cm×16.5cm

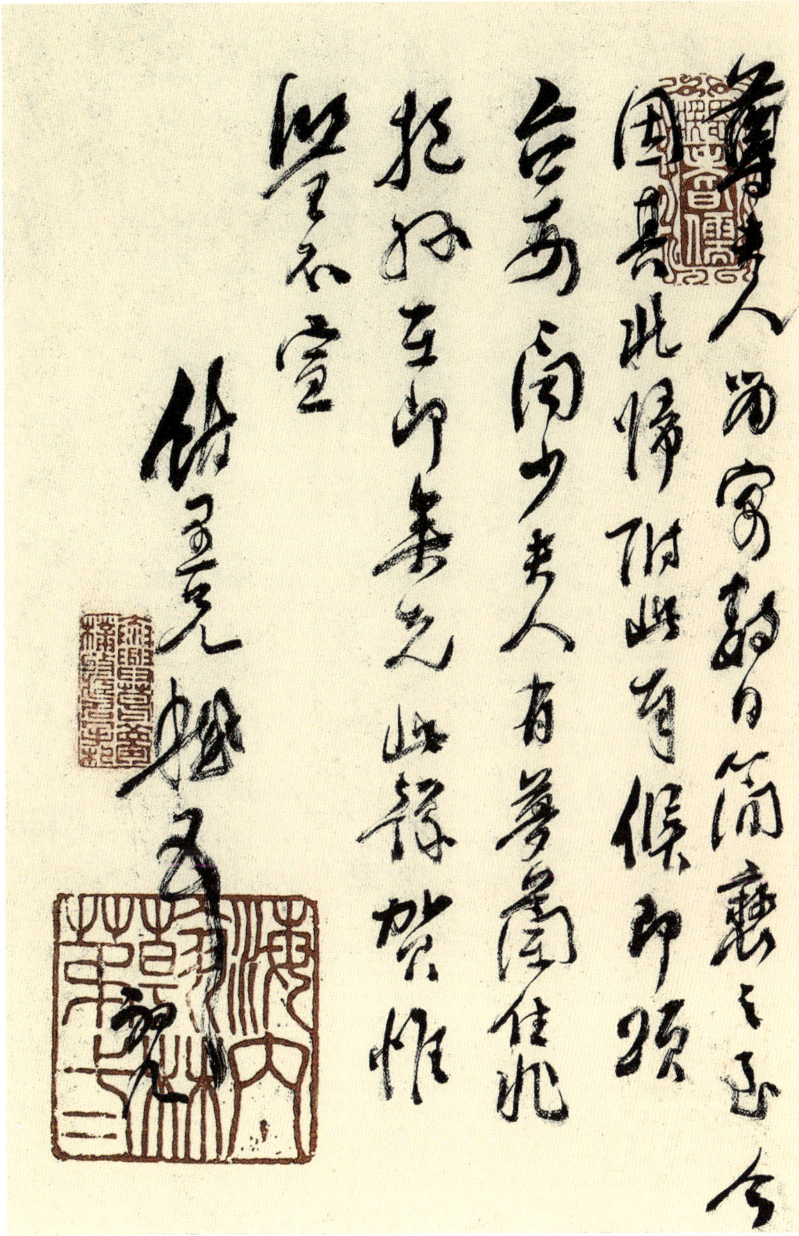

俞樾 手札之二 24.5cm×16.5cm

释　文：

刻亦赵孟视荫之意，合以七纸寄奉一笑，另有长歌一首付刻未成，即以钞本寄览，词气平弱，亦见其衰也。寓中均平顺，小孙一时未能进京，书在家亦无谓，徒多应酬而已。尊夫人留寓数日，简亵之至。今因其北归，附此奉候，即颂台安。闻少夫人有梦兰佳兆，抱孙在即矣，先此豫贺，惟鉴不宣。馆愚兄樾顿首。初九。

钤　印：恩奖耆儒（白文长方印）、海内翰林第二（朱文方印）、泰兴葛梦朴收藏名人手札（朱文长方印）

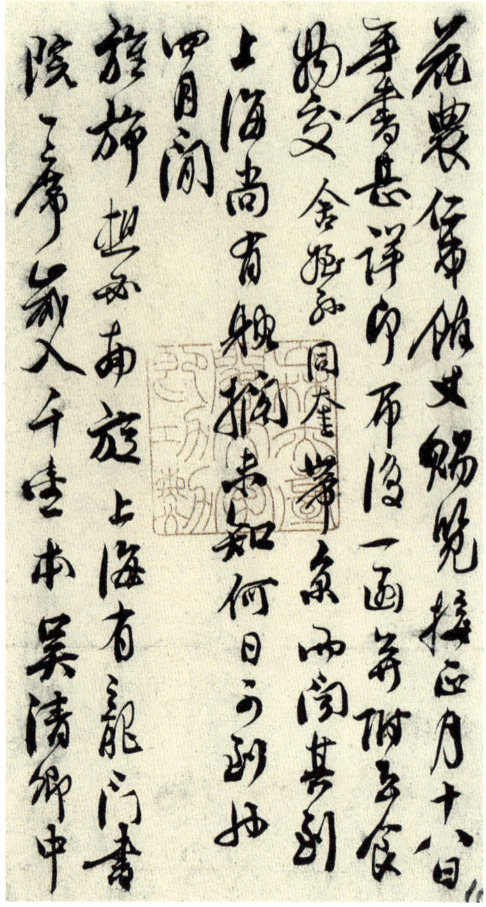

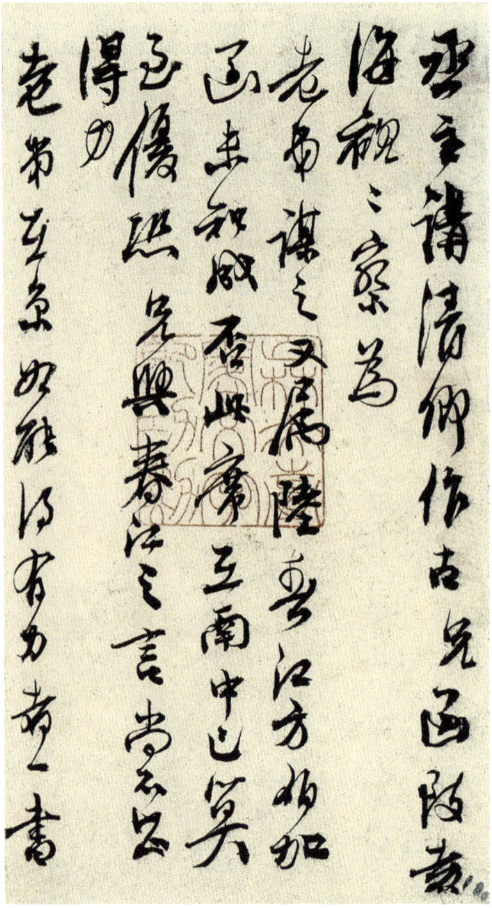

俞樾 致徐琪函（一）之一、二 23.6cm×12.8cm

释　文：

花农仁弟馆丈赐览：接正月十八日手书甚详，即布复一函，并附去食物交舍姪孙同奎带京，而闻其到上海尚有耽搁，未知何日可到也。四月间旌旆想必南旋，上海有龙门书院一席，岁入千金，本吴清卿中丞主讲，清卿作古，兄函致袁海观观察为老弟谋之，又属陆春江方伯加函，未知成否？此席在南中已算至优，恐兄与春江之言尚不甚得力，老弟在京如能得有力者一书，当无不成。然宜早图之，迟则成中原之鹿矣。尊意如以为然，幸即一谋。兄今春不至杭州，意兴亦颇索寞。郎亭则兴致颇佳。吾弟如归，亦一郎亭也。手肃敬颂台安。尊夫人郎爱均此。兄樾顿首。十三。

钤　印：山林亦台阁，文字即功勋（朱文方印）、泰兴葛梦朴收藏名人手札（朱文长方印）

徐琪（1849—1918），字玉可，号花农。浙江杭州人。光绪六年（1880）进士。授编修，历任山西乡试副考官、广东学政，官至兵部侍郎。为俞樾弟子，工诗文、善书画。著有《粤东葺胜记》《日边酬唱集》《南斋日记》《苏海余波》《冬日百咏》《留云集》《墨池庚和》《名山福寿编》等。

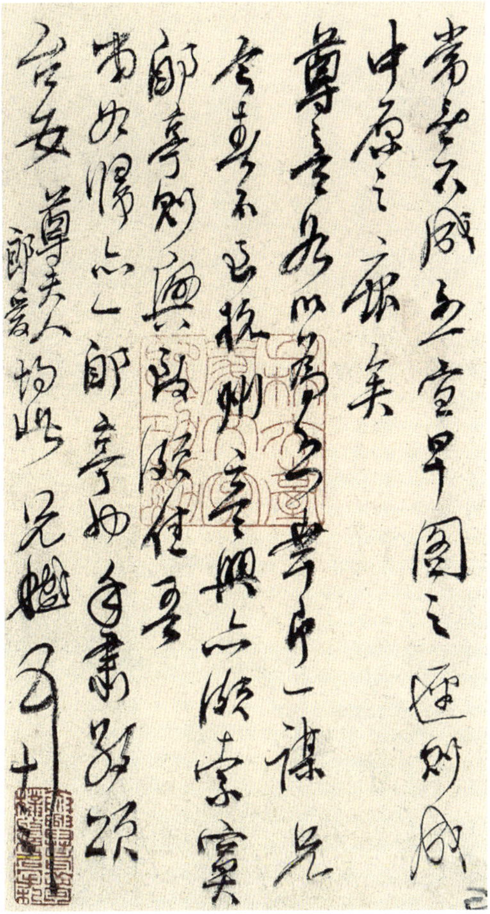

俞樾 致徐琪函（一）之三 23.6cm×12.8cm

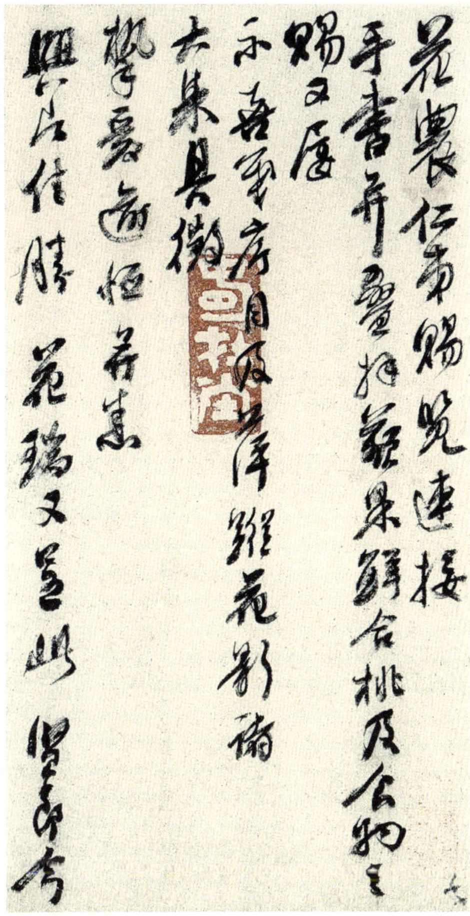

俞樾 致徐琪函（二）之一 26.6cm×14.3cm

释　文：

花农仁弟赐览：连接手书并叠拜苹果、鲜合桃及食物之赐，又屡示喜笺序目及萍踪花影诸大集，具征挚爱逾恒，并悉兴居佳胜。花瑞又呈，此贤郎今年高捷之兆及老弟不久光复之征也，贺之。兄才尽江郎，欲作一诗而不得。姑书此以俟后验。又承绮霞制赠大儿妇金杖一枝，当即交付。欢喜奉持，再三称谢，请为转达。承示重宴鹿鸣人员，喜添得王其衡一人，惜不知何省何科，大约是癸卯同年，于甲辰齿录无此公也。查系礼部据咨奏，不知所据之咨由某督某抚，如知之，即得其省分矣。兄衰老颓唐，杜门不出。日前忽有归安同乡，自山西贻书大骂，谓公之议论著述足以死亡中国人士而有余。览之悚然，误天下苍生者，竟是老夫乎。忆丁酉年，兄与廖穀似中丞，尝云弟主讲诂经三十年，将来必有两种议论：一谓曲园在此造就人才不少，一谓两浙人才皆败坏于曲园一人之手。不图今日果有此言，则亦不敢辞也。附闻之博一笑。子原调守吴郡，履新尚早，大集即当寄与之。郎亭不甚得意，又患时感，久不见矣。吴下多病，乃天时使然。幸尚轻，服正气丸、苏合丸即愈也。手此布颂台祺。愚兄樾顿首。尊夫人郎爱均候，并候绮霞，乞转致。

钤　印：春在堂（白文长方印）、泰兴葛梦朴收藏名人手札（朱文长方印）

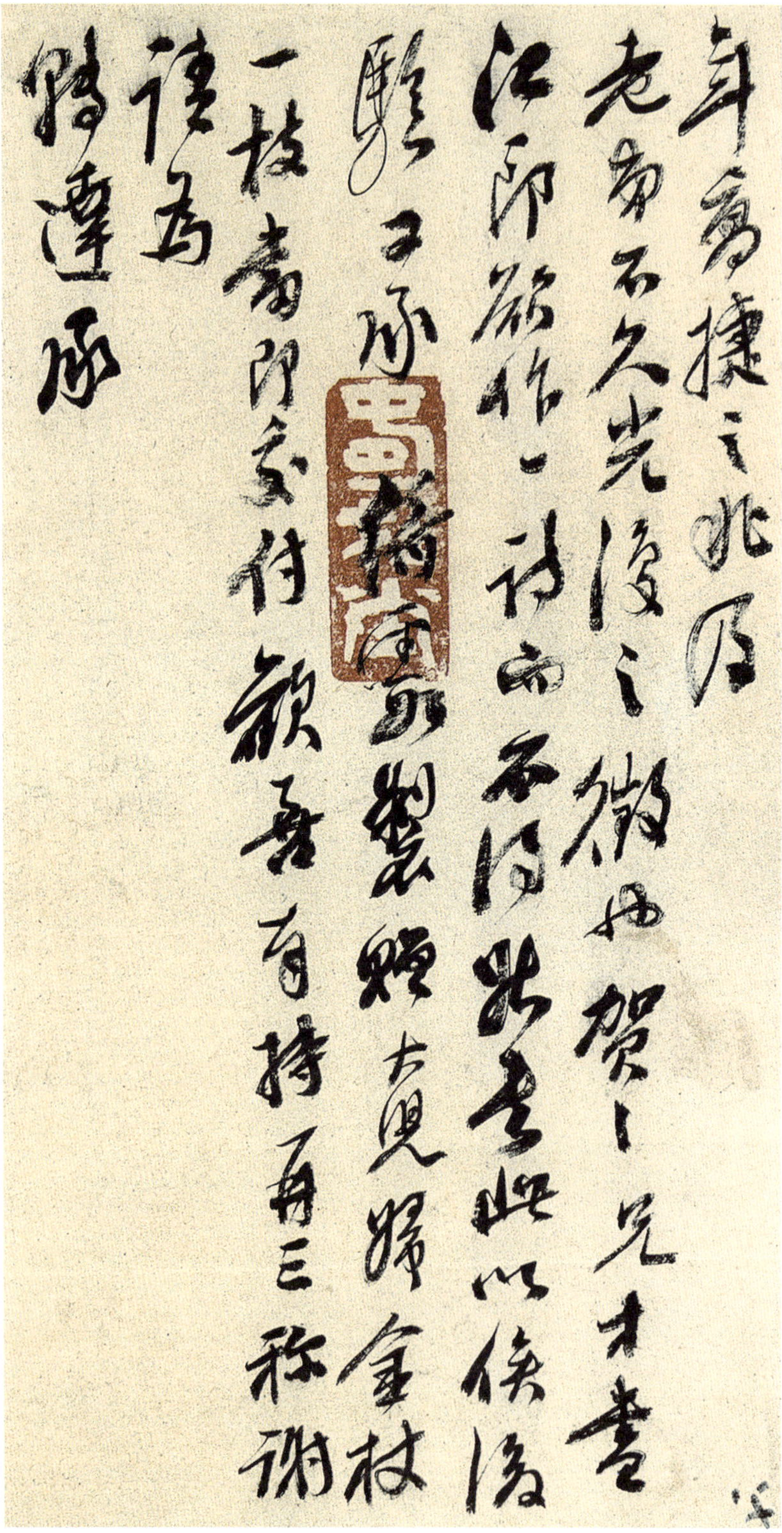

俞樾 致徐琪函（二）之二 26.6cm×14.3cm

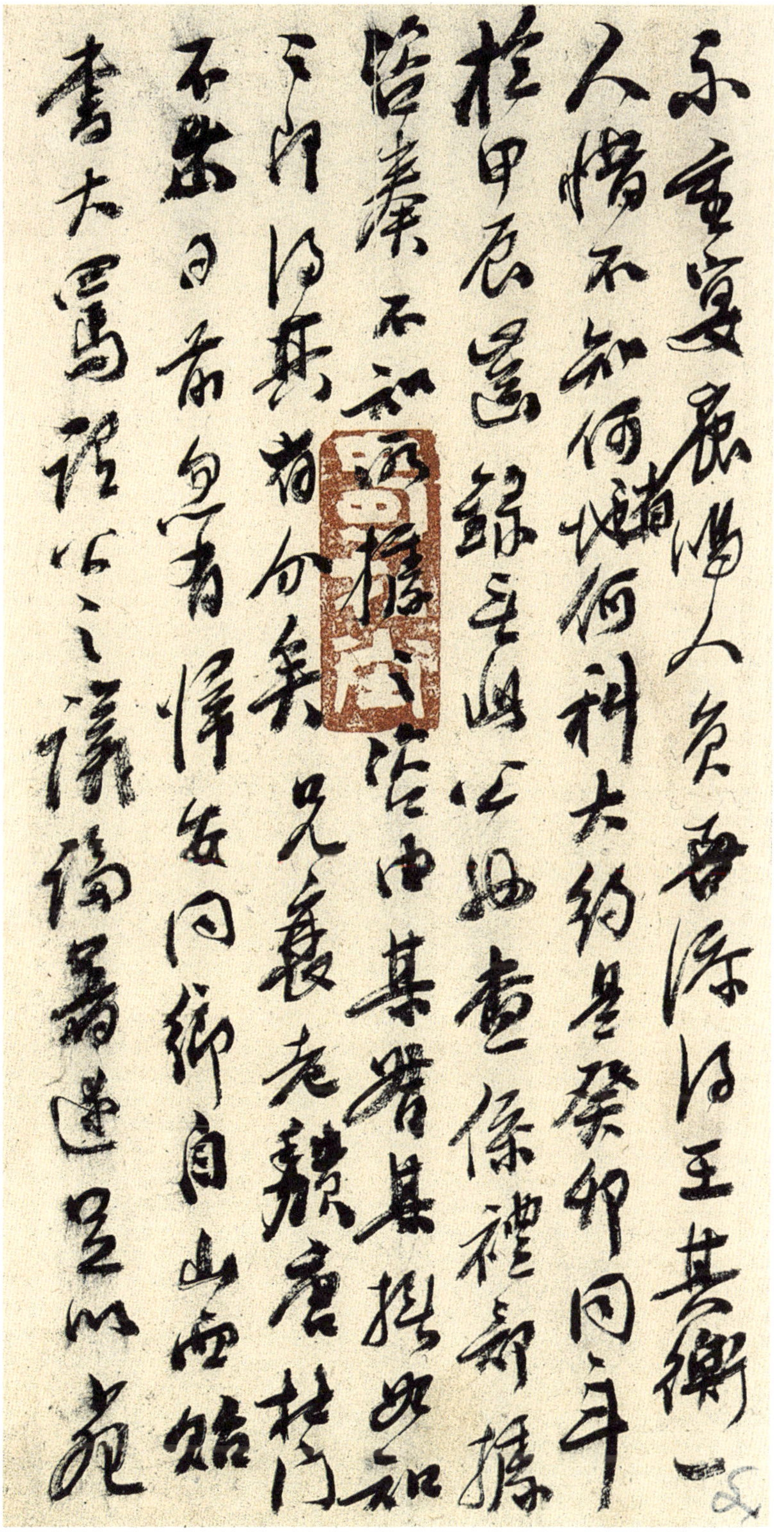

俞樾 致徐琪函（二）之三 26.6cm×14.3cm

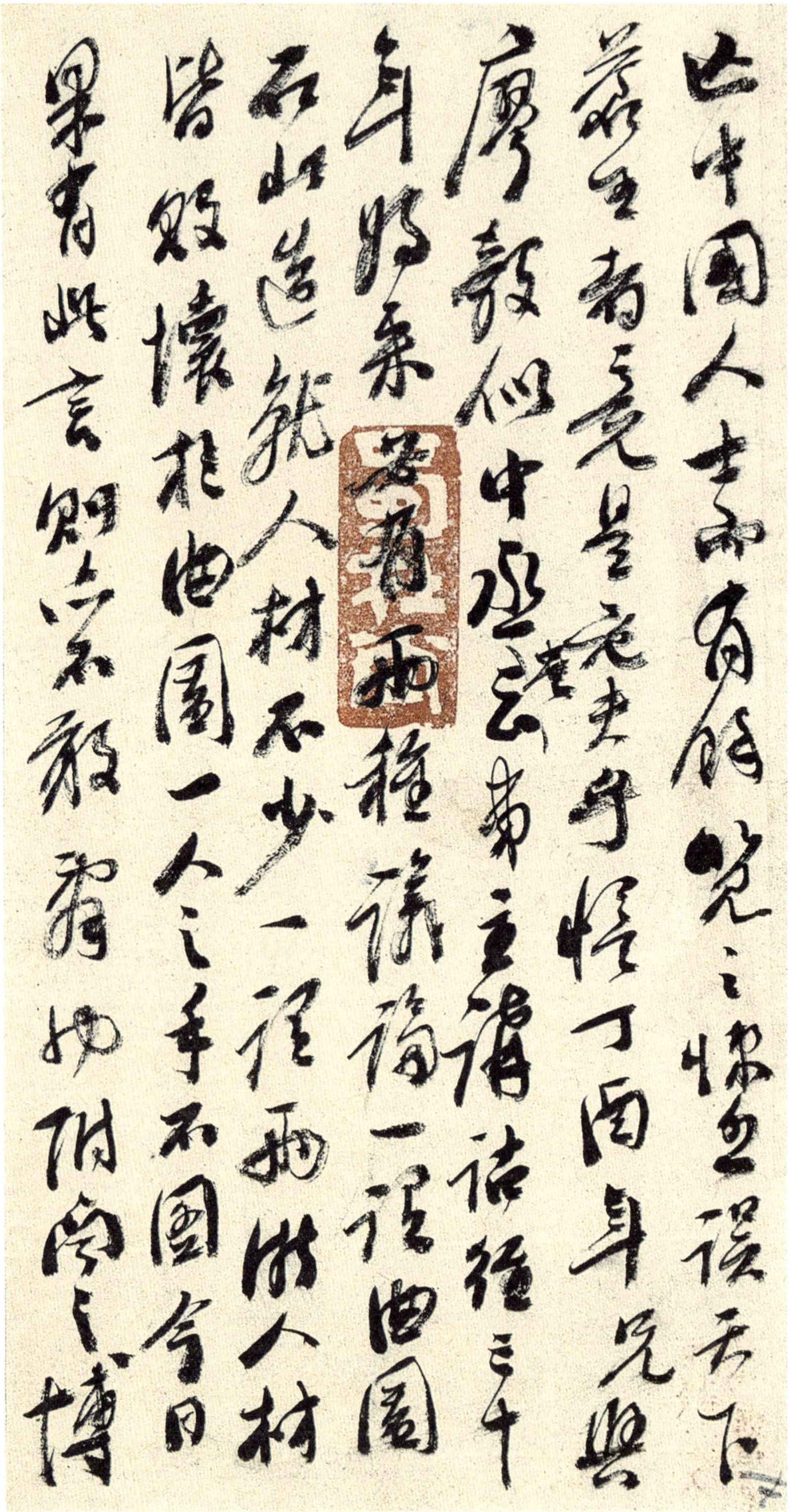

俞樾 致徐琪函（二）之四 26.6cm×14.3cm

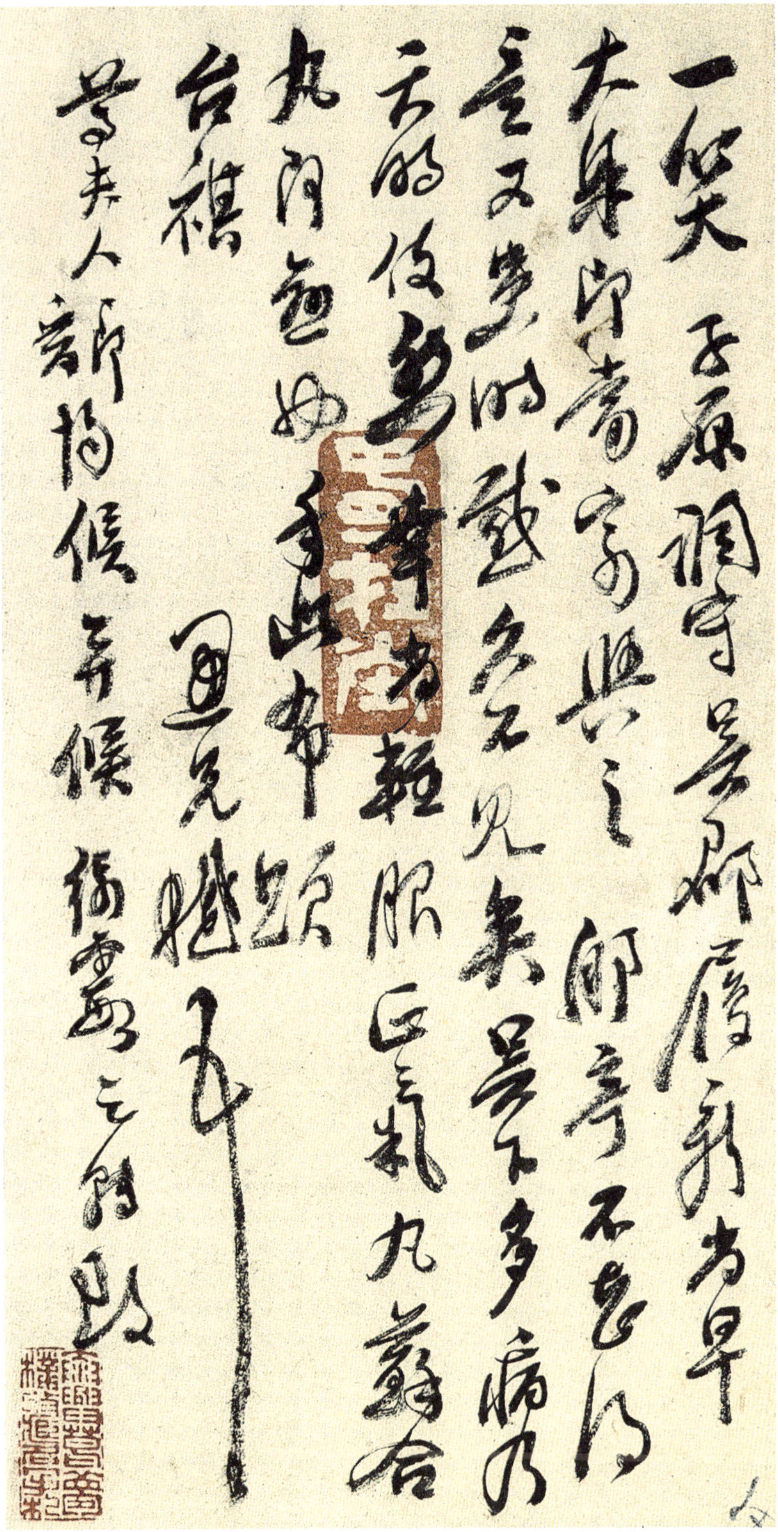

俞樾 致徐琪函（二）之五 26.6cm×14.3cm

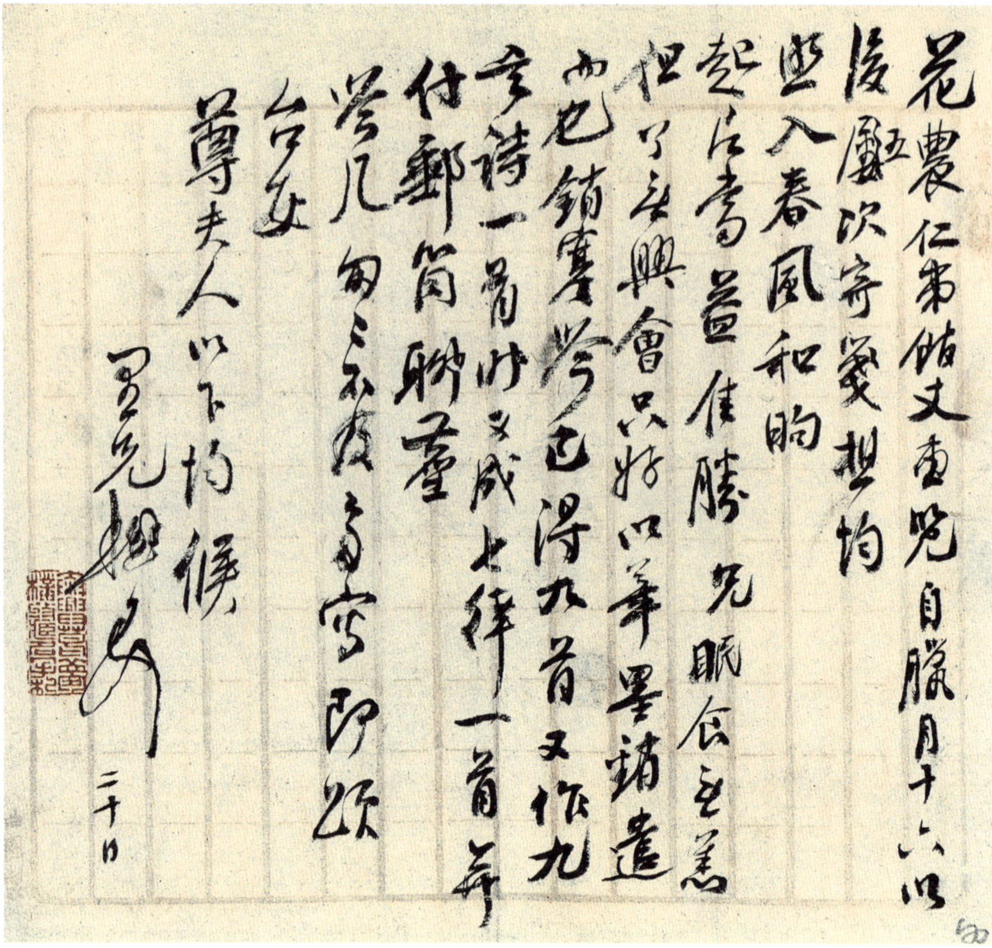

俞樾 致徐琪函（三）23.2cm×25.3cm

释　文：

花农仁弟馆丈惠览：自腊月十六以后，五次寄笺，想均照入。春风和煦，起居当益佳胜。兄眠食无恙，但了无兴会，只好以笔墨销遣而已。《销寒吟》已得九首，又作九言诗一首，昨又成七律一首，并付邮筒。聊塵吟几，匆匆不及多写，即颂台安。尊夫人以下均候。愚兄樾顿首。二十日。

钤　印：泰兴葛梦朴收藏名人手札（朱文长方印）

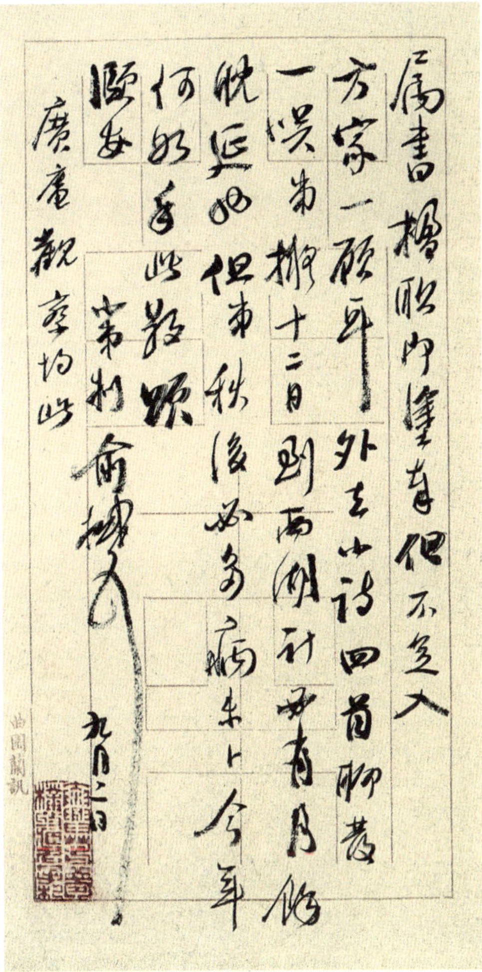

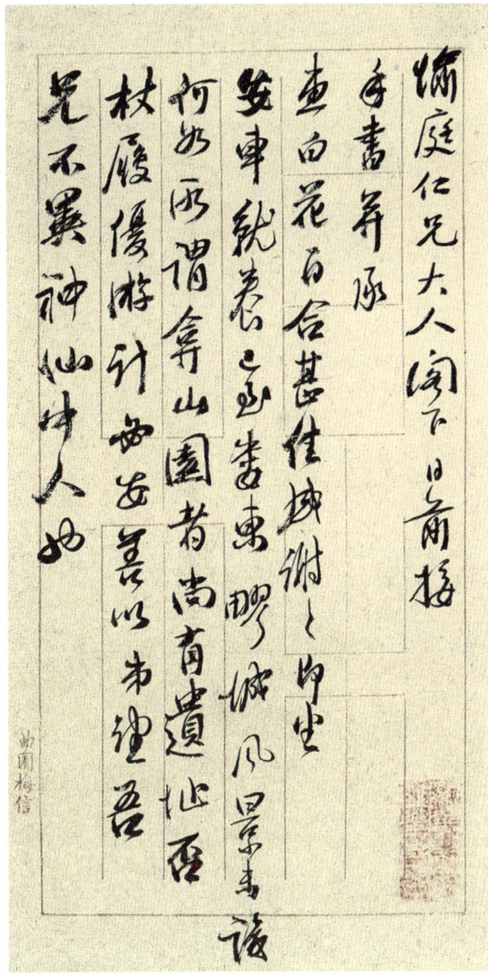

俞樾 致吴云函（一）之一、二 24.7cm×12.8cm

释　文：

愉庭仁兄大人阁下：日前接手书并承惠白花百合甚佳，感谢感谢。即坐安车就养，已至娄东鄮城，风景未识何如？所谓弇山园者，尚有遗址否？杖履优游，计必安善，以弟望吾兄不异神仙中人也。嘱书楹联即涂奉，但不足入方家一顾耳。外去小诗四首，聊发一笑。弟拟十二日到西湖，计必有月余耽延也。但弟秋后必多病，未卜今年何如。手此敬颂颐安。广庵观察均此。小弟制俞樾顿首。九月二日。

钤　印：泰兴葛梦朴收藏名人手札（朱文长方印）

吴云（1811—1883），字少青，一作少甫，号平斋，晚号退楼，又号愉庭，别署醉石、二百兰亭斋等。安徽歙县人，一作归安（今浙江湖州）人。举人，官至苏州知府。精于考据、鉴赏，家中藏名画古籍、鼎彝古印、金石碑拓甚富。著述有《两罍轩彝器图录》《二百兰亭斋金石记》《二百兰亭斋古铜印存》《二百兰亭斋古铜印考藏》《两罍轩彝器图录》《古官印考》等。

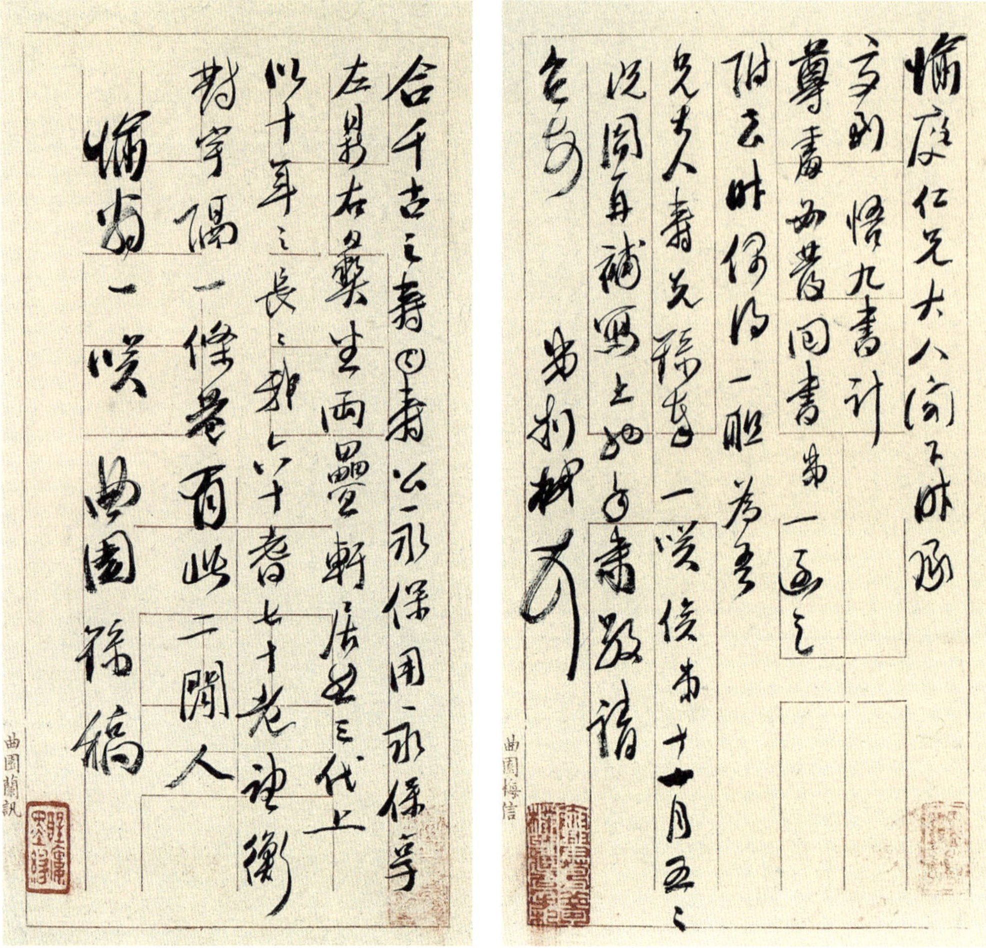

俞樾 致吴云函（二）之一、二 24.7cm×12.8cm

释　文：

愉庭仁兄大人阁下：昨承交到悟九书，计尊处必发回书，弟一函之附去。昨偶得一联，为吾兄大人寿，先录奉一笑。俟弟十一月五五既周，再补写上也。手肃敬请台安。弟制樾顿首。

合千古之寿，寿公永保用、永保享，左鼎右彝，坐两罍轩，居然三代上；以十年之长，长我六十耆、七十老，望衡对宇，隔一条巷，有此二闲人。愉翁一笑，曲园录稿。

钤　印：泰兴葛梦朴收藏名人手札（朱文长方印）、醒楼墨缘（朱文长方印）

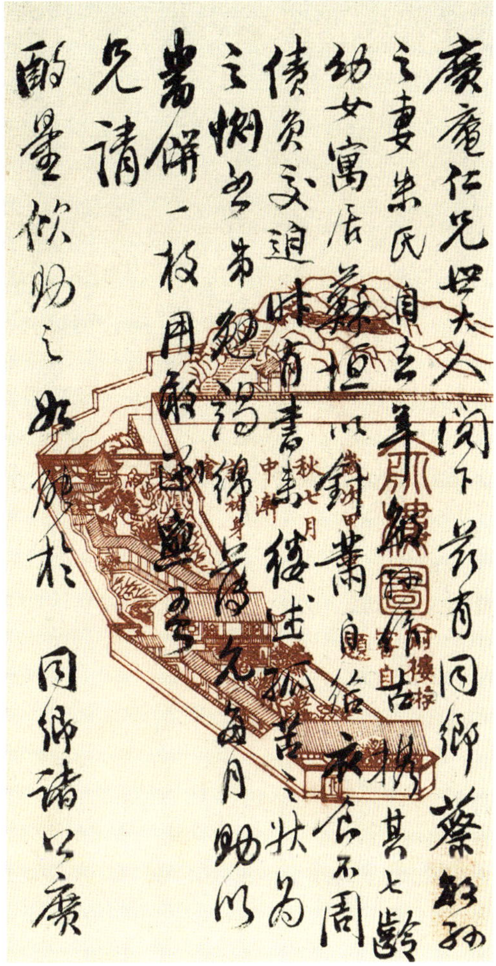

俞樾 致广庵函（一）之一、二 26.5cm×14cm

释　文：

广庵仁兄世大人阁下：兹有同乡蔡敏孙之妻朱氏，自去年敏孙作古，携其七龄幼女寓居苏垣，以针黹自给，衣食不周，债负交迫。昨有书来，缕述孤苦之状，为之恻然。弟勉竭绵薄，允每月助以番饼一枚。用敢函与吾兄，请酌量饮助之，如能于同乡诸公广赐嘘拂，集腋成裘，俾穷嫠母女不致挤于沟壑，亦盛德事也。敬此奉商，即请台安，不一。世愚弟俞樾顿首。廿二日。蔡妻原书附览。

钤　印：泰兴葛梦朴收藏名人手札（朱文长方印）

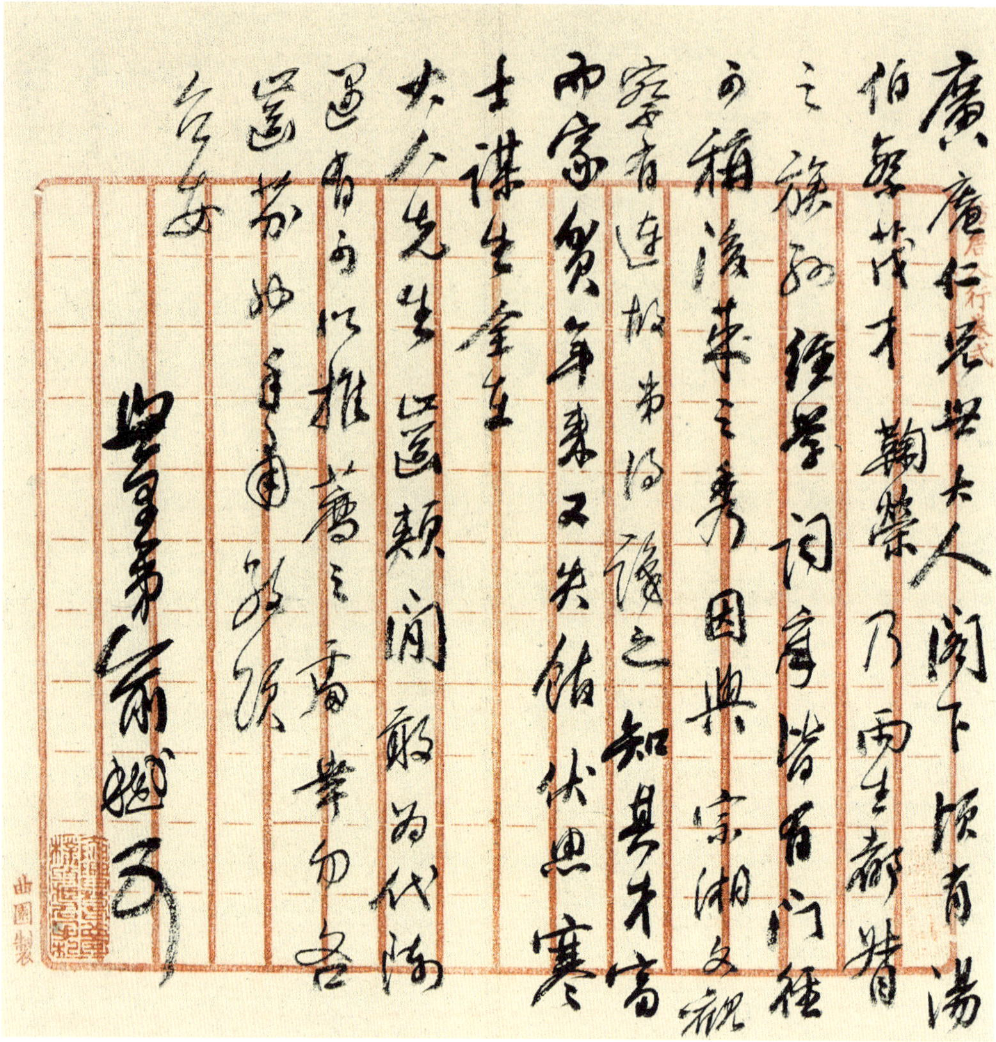

俞樾 致广庵函（二）25.6cm×25.7cm

释　文：

广庵仁兄世大人阁下：顷有汤伯繁茂才鞠荣，乃雨生都督之族孙，经学词章皆有门径，可称后来之秀。因与宗湘文观察有连故，弟得识之，知其才富而家贫，年来又失馆，伏思寒士谋生，全在大人先生，齿颊间敢为代陈，遇有可以推荐之处，幸勿吝齿芬也。手肃敬颂台安。世愚弟俞樾顿首。

钤　印：泰兴葛梦朴收藏名人手札（朱文长方印）

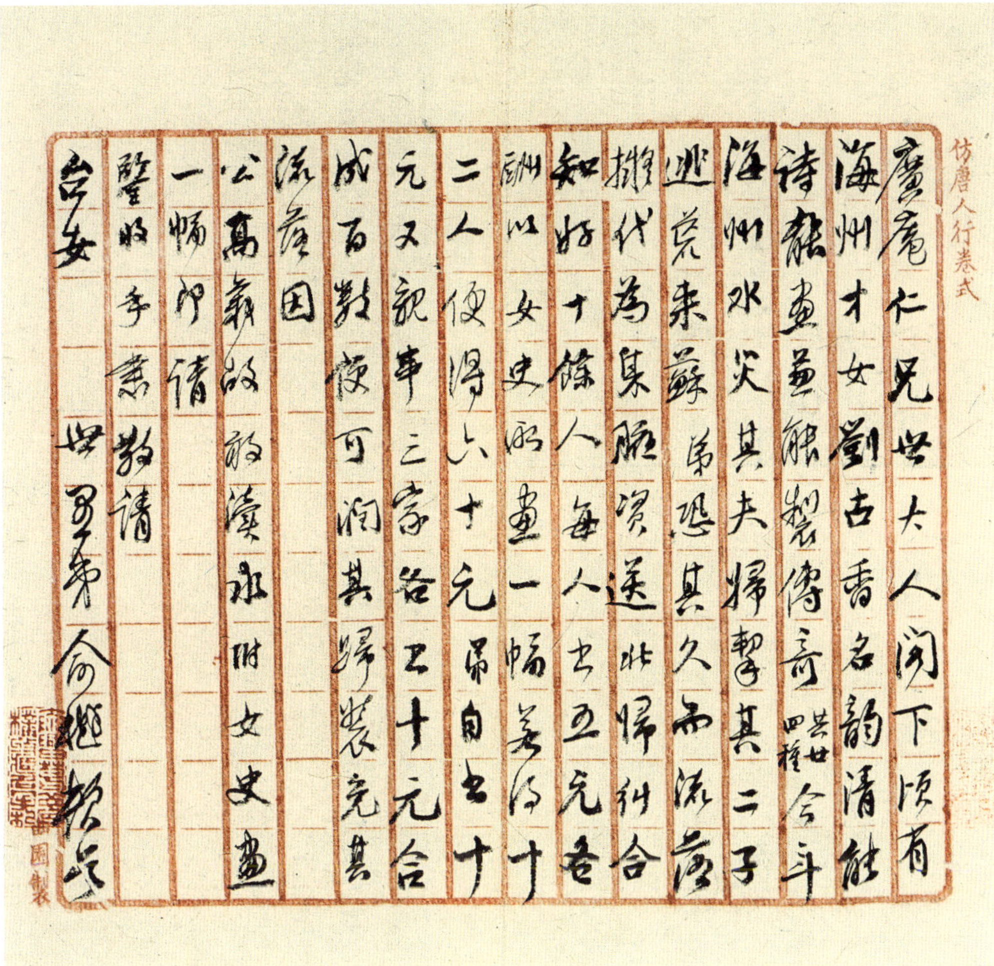

俞樾 致广庵函（三） 24.5cm×26.4cm

释　文：

广庵仁兄世大人阁下：顷有海州才女刘古香名韵清，能诗能画兼能制传奇，共廿四种。今年海州水灾，其夫妇挈其二子逃荒来苏，弟恐其久而流落，拟代为集腋资送北归，纠合知好十余人，每人出五元，各酬以女史所画一幅，若得十二人，便得六十元。弟自出十元又亲串三家各出十元，合成百数便可润其归装、免其流落。因公高义，故敢渎求，附女史画一幅，即请鉴收。手肃敬请台安。世愚弟俞樾顿首。

铃　印：泰兴葛梦朴收藏名人手札（朱文长方印）

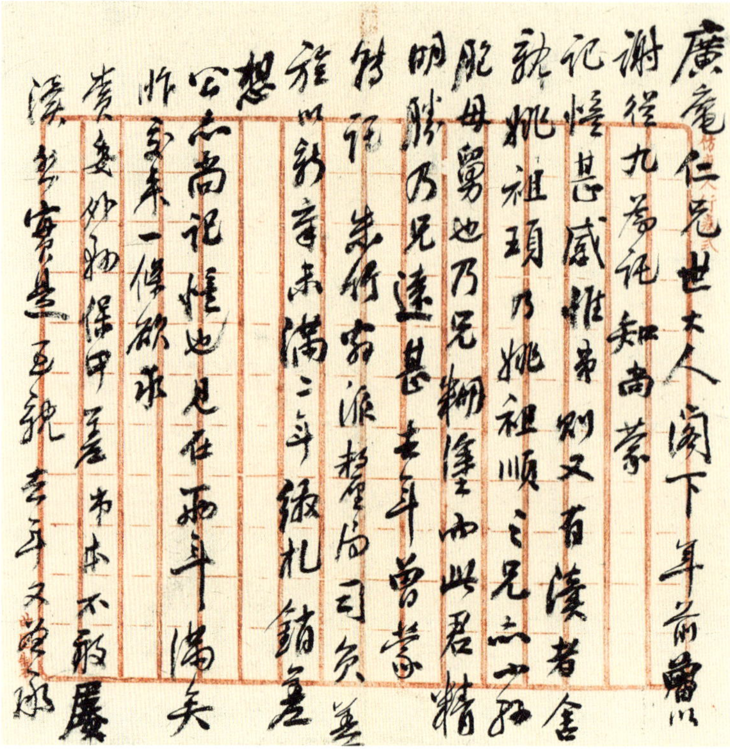

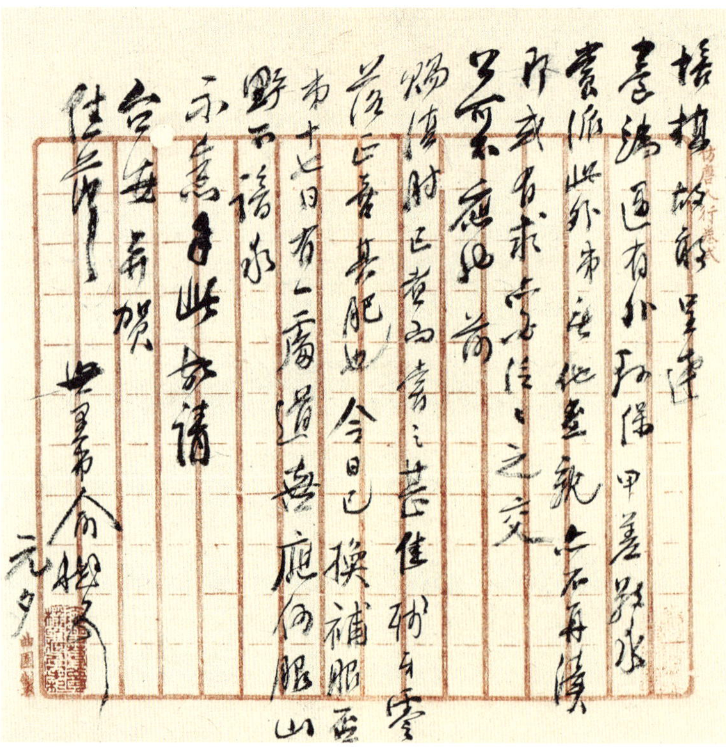

俞樾 致广庵函（四）之一、二 25.7cm×26.6cm

释　文：

广庵仁兄世大人阁下：年前曾以谢从九为托，知尚蒙记忆，甚感。惟弟则又有渎者，舍亲姚祖项乃姚祖顺之兄，亦小孙胞母舅也。乃兄糊涂，而此君精明胜乃兄远甚。去年曾蒙转托，朱竹翁派厘局司员差，旋以新章未满二年，缴札销差，想公亦尚记忆也。见在两年满矣，昨交来一条，欲求赏委外务保甲差。弟本不敢屡渎，然实是至亲。去年又曾承培植，故敢呈达台端，遇有外务保甲差，敬求赏派，此外弟无他至亲，亦不再渎。即或有求，亦必泛泛之交，公可不应也。前赐滇肘已煮而尝之，甚佳。残牙零落，正喜其肥也。今日已换补服否？弟十七日有一处道喜，应何服？山野不谙。求示悉。手此敬请台安并贺佳节。世愚弟俞樾顿首。元夕。

钤　印：泰兴葛梦朴收藏名人手札（朱文长方印）

释 文：

子澄仁兄馆丈大人阁下：久钦雅望，未接芳尘。春间由效山观察示读大著，欣然有作，率尔成章，乃蒙阳春白雪下和巴人，兴往情来，不一而再，发函雒诵，齿颊皆芬。伏惟阁下久播英名，潜居郎署，竟因夙望，荣列清班。昔汉公孙宏年六十举贤良，官博士，其后大开东阁，相业巍烈。先生其同之乎。弟浪窃虚名，近益衰废，无以副海内之望。乃承索观近作，时局日新，吾道将废。著述之事，久已辍笔，谨呈诗两卷聊观近状而已。其二十二卷皆今年所作，犹未毕也，又录要一卷，乃拙著全书之目录，附呈清鉴。天寒呵冻，草草布陈，即请台安，统惟雅照。馆愚弟俞樾顿首。小孙附叩。十一月初九。

钤 印：泰兴葛梦朴收藏名人手札（朱文长方印）

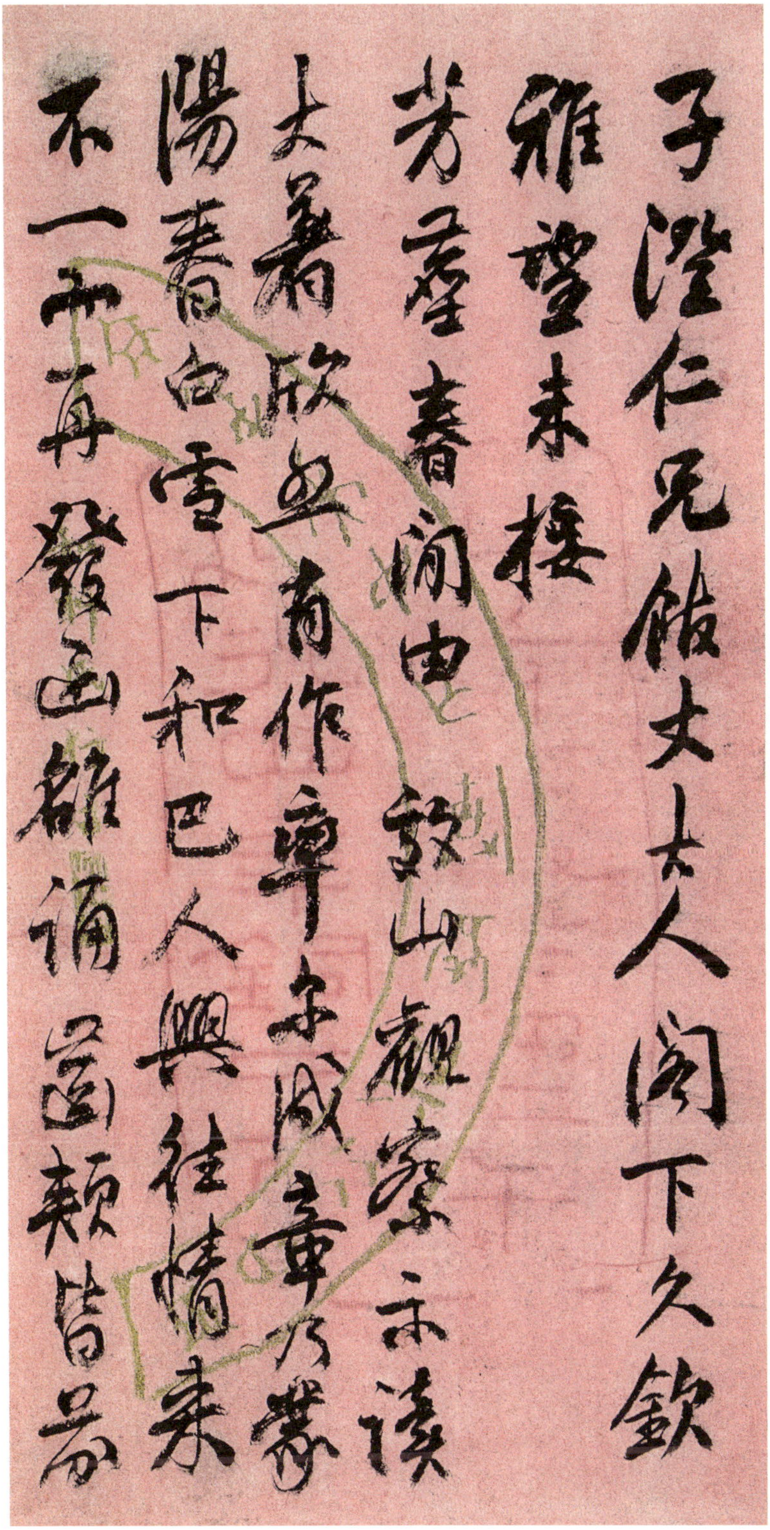

俞樾 致子澄函之一 23.7cm×12.5cm

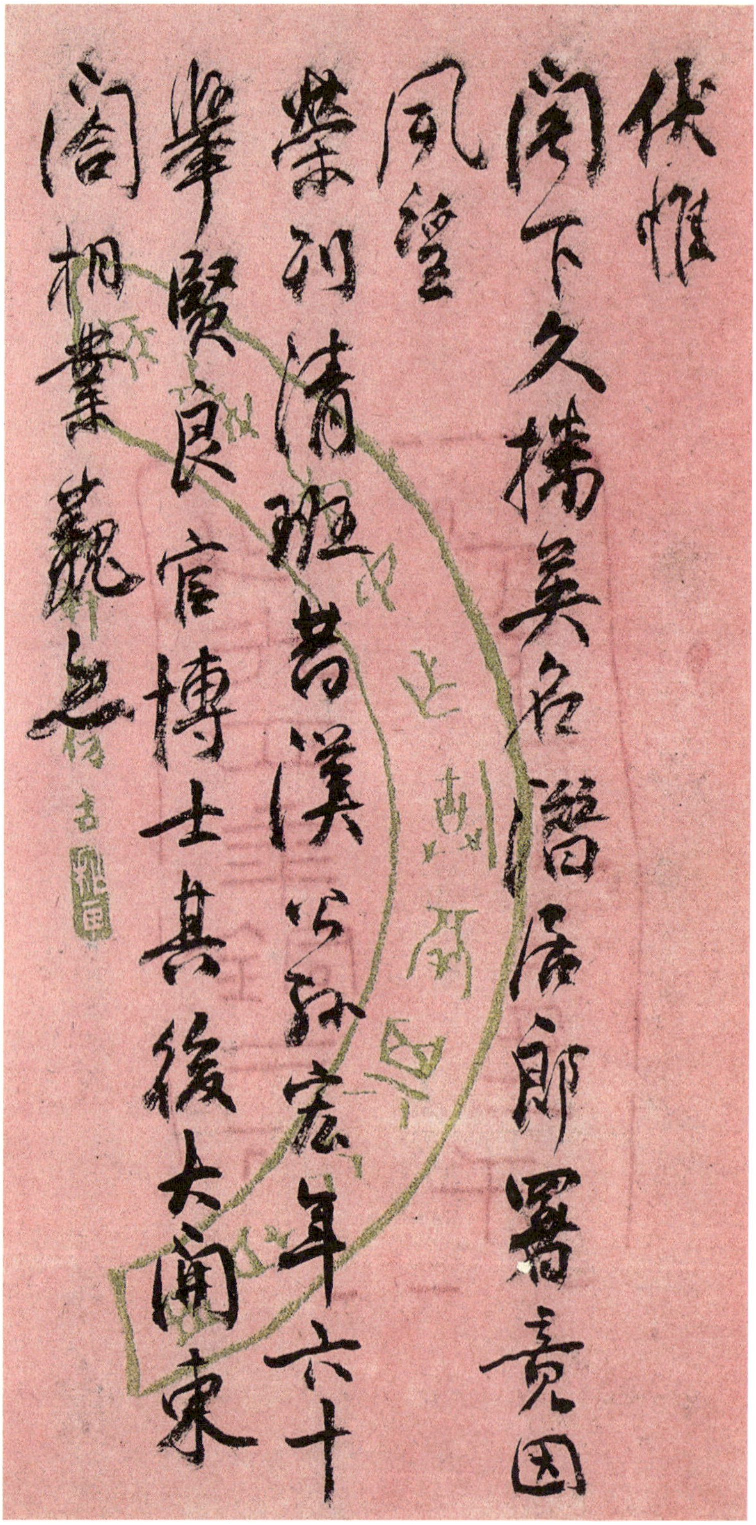

伏惟
閣下久擅美名，潛居郎署，貴因
風望，
榮列清班。昔漢公孫宏年六十
舉賢良，官博士，其後大開東
閣，相業巍巍。

俞樾 致子澄函之二 23.7cm×12.5cm

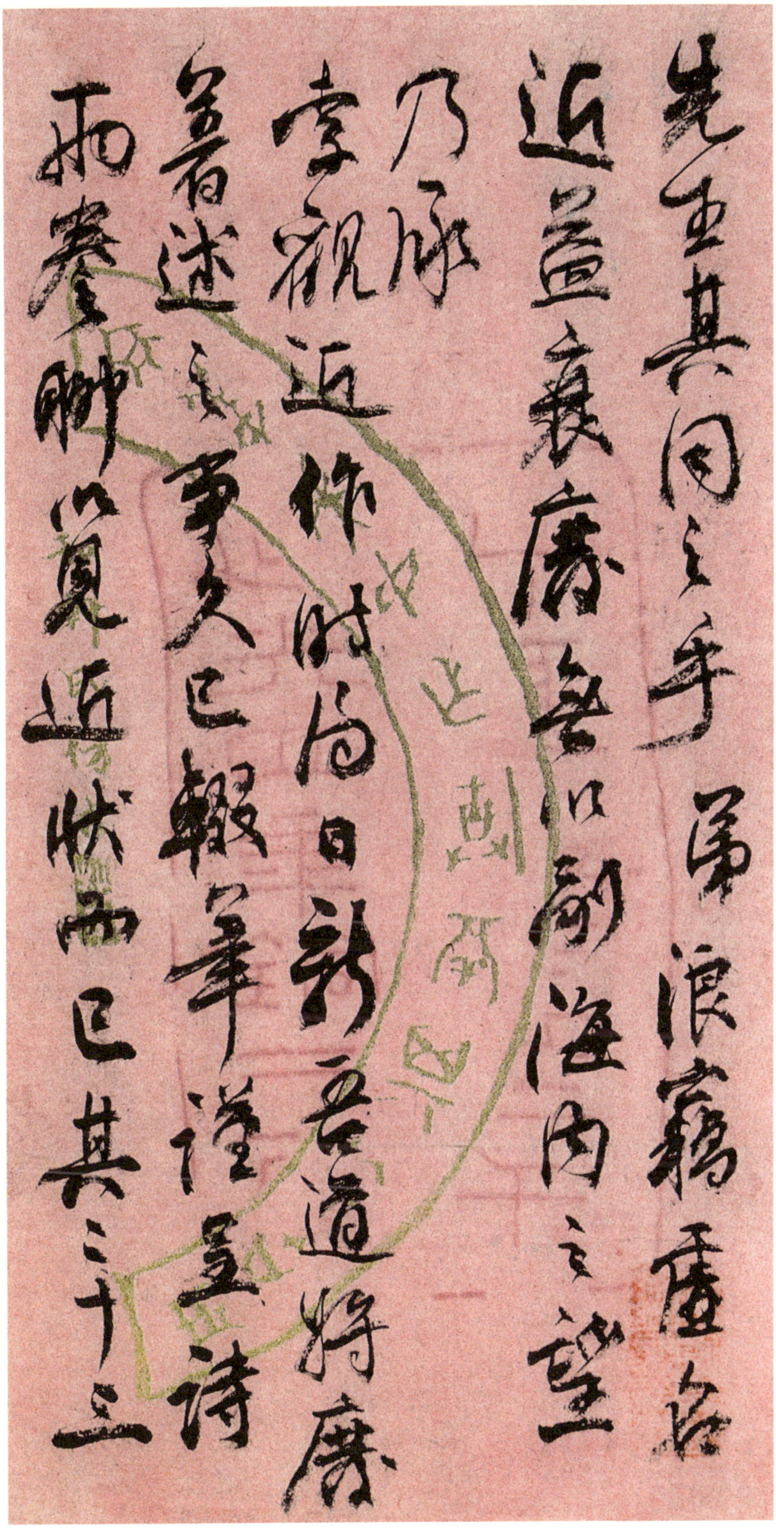

俞樾 致子澄函之三 23.7cm×12.5cm

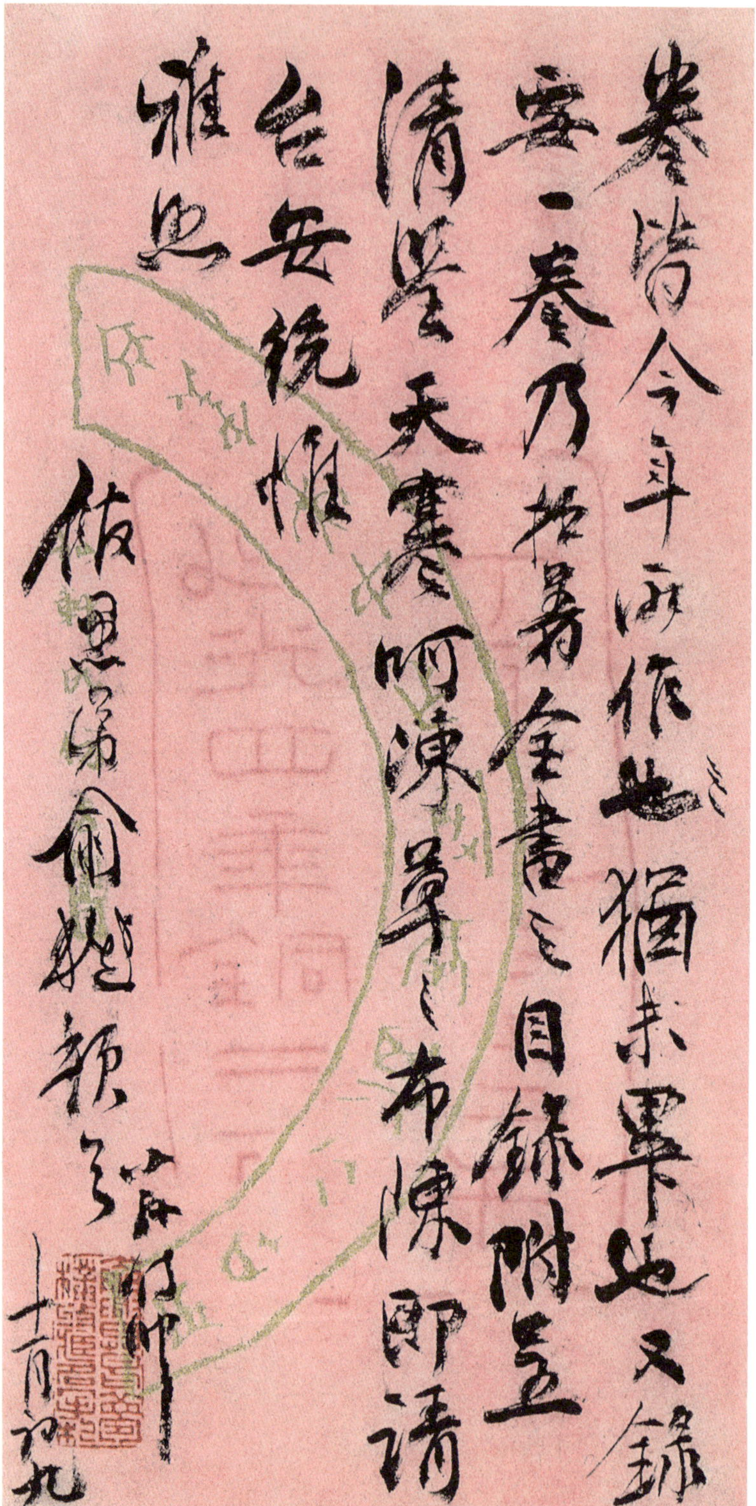

俞樾 致子澄函之四 23.7cm×12.5cm